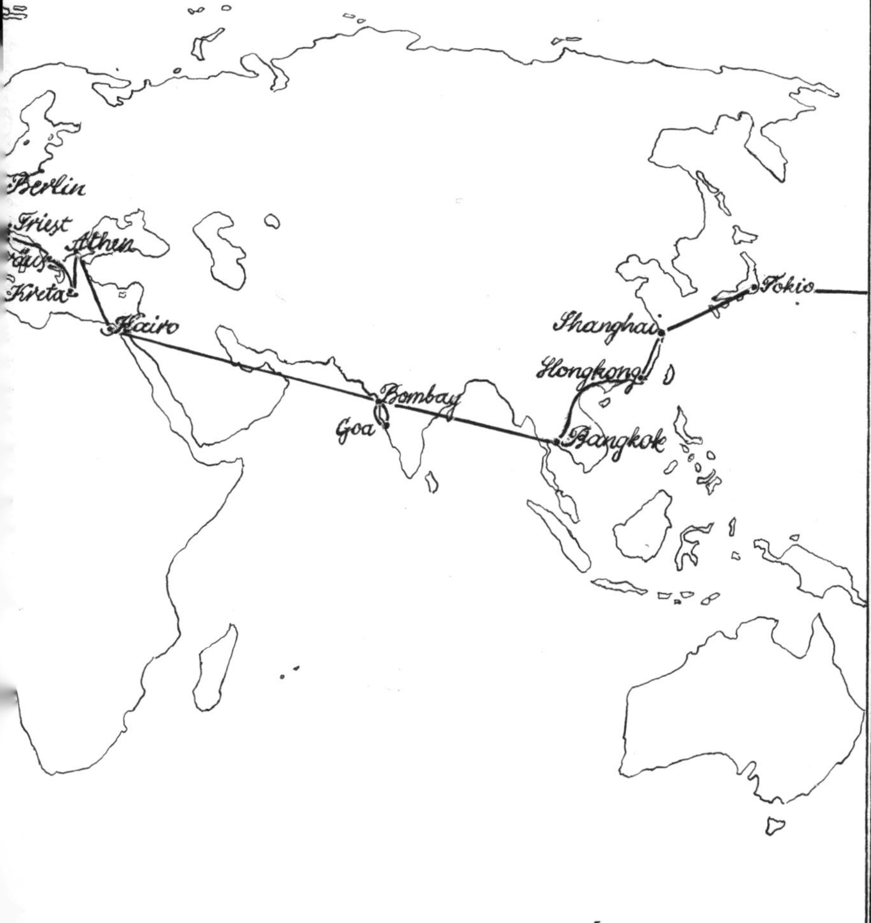
Berlin
Triest
Athen
Kreta
Kairo
Bombay
Goa
Bangkok
Hongkong
Shanghai
Tokio
Die Reiseroute von Timmerberg

rowohlt
BERLIN

NORTH AMERICA
SOUTH AMERICA
AFRICA
INDIAN OCEAN
OCEAN
JULES VERNE
1828 – 1905

Helge Timmerberg

In 80 Tagen um die Welt

Rowohlt · Berlin

Illustrationen: Harry Jürgens

1. Auflage Juni 2008

Satz aus der Fleischmann PostScript bei
hanseatenSatz-bremen, Bremen
Druck und Bindung GGP Media GmbH, Pößneck
Printed in Germany
ISBN 978 3 87134 593 7

Inhalt

Für Andreas Wald

Prolog

Ein Mann stirbt und kommt in den Himmel. Es gefällt ihm da nicht sonderlich. Er geht deshalb zu Gott und sagt: «Hey Chef, nichts gegen dich und deinen Laden hier. Aber man hört so viel von der Hölle. Ich würde gern mal ’nen Blick reinwerfen, nur für einen Tag. Geht das?» – «Klar geht das», antwortet Gott. Der Typ zieht gleich los, kommt zur Hölle und klopft an. Der Teufel persönlich macht ihm auf. Der Teufel sieht wie Elvis Presley aus. Glimmeranzug, Gelfrisur, und er spricht Englisch. «Brother», ruft er, «good to see you! Come in for a little sightseeing tour.» Der Teufel zeigt dem Typen endlose Strände mit Beachvolleyball, Cocktailbars und Sonnenuntergängen. «Alles klar», sagt der Gast. «Ich bin morgen wieder da. Ich muß nur noch schnell im Himmel auschecken.» Er eilt also zurück und teilt Gott seine Entscheidung mit. «Kein Problem», sagt Gott, «aber dieses Mal buchst du One-way, dieses Mal gibt es keine Rückfahrkarte.» Der guten Seele ist das scheißegal, sie packt ihren Kram und klopft am nächsten Tag wieder an der Hölle an. Und wieder macht der Teufel persönlich auf. Aber jetzt sieht er tatsächlich wie der Teufel aus. Ein ekelhafter, gräßlicher, mieser, durch und durch bösartiger Herr der Unterwelt steht mit Hörnern, Schwanz und Mundgeruch in der Tür. Und er nimmt den Gast auch nicht in den Arm, wie er es gestern zur Begrüßung tat, jetzt packt er ihn und zerrt ihn rein, und statt der Strände und Bikinimädchen sind nur noch Feuer und Folterknechte zu sehen, die Seelen am Spieß über den Flammen drehen. Schmerz, Schreie, Pein statt Reggae und Sonnenschein. «Hey Mann», sagt da der Typ zum Teufel, «wart mal 'nen Moment. Nee, wirklich, ohne Scheiß, das sah hier aber gestern ganz anders aus.» Der Teufel ist untröstlich: «Oh, yesterday, that was for tourists. This here is for residents.»

Teil eins

Die Dämonen

1. Kapitel **Berlin – München**

Das Wohnzimmer der einsamen Männer

Die Welt ist rund und kunterbunt, aber hin und wieder auch ungesund. Schon mal mit 'nem Heißluftballon geflogen? Sie lösen die Leinen, und das Ding geht nach oben wie ein Fahrstuhl. Ab fünf Meter beginnt die Höhenangst, ab fünfzig Meter die helle Panik. Der Korb, in dessen Rand ich meine Hände krallte, vermittelte die Sicherheit eines fliegenden Katzenklos. Vom Wind verweht und schockerstarrt, hoffte ich schwer, daß der Herr Pilot wußte, was er tat. Der Herr Pilot trug einen Cordanzug und war einer der reichsten Männer Deutschlands, weil er eine der reichsten Frauen Deutschlands geheiratet hatte. Der Schlaumeier zog an Schnüren und regulierte die Gaszufuhr für ein Feuerchen, das zwischen uns und dem Ballon brannte. Milliardenschwer entschwebte er mit mir auf die Augenhöhe von Wildgänsen. Und was ist, wenn jetzt so ein Schwarm auf Hitchcock macht? Krieg der Vögel. Eine Wolke spitzer Schnäbel jagt dem Ballon hinterher, und am Horizont dräut eine Gewitterfront. Wie man wieder runterkommt, erklärte der Cordpilot so: «Landung heißt bei uns kontrollierter Absturz.» Was soll's, wenn es schiefgeht, reisen wir halt nicht in achtzig Tagen, sondern in achtzig

Leben um die Welt. Der Korb knallt auf den Boden und kippt um. Du knallst gegen den Korb und kippst mit um. Danach ist die Ray Ban kaputt. Das ist Landen mit dem Heißluftballon.

Auf den Rücken eines Elefanten bekommt mich übrigens auch niemand mehr, solange es noch alternative Fortbewegungsmittel gibt, und was die ausgiebigen Schiffspassagen angeht, die bei meinem hochgeschätzten Vorbild eine so große Rolle spielen: Da muß ich ebenfalls passen. Die Romantik der christlichen Seefahrt ist in den Häfen zu finden, nicht dazwischen. Das Meer selbst ist langweilig oder, andere Möglichkeit, so romantisch wie Dauerkotzen. Oder, noch 'ne Möglichkeit, zu teuer. Zehnmal so teuer wie Fliegen. Nee, Herr Verne, da werden wir nachbessern müssen.

Auch bei der Route, wenn wir schon mal beim Mekkern sind, lohnt es sich hier und da, nicht in Ihre Fußstapfen zu treten. Was zur Hölle soll ich in Singapur? Bangkok ist gegenwärtig die Drehscheibe für Weltreisende in Südostasien. Ab Hongkong sitzen wir dann wieder in einem Boot. Aber noch etwas unterscheidet uns wesentlich: Einer von uns ist nie losgefahren. Und ich bin das nicht.

Den einen läßt der Herr in seinen Träumen reisen, die anderen schickt er in den ICE. 230 km/h, aber das Betriebsgeräusch eines Puschen, Schienen statt Schicksal, und man kann sich bewegen. Ein großer Vorteil gegenüber dem Fliegen: Die ICEs fahren stündlich. Ich muß mich also nicht stressen. Und kann's mir noch mal überlegen. Denn ich habe Angst. Ich will nicht los. Irgend etwas wird auf dieser Reise geschehen, irgend etwas, dem ich nicht gewachsen bin. Das sagt mir mein Gefühl. Eine Vorahnung? Ich schließe die Augen, um mich in das Gefühl fallen zu lassen. Ich hoffe auf Bilder. Und es kommt tatsächlich eins.

Ich sehe ein Gefängnis in Ägypten. Ein ziemlich mieses Loch mit Ratten und Ketten. Das Bild verflüchtigt sich wieder. Ein zweites steigt auf. Ein Bus in den Bergen von Laos. Schlechte Reifen auf schlechten Straßen, überladen und zu schnell in den Kurven. Ich öffne die Augen und weiß nicht, was das soll. Tief in mir spricht etwas, und ich verstehe es nicht. Es gibt jetzt zwei Möglichkeiten, denke ich. Entweder du bleibst sitzen. Oder du stehst auf. Entscheide dich. Ich kann es nicht. Denn die Warnung ist genauso stark wie die Chance, die vor mir liegt. Eine Weltreise, immerhin. Ich flippe seit Jahrzehnten kreuz und quer über diesen Planeten, aber noch nie habe ich ihn mit einer Reise umrundet. Keine Zeit, kein Geld, keine Gelegenheit. Jetzt sind alle Türen offen, und jetzt sagt irgend so ein Arsch in mir: NEIN! BLEIB SITZEN! Ich suche nach einem Kompromiß, nach einer dritten Möglichkeit. Ein bißchen aufstehen, ein bißchen sitzenbleiben – gibt es das? Ja, man nennt es «probeweise». Geh einfach los, bis zum Taxistand kannst du es dir ja noch mal überlegen, und wenn du im Taxi sitzt, überlegst du es dir bis zum Bahnhof, und auf dem Bahnsteig bleibt wahrscheinlich auch noch Zeit, um eine anständige Entscheidung zu treffen.

Ich stehe auf, schnappe meinen Rucksack und gehe zur Tür. In der Tür drehe ich mich um. Was ich sehe, läßt mich nicht zur Salzsäule erstarren, so ist es nicht. Aber ähnlich. An der Wand hinter meinem Schreibtisch hängen Fotos und ein Filmplakat. Also Freunde und Idole. Zu den Freunden zählt ein Yogi aus Südindien, ein Yogi aus Nepal, eine Schriftstellerin aus Zürich, eine Sängerin, eine Malerin und Omar, vor dem Hotel «CTM» in Marrakesch. Die Idole sind Hermann Hesse und Klaus Kinski. Hesse klein, Kinski groß. Mit Cowboyhut und stahlblauen Augen. Normalerweise stahlblau. Jetzt scheinen sie an Farbe zu verlieren, zu verblassen, nicht nur die Augen von Klausi-Mausi, wie ich Kinski gerne nenne, wenn ich mit ihm alleine bin, alle Gesichter an der Wand wirken, als läge Nebel über ihnen. Und es ist mir, als würde ich ihre Botschaft verstehen:

«Du wirst uns nie wiedersehen, wenn du jetzt gehst.»

Erneut stehe ich vor zwei Möglichkeiten: Entweder du hörst auf 'ne Wand. Oder du hörst nicht auf 'ne Wand. Ich kenne diese Angst und sollte wissen, daß sie immer übertreibt. Tripper statt Tod, Sonnenbrand statt Pest, so war es doch bisher. Das unbestimmte, aber große Gefühl, auf der Reise seinem Schicksal zu begegnen, kam am Ende immer mit einer Lappalie daher, mit einer Berufskrankheit, mit irgendeinem Scheiß, für den es sich nicht gelohnt hat, Angst durchlebt zu haben. Also einfach weitergehen. Was heißt weiter? Wie wär's mal mit losgehen, mit raus aus der Wohnung ins Treppenhaus? Ich sehe nach, ob ich wirklich die Heizung ausgestellt habe und alle Wasserhähne zugedreht sind. Dann bin ich endlich auf der Straße. Aber kein Hochgefühl überkommt mich, kein Zauber, der allem Anfang innewohnt, weht mich an. Kein Triumph, es wieder geschafft zu haben. Im Gegenteil: *On the road again* fühlt sich wie eine Niederlage an. Das ist doch schon mal ein guter Anfang.

Am Zug geht es wie inzwischen schon gewohnt weiter. Ich steige nicht ein. Mein Bauch sagt nein. Ich lausche diesem Nein seit fünf Minuten und kann das laut Fahrplan auch noch weitere fünf Minuten tun. Was lähmt mich, womit habe ich es hier zu tun? Wirklich mit den Warnungen der Intuition? Oder ist es nur Bequemlichkeit, und ich bin einfach zu alt für so etwas? Dieser Gedanke treibt mich rein. Kaum bin ich im Zug, verschwinden die paranoiden Vorahnungen wie ein Hausgeist, der einen noch unbedingt zum Bahnhof bringen wollte. Kein Grund zur Entspannung. Die Dämonen sind heute im Staffellauf unterwegs. Die Angst hat soeben an die Liebe übergeben. Mein Herz wird schwer. Mein Herz stellt Fragen. Bist du noch immer zu schön zum Heiraten? Warum hast du sie nicht mitgenommen?

Anders als das Alter schickt die Liebe ihre Dämonen nicht schon vor der Abreise, sie wartet, bis die Räder rollen. Aber dann: Film ab, Action, kleine Rebellion der Gefühle, die durchaus größer werden kann, wenn ich nicht sofort für ein Frauenmagazin darüber schreibe.

Der Vorteil des kreativen Unglücklichen gegenüber dem unkreativen Unglücklichen ist, daß er mit seinem Unglück Geld verdienen kann. Bin ich unglücklich? Ich müßte eigentlich überglücklich sein. Weil frei. Endlich frei. Für achtzig Tage, achtzig Nächte, achtzig Betten. Und achtzig ist mehr als achtzig: Die 8, dreht man sie in die Waagerechte, ist das Zeichen für Unendlichkeit, die Null dahinter verzehnfacht die Rechnung, nein, ich müßte durch den ICE tanzen vor Überglücklichkeit. Statt dessen fällt mir ein, wie schön es wäre, wenn sie jetzt ein Brot und ein gekochtes Ei aus ihrer Tasche holen würde. Sie ist so eine. Sie gehört zu diesen altmodischen Frauen mit Reiseproviant. Und dann würde sie sich über die Kreuzworträtsel hermachen, die sie sich am Bahnhof gekauft hat. Sie kauft nie Frauenmagazine. Immer bloß Kreuzworträtsel. Weil sie schlau ist. Gott, warum habe ich sie nicht mitgenommen? Weil ich auch schlau bin. Traue keinen Gefühlen – aber ist nicht die Sehnsucht nach Freiheit ebenfalls nur ein Gefühl?

Ich sitze im ICE nach München, wo ich übernachten werde, die erste von achtzig freien Nächten, und überlege, ob ich in Hannover aussteigen soll, um den Zug zurück zu nehmen. Nach Hannover denke ich dasselbe über Göttingen, aber hinter den Kasseler Bergen wird der Wunsch schwächer. Erstaunlich, welche Wirkung natürliche Grenzen auf die Seele haben, selbst wenn es nur Mittelgebirge sind. Ja, was wäre denn, wenn ich es wirklich täte und mich nach einer Stunde, vielleicht auch schon nach zehn Minuten in ihren Armen die Erkenntnis überkäme, daß ich doch lieber frei sein will? Das ist mein Problem: das ewige Hin und Her, und da ich seit geraumer Zeit damit lebe, habe ich gelernt, damit umzugehen. Aussitzen ist die Devise, und in der Fränkischen Schweiz werde ich dafür mit einem spektakulären Sonnenuntergang belohnt. Ich komme auf andere Gedanken. Wie schön Deutschland ist. Leider habe ich nur noch zwei Zigaretten. Und es sind noch zwei Stunden bis München. Mit 230 km/h bewege ich mich auf den nächsten Kiosk zu.

Es regnet, als ich aus dem Münchener Hauptbahnhof trete, und ich will nicht lange fackeln. Ich nehme das nächstbeste Hotel gegenüber. Es hat drei Sterne. Das Foyer ist leer, aus modernen Materialien und geschmacksneutral. Hinter der Rezeption steht ein müder Bayer. Fünf Minuten später bin ich in einem Zimmer, bei dessen Einrichtung wahrscheinlich der KGB ein Wörtchen mitzureden gehabt hat. Das Bett so schmal wie eine Pritsche, ein Stuhl, ein Tisch und grüne Wände, lackiert, damit man das Blut abwaschen kann. Ich werfe meinen Rucksack aufs Bett, gehe zum Fenster und sehe auf eine Straße, die gerade eine kalte Dusche nimmt. Es wird immer soviel darüber spekuliert, warum Menschen Drogen nehmen. Das Hotelgewerbe hat Antworten. Aber hat es auch Antworten darauf, wo ich Drogen bekommen kann? Ich meine, wer bin ich eigentlich? Hans im Glück? Habe ich ein sau-, ich betone, saugemütliches Schlafzimmer mit fleischgewordener Wärmflasche für so einen Scheiß verlassen? Und wofür verlasse ich dieses Zimmer? Was kommt als nächstes? Ein schmaler Etagenflur mit zweifelhaftem Bodenbelag, ein kalter, nackter, kleiner Fahrstuhl, das geschmacksneutrale Foyer von eben und dann raus auf die Straße und rein in den Regen. Quo vadis, stranger in the night? Nicht zu weit. Es regnet nicht nur, es ist auch kalt. Im Februar, in München, in der Bahnhofsgegend. Trotzdem verharre ich einen Moment, denn mir ist nicht ganz klar, ob ich mein Glück nach rechts oder nach links versuchen soll. Ich gehe schließlich mit dem Wind, der mich ziemlich geschwind nach rechts die Straße herunterpeitscht, vierzig Meter später setzen mich die Naturgewalten im Eingang einer Kneipe ab.

Die Frau hinter der Theke gefällt mir, aber das ist nichts Neues, das ist immer so und auch normal, daß Männer in Frauen ihre Mütter suchen. Ich bin der Sohn einer wunderschönen Kellnerin, und diese hier ist fast so schön wie sie. Sie ist übrigens die einzige Frau im Lokal. Alle Gäste sind Männer. Keine Homosexuellen, wie ich annehme, dafür sind sie zu uncool gekleidet und hören zu uncoole Musik. Oldies brettern aus der großen Musikbox, als ob es seit zwanzig Jahren, nee, seit dreißig, nichts anderes mehr gegeben hätte. Dazu trinken sie Bier und spielen Darts oder trinken Bier und singen mit oder trinken Bier und schweigen. Ich mache gleich mit. Hier sind Männer ohne Frauen, die nicht wollen, was sie kriegen, und nicht kriegen, was sie wollen. Der Gott der Bayern gab ihnen das Paulaner Weizen zum Trost.

Ein trockenes Plätzchen, ein einheimisches Bier, «Hotel California» für alle. Und das rhythmische Klack-klack-klack der sich in die Zielscheibe bohrenden Pfeile wirkt wie ein Metronom für die Trance, in die ich gleite. Draußen streunen Scheinwerfer durch den Regen, drinnen quillt Hefe durchs Gehirn, und nachdem der Alkohol zu wirken beginnt, fühle ich mich plötzlich wieder so allein, aber so angenehm allein, angenehm im Sinne von «so muß das sein». So ist das Leben. Wir tauschen Gold gegen ein Pferd und ein Pferd gegen einen Esel. Der Esel neben mir greift zu seinem Handy, weil es bellt. Irgendein Mensch, so bescheuert wie ein Murmeltier, quatscht ihn voll, und der Typ tut so, als sei er begehrt. Ich bin im Wohnzimmer der einsamen Männer. Und fahre morgen nach Venedig. Was ist so schlecht an diesem Leben? Schlecht ist, wenn man trinkt ohne Regeln. Die wichtigste Regel ist, daß du gehen mußt, bevor dich die Putzfrau rausfegt. Ich halte mich daran. Und laufe wieder durch den Regen, jetzt aber beschwingter. Vor mir sind die großen Berge, hinter mir heulen Sirenen.

2. Kapitel **Venedig**

Double Check im Karneval

Hannibal hat die Alpen bezwungen, die Kimbern und Teutonen haben die Alpen bezwungen, und auch ich habe die Alpen bezwungen, aber im Gegensatz zu den Erstgenannten bezwang ich sie viele Male. Um einer weiteren Abnutzung der Eindrücke vorzubeugen, kaufe ich am Bahnhof drei Romane. Der erste handelt von der Liebe zwischen einem Arzt und einer Kellnerin, die nicht besonders erfreulich verläuft; erst als sie einen Hund anschaffen, geht's etwas besser. Mit diesen guten Nachrichten fahre ich in Bozen ein. Nach Bozen erkrankt der Hund an Krebs, nach Verona stirbt er, und einen Halt vor Venedig sind in dem Buch alle tot. Wie an jeder Station vorher nutze ich auch hier die Pause, um auf dem Bahnsteig eine Zigarette zu rauchen. Etwa die Hälfte der Mitreisenden macht es wie ich. Dabei haben wir alle fest den Schaffner im Blick, der ebenfalls auf dem Bahnsteig steht und raucht. Er braucht seine Trillerpfeife nicht mehr. Sobald er seine Zigarette wegwirft, steigen wieder alle ein. Erste Reiseerkenntnis: Die italienischen Züge halten immer für genau eine Zigarettenlänge.

Zurück zu Milan Kundera. Die unerträgliche Leichtigkeit seiner Sprache gehört zur Kategorie der Opiate.

Sie schafft Frieden mit allem. Mit den Russen (Prager Frühling), mit der Schwäche (Liebe aus Mitleid), mit perversen Sexualpraktiken (Facesitting), und zu Venedig ist eigentlich nur folgendes zu sagen: Es wird immer soviel darüber geschrieben, daß die alles zuscheißenden Tauben auf dem Markusplatz zu einer Plage geworden sind und nicht gefüttert gehören. Warum schreibt man nicht dasselbe über die Touristen? Die Bahnhofshalle von Venezia Santa Lucia ist so voll mit Menschen, daß es schwerfällt, die Ausgänge zu finden, und draußen fällt's schwer, irgendwas vom Canal Grande zu sehen, außer den abertausend Touristen, die am Canal Grande stehen; auch fällt es schwer, hier zu gehen, so dicht gedrängt stehen sie. Und alle tragen Masken, Augenmasken, Gesichtsmasken, Masken am Stiel, und weil die meisten Masken spitze Nasen haben und die meisten dazu lange, schwarze Umhänge tragen, muten die Touristenscharen auf der linker Hand liegenden Brücke wie eine Prozession vogelgesichtiger Dämonen an. Ich bin also zufällig in den Karneval geplatzt. Wie blöd ist das eigentlich?

Richtiges Timing ist die halbe Miete. Und wenn man nicht vor der Frage zurückschreckt, was richtiges Timing ist, verliert der Satz sofort das billige Parfüm der Platitüde. Die einen sagen, richtiges Timing macht nur der Zufall, weil nur der Zufall eine Botschaft hat. Die anderen sagen, richtiges Timing ist ausführliche Recherche, sorgfältige Planung, frühes Buchen und ein unbeugsamer Wille. Ich gehöre zu der ersten Fraktion. Und ich hatte den Rummel vergessen. Während des Karnevals verändert sich das ohnehin schon bizarre Mischungsverhältnis zwischen Gästen und Gastgebern (3:1) in Venedig noch mal total. So total, daß man nicht mehr von einer Mischung reden kann. Die Gastgeber fehlen. Sie flüchten seit Jahren vor dem Karneval zu Verwandten aufs Festland oder zu den Stränden der Karibik, sie flüchten auch nach Marokko und Tunesien, und im Grunde ist es ihnen egal, wohin sie flüchten. Hauptsache, raus aus Venedig. Zweihunderttausend Touristen pro Tag, und alle Männer wollen Casanova sein und alle Frauen geile Hofdame, das halten die Leute hier einfach nicht aus. Karneval in Venedig ohne Venezianer. Hinter jeder zweiten Maske ist ein Japaner. Hinter jeder ersten ein Amerikaner.

Die wenigen Venezianer, die bleiben, weil sie Maskenverkäufer, Kellner und Hotelangestellte sind, lassen sich das teuer bezahlen. 6,80 Euro für zwanzig Minuten Internet, 12 Euro für den Cappuccino am Markusplatz, 18,90 Euro für zwei Spiegeleier mit Pommes frites am Stadtrand, und was das letzte freie Zimmer im Hotel «Marco Polo» kostet, mag ich den Mann an der Rezeption gar nicht fragen. Muß es aber. Der Mann trägt eine Uniform mit goldenen Kordeln, eine Goldrandbrille und ein Lächeln, das eigentlich schon freches Lachen ist, und während ich noch mit mir ringe, ob ich ihn nun nach dem Zimmerpreis fragen soll oder nicht, sehe ich in diesem Lächeln seine Gedanken niedergeschrieben. Etwa folgender Text: Hör zu, du bescheuerter Teutone, wir haben euch und die Kimbern schon 101 vor Christus in der Poebene geschlagen, wir haben auch die Goten, Vandalen, Langobarden und Cherusker geschlagen, bis zu Theoderich dem Großen haben wir letztlich alles geschlagen, was über die Alpen gekommen ist, und ab Karl dem Großen nehmen wir euch aus. «Das Zimmer kostet 330 Euro, ohne Frühstück», sagt er laut.

Hotelzimmer werden mit Liebe oder mit Haß eingerichtet. Die mit Liebe eingerichteten sind auch nicht immer ungefährlich, denn nicht alle Liebenden haben Geschmack. Und nicht alle Hassenden sind geschmacklos. Das KGB-Zimmer zum Beispiel, das ich gestern nacht in München hatte, das war Haß MIT Geschmack. Weil das Bild in sich stimmte. Haß ohne Geschmack sieht dann so aus wie das Zimmer 107 des «Marco Polo». Hier stimmt nichts mehr. Der Raum ist lang, hoch und sehr, sehr schmal; er mutet eigentlich wie die Hälfte oder, let's face it, wie das Drittel eines ehemals großen und normal geschnittenen Zimmers an, durch das man wahllos Mauern gezogen hat, um es dreifach zu vermieten. So ein Schlauch ist, ich weiß, immer schwer einzurichten, selbst mit gutem Willen. Man müßte es minimalistisch probieren, wenig Möbel, schönes Holz, mönchsklausenhaft. Statt dessen haben sie ihn über Jahre mit allem vollgemüllt, was woanders im Wege stand. Sperrmüll, aber King-size. Mehr gestaut als abgestellt. Feng-Shui ist kein Quatsch: Das bringt böse Stauenergien. Und man kann sich dem nicht einmal durch einen Blick aus dem Fenster entziehen, denn einen halben Meter hinter dem

Fenster ist nur die nächste Hauswand zu sehen. Mauern, Müll und keine gerade Linie, die Ewigkeit suggeriert, kein sanfter Bogen, der harmonisiert, kein Kreis, der Tiefe schafft. Sobald man dieses Zimmer betritt, ist Krieg.

Ich stelle meinen Rucksack ab und setze mich aufs Bett. Es gibt Zimmer, die man mit Meditation umdrehen kann. Dieses nicht. Es gibt Zimmer, die man mit Lesen vergessen kann. Dieses nicht. Hier geht wieder nur eins: saufen, saufen, saufen. Irgendwo da draußen. Egal was und so viel, daß ich sofort einschlafe, wenn ich nachher wieder aufs Bett falle, aber nicht so viel, daß ich vorher noch kotzen muß. Das ist ein guter Plan.

Ich brauche auch nicht weit zu gehen. Gleich neben dem Hotel findet sich eine nette, kleine Bar mit ein paar Tischen auf der Gasse für die rauchenden Gäste. Drinnen ist «No Smoking Area». Ich beginne mit ein paar Weißweinschorlen, um nicht zu früh den Löffel abzugeben, denn dann werde ich auch zu früh wieder aufwachen, und die Vorstellung, in dieser wie die Hölle proportionierten Venedig-Kitsch-Gruselkammer, sagen wir, so gegen drei oder vier Uhr plötzlich die Augen aufzumachen und sie bis zum Morgengrauen nicht mehr zuzukriegen, läßt mich das alles hier nicht zu locker sehen. Das disziplinierte, konzentrierte, mathematische Besaufen ist es, um das es mir geht. Also dreimal Wein mit Wasser, um das Blut aufzuwärmen, dann zwei, drei Stunden Wein ohne Wasser und schließlich einen oder, wenn nötig, zwei Caipirinhas als Vollstrecker. Genauso wird es gemacht. Die Masken der Nacht flanieren dazu, wie gehabt, im Dutzendpack Schulter an Schulter durch das Gäßchen, in dem ich sitze. Immer die gleichen Masken. Immer Casanova. Warum wollen hier eigentlich alle der größte Liebhaber der Welt sein? Warum reicht nicht Pirat, Scheich oder der Glöckner von Notre-Dame? Warum müssen sie unbedingt in die Rolle eines Mannes schlüpfen, der weit über tausend Frauen mehrfach befriedigt hat? Was ist so toll daran?

Aber irgendwann, als ich schon ziemlich betrunken bin, kommen doch noch zwei vorbei, die wie ich denken und den Casanovismus nicht mitmachen. Ein rotes Teufelchen mit Teufelshörnern und teuflischer Figur führt einen Mönch in Büßergewand am Kanal entlang. Als sie auf meiner Höhe sind, bleiben sie stehen und blicken mich an. Ich kann mir vorstellen, was sie sehen.

«Was ist denn bei dir schiefgelaufen?» fragt der Mann.

«Falsches Timing», antworte ich.

«Wie konnte das passieren?»

«Ich habe dem Zufall vertraut.»

«Zufall ist gut, Vertrauen ist schlecht», sagt der Mönch und setzt sich zu mir an den Tisch, während seine Begleitung ihre rote Korsage und rote Latexhose auf roten Stiefeletten in die Bar bewegt, um drei Wodka Red zu bestellen. «Vertrauen ist ein viel zu positiv besetztes Wort», fährt er fort, «Vertrauen ist das Schönreden von Unwissenheit. Und zwar Unwissenheit aus Nachlässigkeit. Vertrauen ist gefährlich. In meinem Beruf ist Vertrauen sogar ein Dienstvergehen.»

«Bist du Polizist?»

«Nein, Pilot.»

«Und sie ist Stewardeß?»

«Genau, und sie würde nicht mit mir fliegen, wenn ich nicht jede Funktion des Fliegers vorher kontrolliert hätte. Jede. Und das nicht einmal, sondern zweimal. Und du weißt, was das heißt, oder nicht?!» Bei «einmal» hatte der Mönch den Zeigefinger seiner rechten Hand gen Himmel gestreckt, bei «zweimal» auch den Mittelfinger.

«Peace», lalle ich.

«Nein», sagt der Mönch. «Bei uns heißt das nicht Peace und auch nicht Victory. Bei uns heißt das Double Check.»

Er hat recht. Sieg und Frieden sind keine Zufallsprodukte. Bei einem Double Check hätte ich mir nicht nur VOR dem Bezahlen das Hotelzimmer angesehen, sondern wäre auch bereits vor der Ankunft in Venedig über den Karneval informiert gewesen und gar nicht erst aus dem Zug gestiegen. Es gibt ja noch andere nette Städte in der Gegend, wie zum Beispiel Rimini.

«Und was machen wir jetzt?» fragt die Stewardeß im Freizeitdreß. Sie hat sich mittlerweile zwischen uns gesetzt. Ihr höllisches Dekolleté hypnotisiert mich. Träume ich? Phantasiere ich? Werde ich gleich auch weiße Mäuse sehen? Oder ist das wirklich kein Silikon? Der Mönch grinst.

«Wie wär's mit einem Double Check?»

Nachdem das erledigt ist, wird die Nacht langsam schön. Der Fluß der Karnevalisten beginnt auszudünnen, es entstehen Lücken, und die Lücken mehren sich. In den Lücken ist Venedig. Kleine Gasse, kleiner Kanal. Zu meiner Rechten mündet die Gasse in ein Plätzchen und wird dann zum Treppchen, zu meiner Linken schlängelt sie sich ins Ungewisse. Ein Boot schaukelt vor dem gegenüberliegenden Haus, angeleint neben einer grünen Tür. Ich weiß, das ist nicht viel. Und ich weiß, das ist alles. Eine überschaubare Komposition aus Efeu, Glas und alten Steinen, verträumten Fenstern, versteckten Balkonen. Ein Venedig-Atom, ein Bühnenbild. Und was für ein Stück wird hier aufgeführt? Genau das wird zum Problem. Es gibt Schönheit, die man durchaus allein genießen kann, wie die Schönheit der Musik oder die Schönheit eines Sonnenuntergangs, aber die Schönheit von Venedig gehört nicht dazu. Die ist nur als Paar begehbar. Aus Gründen, die mein historisches, kulturelles und architektonisches Wissen übersteigen, haben bei dem Bau dieser Stadt Reichtum, Geschmack und Sehnsucht etwas vollbracht, das Liebende selig und Alleinreisende kreuzunglücklich macht. Singles werden hier zu Schatten, die geisterhaft verloren an den Lagunen stehen und ihre Sünden bereuen. Eine Liebe zu verlassen ist eine Sünde.

3. Kapitel Triest

Rilke à Go-go

Jede Stadt hat einen Tick. Irgendeine Eigenart, die es in keiner anderen Stadt gibt. Oder es gibt in ihr etwas nicht, was es sonst überall gibt. In Triest gibt es keine Internetcafés. Ich frage jetzt zum x-ten Mal einen Triester danach und weiß schon vorher, was er sagt. Und wie er es sagt. Entweder wie ein Nichtraucher die Frage nach Feuer verneint oder wie einer, der die Frage nicht versteht. Internetcafé? In Triest?! Weil ich es nicht glauben kann, gebe ich es nicht auf zu fragen und naß zu werden. Es regnet. Es ist Februar. Es ist an der Zeit, ein Bett zu finden. Darum will ich ins Internet. Nach meinen Erfahrungen der letzten Nächte möchte ich ganz gern mal auf Nummer Sicher gehen; auf Google und «Hotels in Triest». Außerdem will ich Busverbindungen nach Slowenien finden. Ich habe die Route geändert. Das ziemlich konsequente Rauchverbot in Italien hat mir das Sehnsuchtsland der Deutschen schwer erträglich gemacht. In Ex-Jugoslawien, so mein Kalkül, wird das besser. Und ich bin sicher, der gute alte Jules Verne hätte das ähnlich gesehen.

Die Fahrt von Venedig nach Triest war übrigens sehr schön, drei Stunden mit dem Zug am Meer entlang, Pinienbestand. Ich habe ein Lustschlößchen entdeckt, und, um ehrlich zu sein, der Anblick dieser barocken Immobilie hat mich fast aus dem Sitz gerissen, die Nase klebte an der Scheibe, und da war ein Geräusch, tief in meiner Seele, und das Geräusch hörte sich in etwa so an: Klick. Alles schön und gut. Aber warum gibt es in Triest kein Internet?

Abgesehen davon erinnert mich die Stadt an Wien. Allerdings an ein Wien nach der Klimakatastrophe, und man kann sagen, dieses Wien hat Glück gehabt, denn es liegt jetzt am Meer. Man kann aber auch sagen, dieses Wien hat Pech gehabt, denn es gibt keine Internetcafés mehr. Die Wahrheit ist natürlich weniger spektakulär. Triest wurde zu großen Teilen von den Österreichern gebaut, als Österreich noch eine europäische Großmacht war und kein zwergenhafter Operettenstaat. So kam ein Kaiser zu einem Seehafen und eine Uferpromenade zu k.u.k. Architektur. Prachtbauten, aber cool. Man kriegt keinen Liebeskummer von ihrem Anblick. Und man muß sie auch nicht unbedingt *off-season* sehen. Der internationale Massentourismus ist schlauer als ich. Im Gegensatz zu Venedig bin ich in Triest der einzige Gast zur Zeit; wahrscheinlich der einzige, meine Hand dafür ins Feuer legen will ich nicht. Aber bisher habe ich noch keinen anderen gesehen, und die Fassaden der Grandhotels sind mit Planen abgedeckt. Manche Hotels haben ihre Fenster, wie es scheint, sogar zugenagelt, nein, die Post ab geht hier im Februar nicht. Es ist ziemlich windig, und der Regen wird immer stärker, und ich habe, ich erwähnte es möglicherweise noch nicht, durchaus auch Gepäck. Sturmgepäck könnte man langsam sagen. Das Wetter entwickelt sich indiskutabel.

Ich gehe deshalb zum Ausgangspunkt meiner Internetcafé-Odyssee zurück und nehme das Bahnhofshotel, also das erste Hotel, das ich gesehen habe, als ich aus dem Zug gestiegen bin. Das hätte ich trockener haben können. Die junge Frau an der Rezeption reagiert überrascht. Wahrscheinlich hat sie seit dem letzten Herbst, der ein besonders goldener war, keinen Gast mehr gesehen. Die bange Frage, ob sie ein freies Zimmer haben, beantwortet sie mit: «Wir haben ein freies Hotel.» Ich kann mir aussuchen, was ich will. Nun, ich will ein Einzelzimmer, das wie ein Doppelzimmer wirkt, weil ich a) große Zimmer mag und b) mit kleinem Budget reise. Sie versteht das total, auch wenn es gelogen ist. Das Budget ist okay. Ich weiß nur noch nicht so genau, was in den durchgeknallten Megametropolen Südostasiens an Spesen auf mich zukommt. In Hongkong, Shanghai, Tokio. Oder, besser, ich weiß es zu genau. Und habe einen Durchschnitt errechnet. Gestern lag ich für ein mieses Zimmer weit darüber, heute zahle ich für ein gutes weit darunter. Ein gutes? Ich wollte ursprünglich nicht unbedingt und durchgehend Hotelzimmer thematisieren, aber langsam ergibt es Sinn. Ich kann diese Leute einfach nicht verstehen, die ein Hotelzimmer ausschließlich als Übernachtungsmöglichkeit sehen, reduziert auf ein sauberes Bett, auf Licht aus und schlafen gehen. Was soll das? Setzt in fremden Städten und fernen Ländern das Bedürfnis nach einem Rückzugsort aus? Nach einem Ruhepol? Nach einem Zuhause? In dem man auch tagsüber mal sitzen kann? Das richtige Hotel gehört zu den Grundpfeilern eines erfolgreichen Urlaubs, und wer einen Welturlaub macht und Tag für Tag ein neues braucht, schult sich entweder in dieser hohen Kunst des Reisens, oder er geht vor die Hunde. Seelisch, emotional, finanziell. Und ich hab's kommen sehen. Das Zimmer im Bahnhofshotel von Triest ist leider auch nicht der Hit. Groß genug, ja, es gibt sogar einen Balkon mit Blick auf die Straße und auf einen begrünten Platz. Zum Problem wird hier das Holz. Ich bin keine Mimose, ich habe nur Allergien. Etwa gegen Fichte. Und was den Ausblick vom Balkon angeht: Ich sagte es bereits, es regnet Bindfäden.

Und ich habe Hunger. Natürlich hat das Hotelrestaurant geschlossen und das Restaurant neben dem Hotel auch, und auch das Restaurant daneben. Wieder irre ich durch die Straßen und werde naß, ja, noch unangenehmer, werde schwach. Es ist erst der dritte Abend meiner Reise, und schon stehe ich draußen vor allen Türen. Wo soll das enden?

Es endet vor einem kleinen Weinlokal, an den Stehtischen für Raucher. Dort trinken, von einer Jalousic gegen das Wetter geschützt, ein paar gutgekleidete Italiener und ein kleiner Spanier. Die Italiener sind sympathisch, aber zurückhaltend; der Spanier ist unsympathisch, aber aufdringlich. Er hat hier bereits alle vollgequatscht, jetzt bin ich dran. Er kommt aus Katalonien, er ist Schiffsingenieur, morgen früh läuft sein Frachter wieder aus. Als er hört, daß ich Deutscher bin, löst das einen Freudentaumel bei ihm aus. «Alemania, España, Italia!» ruft er und nimmt rechts und links in den Arm, was er kriegen kann. «Good friends, good Europe!», und dann will er alle aus seinem Weinglas trinken lassen, aber keiner nimmt die Einladung an. Er kriegt's nicht mal mit. Er ist besoffen und blöde und, wie sich bald herausstellt, trotz seiner EU-Euphorie ein Faschist. Und doch stehe ich mit ihm an einem Tisch. Und rede mit ihm. Ergebnis: Ich fühle mich besser. Gott, wie demütigend, denke ich, als ich wieder allein über das nasse Kopfsteinpflaster zurück zum Hotel gehe. Wie beschissen einsam muß einer sein, daß ihm selbst so ein Gespräch Kraft gibt?

Am Morgen werde ich wach und bin plötzlich fünfundfünfzig. Aber klar, man ist ja immer nur so alt, wie man sich fühlt. Ich fühle mich wie fünfundsechzig. Trotzdem, ich habe Geburtstag, und es gibt Geschenke. Ich brauche sie nicht auszupacken, ich brauche nur rauszugehen. Das erste Geschenk ist Sonne. Triest mit blauem Himmel und blauem Mittelmeer. Das zweite Geschenk ist Internet. Im Hotel! Die Frau an der Rezeption verrät mir, wo sie es versteckt haben, aber nicht, ohne mich zu ermahnen, es nur kurz zu nutzen, zehn Minuten, länger nicht. Langsam bekomme ich ein schlechtes Gewissen und, was noch fataler ist, gewöhne mich daran, weil sich der Mensch an alles gewöhnen kann. Nach einem Jahr in

Triest würde ich wahrscheinlich auch jeden Tag schwitzend vor Scham im Beichtstuhl sitzen: «Pater, ich habe schwer gesurft!»

Aber die zehn Minuten reichen für das dritte Geschenk. Auf der offiziellen Homepage der Stadt finde ich unter Sehenswürdigkeiten den «Sentiero Rilke» oder auch den Rainer-Maria-Rilke-Wanderweg. Und: Klick. Zu Rilke habe ich eine besondere Beziehung, weil ich mal bei der «Bunten» gearbeitet habe und weil bei der «Bunten» in jenen Tagen eine ältere adelige Dame von irgendeinem See in Oberbayern jederzeit Zugang zur Chefredaktion hatte; sie saß da einfach nur rum und gab Kommentare ab. Zu meinen Geschichten sagte sie, so etwas habe sie zum letzten Mal bei Rainer Maria Rilke gelesen. «Komisch», sagte ich, «hat der Mann auch Drogen genommen?» Was soll man sonst sagen, wenn man Rilke nie gelesen hat? Ich bin kein großer Leser. Bis heute weiß ich nicht, was und wie er geschrieben hat. Aber ich weiß jetzt endlich, wie er gewandert ist. Also, was ihn inspiriert hat. Ich bin mit dem Taxi hingefahren, denn der Weg ist ein bißchen außerhalb von Triest. Und das vierte Geschenk an meinem fünfundfünfzigsten Geburtstag ist dann ’ne Tabledancebar. Ich würde am liebsten an dieser Stelle mal Demokratie walten lassen und die Leser befragen: Worüber soll ich en détail berichten? Über Rainer Maria Rilkes Spaziergänge an der Nordadria? Oder über schweißnasse Körper an Go-go-Stangen?

Na? Ich wußte es: Rilke!

Typisch Dichter, bevorzugte er den eher kurzen Wanderweg. Ich bin, obwohl ich langsam ging, in zehn Minuten an seinem Ende angelangt. Aber hübsch ist er. Meter für Meter bietet er einen spektakulären Ausblick auf die Bucht von Triest, also auf die nördliche Spitze der Adria, fast möchte ich sagen: Zunge der Adria, die mit jeder Welle hofft, an den Ausläufern der Alpen zu lecken, aber bis jetzt kommt sie noch nicht dran. Zu kleine Wellen, auf denen große Yachten schaukeln. Duften wird es im Frühling nach Kräutern jeder Art, auch die Bäume werden dann Parfüm auflegen, mitunter aufdringliches, doch im Februar hält man es aus. Was wird Rainer gedacht haben, als er hier im bewaldeten Steilhang lustwandelte? Scheißbuch? Warum habe ich damit angefangen? Oder hat der Poet Strategien ersponnen, wie er das Hausmädchen der Thurn und Taxis, deren Gast er war, ins Bett kriegt? Ihnen gehört das Lustschlößchen, das ich auf der Zugfahrt nach Triest gesehen habe. Und das hier das Ende des Rainer-Maria-Rilke-Wanderwegs markiert. Der Schlingel, vielleicht hatte er ja auch die Fürstin höchstpersönlich im Visier. Ich weiß, Visier ist ein Begriff aus der Waffentechnik und erscheint auf den ersten Blick als Vergleich unangebracht, wenn es um die Liebe geht. Aber was soll ich machen, ich bin kein Dichterfürst, auch nach diesem Spaziergang nicht. Der Rainer-Maria-Rilke-Wanderweg unterscheidet sich vom Jakobsweg nicht nur durch seine Kürze, sondern vor allem durch seine Reinkarnations-Resistenz. Schade eigentlich. Man stelle sich vor, ich hätte herausgefunden, daß ich die Wiedergeburt von Rilke bin, gerade jetzt und gerade hier, vor dem Eingang dieses unglaublich geilen Lustschlößchens, dessen aktuelle Hausherrin die Fürstin Gloria ist. Dann würde ich mich doch von *private-property-* und *no-entry-*Schildern nicht kirre machen lassen, sondern sofort meinen lieben Kollegen Alexander von Schönburg anrufen, weil er der Bruder von Fürstin Gloria ist. «Hör mal, Graf, wie siehst du das? Einmal Gast, immer Gast, oder?!»

Und nun zur Tabledancebar.

Weil der Weg ein so kurzer war, bin ich früher als geplant zurück in Triest, so gegen Mittag, und erkundige mich zunächst am Busbahnhof nach meinen Möglichkeiten für die Weiterreise. Die sind entspannt. Der Bus nach Slowenien fährt alle zwei Stunden ab. Trotzdem verpasse ich jeden. Um nur wenige Minuten, aber verpaßt ist verpaßt. Und jedesmal bin ich ganz froh darüber, daß ich den Bus verpaßt habe. Zwischendurch gehe ich spazieren und sitze vor Cafés in der Wintersonne. Das ist angenehmer, als im Bus zu sitzen, und ich habe ja auch jede Menge Zeit. Heute die Welt in achtzig Tagen zu umreisen verlangt nicht, wie zu Jules Vernes Zeiten, permanentes, pausenloses und zielstrebiges Voraneilen, heute braucht es das glatte Gegenteil, also ein gewisses Klebenbleiben. Eine gewisse Unentschlossenheit. Soll ich denn wirklich mit dem Bus durch Ex-Jugoslawien, obwohl ich in Wahrheit keine Busfahrten mag? Oder doch lieber mit dem Nachtzug nach Süditalien, im Schlafwagen würde ich das Rauchverbot kaum mitkriegen. Und was sagen die alten Chinesen zu diesen Fragen, zu solch einer Wankelmütigkeit? «Drei Tage vorher, drei Tage nachher!» Sie meinen, es braucht drei Tage, um eine Entscheidung zu treffen, und dann noch mal drei Tage, um sie sacken zu lassen. Das sind so meine Gedanken, während ich in Triest spazierengehe und Kaffee trinke, spazierengehe und Kaffee trinke, spazierengehe und Kaffee trinke, und in einer der Spaziergehphasen entdecke ich das Tabledance-Etablissement. Ein schöner Schuppen am Hafen, aber noch geschlossen. Um 22 Uhr machen sie auf. Ja, denke ich, da feier ich meinen Geburtstag und schenk mir mal selber was.

Problem wird am Abend allerdings, daß ich im Hotelzimmer sitze und mich wieder nicht entscheiden kann. Die Befreiung der Sexualität von den Ketten der Moral, den Fesseln der Gefühle und dem Mühlstein der Liebe ergibt für einen alleinreisenden Mann natürlich Sinn. Aber es stimmt auch, daß die Frauen, die da mitmachen, nur selten die anarchistischen Ideale ihrer Freier teilen, sondern es tun, weil sie entweder Kinder durchbringen müssen, Zuhälter haben oder meschugge sind. Außerdem stimmt, daß ich langsam müde werde. Am Ende gönne ich mir eine überlange heiße Dusche. Wider die Prostitution am Straßenrand, denke ich, und dieser Gedanke ist in Wahrheit mein Geschenk an mich.

4. Kapitel Von Rimini bis Piräus

Mißwahl im Olymp

Ich fuhr zum ersten Mal im Alter von sieben Jahren mit meinen Eltern nach Italien. Die Reise mit dem Käfer dauerte zwei Tage und endete in Rimini, wo mich alle Bambino nannten und mit Gelato vollstopften. Im darauffolgenden Jahr fuhren wir wieder nach Rimini und in dem darauf folgenden ebenfalls. Und auch im nächsten. Ich war also viermal in Rimini, für jeweils vier Wochen, das sind sechzehn Wochen insgesamt. Ich müßte Rimini-Experte sein. Bücher über die Stadt schreiben. DEN großen Rimini-Roman. «Für eine Handvoll Gelato» oder «Vier Gelati für ein Halleluja» oder «Gelato pflastert seinen Weg». Falls das eine Spur zu Gelato-Western rüberkommt, können wir es Hemingway-mäßiger machen: «Wem das Gelato schlägt». Márquez geht auch, Doppelband: «Gelato in den Zeiten der Cholera» und «Hundert Jahre Gelato». Und wie wär's mit «Gelato und Sühne» (Dostojewski), «Die Gelatolandfahrt» (Hesse) oder «Gelatotagebuch» (Kerouac) – leider fällt mir außer diesen und anderen Titeln («Ein fliehendes Gelato» und «Elementargelati») dazu nicht mehr viel ein. Muß ja auch nicht sein. Fünfzig Jahre später werfe ich meine Zigarette auf den Bahnsteig von Rimini und steige wieder ein.

Zugfahrten im Schlafwagen sind Therapie. Was die Räder und Achsen da machen, ist Musik und Massage zugleich; egal, wie gut sie gefedert sind, ein letztes Vibrieren bleibt, und das reicht, um den Staub von der Seele zu schütteln. Den Rest besorgen das Bier und die Vorfreude auf Griechenland. Alles, was ich im Internet über Griechenland und Rauchen gelesen habe, war von wütenden Nichtrauchern geschrieben. In Griechenland rauchen alle immer und überall. Selbst in Geschäften, selbst in Bussen. Gegen 8 Uhr werde ich in Brindisi ankommen, von dort nehme ich die nächste Fähre zu den Rauchern, und alles wird gut.

Italien ist bekanntlich ein Damenstiefel. Triest liegt ganz oben am Schaft, Brindisi am hohen Absatz. Für die Stiefelnaht einmal runter braucht der Zug zehn Stunden, davon schlafe ich sechs, die anderen vier werden verträumt. Als ich die Augen wieder öffne, sehe ich sattgrüne Palmen in einem Morgenlicht, das sofort Stimmung macht. Jetzt ist es amtlich: Ich bin im Süden.

Und mache sofort alles richtig. Was ist wichtig? Ein Klo, ein Kaffee, ein Käsesandwich, ein bißchen in der Sonne sitzen, mit den Augen blinzeln und, wach geworden, den Besitzer des Lokals fragen, wo man Tickets für die Fähren bekommt. «Ein Stück die Straße hoch», sagt er, und weiter geht's. Uhrenvergleich: Es ist 9 Uhr. Um 9 Uhr 30 habe ich die Fahrkarte nach Griechenland. Aber die Fähre legt erst um 21 Uhr 30 ab. Das sind volle zwölf Stunden. Wie bringt man die über die Runden? In Brindisi?! Spazierengehen und Kaffee trinken? Die

Altstadt hat die Dimension einer Puppenstube. Gegen elf bin ich dreimal durch, gegen zwölf beginne ich mich zu fragen, was eigentlich den Unterschied zwischen dem Leben eines Weltreisenden und dem eines Hartz-IV-Empfängers ausmacht. Spazierengehen und Kaffee trinken, spazierengehen und 'ne Kleinigkeit essen, und gegen zwei Uhr mittags habe ich meinen Platz gefunden: eine Pennerbank am Hafen. Ein paar Kleidungsstücke aus meinem Rucksack dienen als Kopfkissen, ich liege in bequemer Schräglage. Weil die nächste Palme so nah ist, rahmen ihre Blätter meinen Ausblick auf das Meer wie ein Bild ein. Ein leichter Wind streift über die Bucht, und am Himmel sind Schäfchenwolken, was dazu führt, daß ich die Schäfchen zu zählen anfange. Ich schlafe nicht ein, ich lasse nur los. Was ist so schlecht am Pennerleben? Zum ersten Mal auf dieser Reise bin ich bereit für sie.

Auch Jules Verne ließ seinen Mann in Brindisi einschiffen. Es soll sogar ein Denkmal des Schriftstellers irgendwo in der Stadt stehen. Ursprünglich wollte ich es suchen, inzwischen habe ich es aufgegeben. Nicht nur die Suche, auch die Philosophie dahinter. Finden ist die Prämisse meines neuen Lebens. Und gefunden habe ich diese Bank. Pennerglück, Pennerpech. Es beginnt zu regnen.

Vier Stunden später. Es regnet noch immer. Ich stehe vor einem Zollgebäude halbwegs im Trockenen und warte auf den Shuttlebus zur Fähre. Ich warte schon lange. Langsam beginnt es auch im Kopf zu regnen. Folgende Gedanken: Die Säule dahinten markiert das Ende der Via Appia, der gewaltigen Heerstraße, über die Rom seine Legionen schickte, wenn es gegen Karthago und Ägypten ging. Für mich dokumentiert sie einen Höhepunkt italienischer Grausamkeit. Ich kann es fast hören. Durch den Regen und die Zeit. Drei Schläge mit dem Hammer rechts, drei Schläge mit dem Hammer links und Minimum sechs Hammerschläge für den großen Nagel, der durch zwei Schienbeine muß. Jeder einzelne dieser zwölf Schläge wurde von einem Vernichtungs-Schmerzensschrei begleitet, und rechnet man das mal sechstausend, wird man fast taub davon. Sechstausend Sklaven wurden zu beiden Seiten der Via Appia ans Kreuz genagelt, weil sie sich erhoben hatten und mit Spartakus für ihre Freiheit kämpfen wollten. Der Boulevard der Gekreuzigten reichte von Brindisi bis Rom, und ich kann mich des Eindrucks nicht erwehren, daß die Italiener dieses Vorgehen heute noch immer nicht wirklich als eine Menschenrechtsverletzung sehen. Es waren ja Sklaven, und Sklaven waren Ausländer. Um 20 Uhr sollte der Shuttlebus von hier abfahren. Das war vor dreißig Minuten. Ticke ich zu deutsch?

Eine junge Frau spricht mich an und reißt mich aus meinen Gedanken. Sie ist hübsch. Sie ist nett. Sie arbeitet für das Tourismusministerium. In der Exekutive. An der Front. Ob ich damit einverstanden sei, wenn sie mir ein paar Fragen über Italien stelle. «Ich weiß nicht», sage ich, «wir können es ja mal versuchen.» Von nun an vergeht die Zeit wie im Flug. Wie lange ich in Italien sei? Ich sage es ihr. Wo? Ich sage es ihr. Beruflich, privat oder Urlaub? Und da wird's schwer. «Italien ist eine Station meiner Weltreise, Signorina, aber ob diese Weltreise Vergnügen oder Arbeit ist, weiß ich im Augenblick noch nicht.» Sie stutzt: «Ach so.» Und wie ich Italien fände? Gut. Schlecht. Oder mittelmäßig? «Prima.» Und die Menschen, wie fände ich die? Gut. Schlecht. Oder mittelmäßig? «Die Frauen super, die Männer mittelmäßig. Nee, wenn ich ehrlich bin, die Männer finde ich schlecht.» Sie stutzt schon wieder.

«Warum?»

«Weil sie schlechte Gewinner sind.»

«Was!!!»

Ich erinnere sie an die letzte Fußballweltmeisterschaft, aber sie interessiert sich nicht für Fußball, sie interessiert viel mehr meine Meinung über die öffentlichen Verkehrsmittel in ihrem Land. «Sie meinen Fahrplantreue und so etwas, Signorina? Nun ja, der Bus zur Fähre nach Griechenland sollte vor nunmehr vierzig Minuten von hier abfahren, aber er ist noch nicht mal eingetroffen. Und jetzt frage ich Sie mal was: Finden Sie das gut, schlecht oder mittelmäßig?»

«Für Italien ist das mittelmäßig», sagt sie und lacht.

Noch mal 'ne halbe Stunde später, und der Bus ist endlich da. Ein kleiner dicker Fahrer und ein großer, breitschultriger Irgendwas, ein Kollege wahrscheinlich, lassen mich und die anderen vier Fahrgäste zwar rein, aber ignorieren unseren Gruß, unser Lächeln, unsere

Existenz. Fünf Ausländer, drei davon schwarz, sowie einer mit schulterlangen Haaren (ich) und ein Grieche mit Vollbart, werden wie Dreck zur Fähre gekarrt. Ich spüre die Verachtung des Busfahrers und seines Assistenten wie eine Ohrfeige; was die anderen spüren, weiß ich nicht, die Afrikaner sind's wahrscheinlich gewohnt. Als wir am Ziel sind, hilft uns der Große mit schaufelnden Armbewegungen aus dem Bus. Er faßt dabei niemanden an. Es sieht nur so aus, als schmeiße er uns raus. Was soll's. Ein Schiff wird kommen.

Und es kommt tatsächlich. Man darf überall auf und in dem Schiff rauchen? Man darf. Die große Bar der Greek Ferry empfängt mich nikotingesättigt, Rauchschwaden ziehen wie Galaxien durch das schwimmende Lokal, riesige Aschenbecher prunken auf den Tischen, und mir ist, als würde ich eine Zeitreise machen. Ich bin schlagartig zwanzig Jahre zurück. Da war es überall so. Die bunten, hier und da etwas fleckigen Cocktailsessel passen auch gut dazu. In ihnen ruhen weiche Bäuche, harte Arschbacken, müde Fernfahrer. Die Bruderschaft der Straße. Touristen sehe ich nicht, und das hängt wohl a) mit der Jahreszeit und b) mit den Preisen für die Überfahrt zusammen. Sechzig Euro plus dreißig für ein Bett in der Doppelkabine gilt in den Zeiten der Billigflieger finanziell nicht als Alternative, ökologisch auch nicht, emotional dagegen sehr. Es gibt keine kraftvollere Demonstration menschlichen Fortbewegungswillens als das Anlassen von 25 000 PS starken Schiffsmotoren, obwohl, so kann ich das nicht stehenlassen, es gibt schon einige Dinge, die kraftvoller sind, aber die haben, außer in der Raumfahrt, alle mit noch stärkeren Schiffsmotoren zu tun. Ein Sound zwischen Gebrüll und Knurren kommt aus dem Bauch der Fähre, ein Gigant erwacht und will sich erheben, statt dessen geht es nach vorne, vorbei an den Piers, raus aus dem Hafen, und schneller, als ich vermutet hatte, wird Italien zu einer Lichterkette, dann zu einem Glühen. Das Land der Eisverkäufer verschwindet in der Nacht.

Der Morgen sieht dann so aus: Ich stolpere aus meiner Kabine die Treppe zu einem der Decks hoch, weil ich vermute, daß ein Sonnenaufgang über der Ägäis zu den sieben klassischen Schönheiten zählt, die ein Mensch erleben kann, und bin dann doch überrascht, daß es stimmt. Inseln, kleine und große, mit Bergen und Wäldern und Wasserfällen liegen wie verzaubert in einem wellenschlagenden, türkisfarbenen Meer, über das eben noch die ersten Sonnenstrahlen wie Pfeile jagten; inzwischen sind es keine Pfeile mehr, sondern eine von Horizont zu Horizont reichende Armada blinkender Lichtschiffchen. Außerdem: Der Mensch ist ein Gewohnheitstier, aber hier übernimmt der Fahrtwind alle Morgenrituale. Er bürstet meine Haare, er wäscht mein Gesicht, er putzt mir die Zähne, und, was das wichtigste ist, er wirkt wie Koffein, Tein und Kokain zusammen, er macht mich wach und gibt mir Kraft. Viel mehr Kraft, als ich eigentlich habe. Ich stehe auf dem Deck einer Autofähre und bekomme ein Gefühl dafür, wie es ist, ein Held zu sein.

Ich denke dabei an Odysseus, nicht an Achilles. Den hat mir Brad Pitt versaut, obwohl er nichts dafür kann. Ein deutscher Hollywood-Regisseur namens Petersen hat sich an Homer vergriffen und Karl May daraus gemacht, und das ist vielleicht ein bißchen übertrieben, aber ich bin noch immer wütend auf den Film. Man stelle sich vor, eine Geschichte heißt «Mond im Wasser», und dann kommt nur Wasser darin vor. Er hat die Götter aus dem Krieg um Troja herausgeschnitten, den Mythos, der damals allgegenwärtig war, kastriert. Er hat die Wirkungen ohne ihre Ursachen erzählt. Ob sich Homer vor Wut im Grabe dreht? Ich nehme an, er dreht sich dort schneller als unsere Schiffsschrauben.

Hier mal in Kürze, was der in Emden gebürtige Filmeverbrecher verschwieg: Die Geschichte beginnt mit einer Party. Die Unsterblichen feiern irgend etwas und sind gut drauf, bis Eris, die Göttin der Zwietracht und des Streits, den Saal betritt und einen goldenen Apfel zwischen die Tanzenden rollen läßt. Er gebühre, wie sie sagt, der Schönsten hier. Alle Göttinnen wollen ihn haben, aber das geht ja nicht. Es kommt deshalb zu einer Mißwahl im Olymp. Leider kann sich die Jury am Ende nicht entscheiden. Drei Kandidatinnen für den Titel und die goldene Frucht bleiben. Hera, die Frau von Zeus, Athene, die Göttin der Weisheit, und Aphrodite, die Göttin der Liebe und der Schönheit. Wieder gibt's Megastreit. Hermes, der als Götterbote viel rumkommt, hat eine Idee. Er kennt einen Menschen, einen Königssohn, mit erstklassigem Frauengeschmack. Soll der doch entscheiden. «Ja», rufen erleichtert die Götter, des Streitens müde, «soll der doch entscheiden! Wie heißt er denn?»

«Paris, Prinz von Troja.»

Der Genannte ruht auf einer lauschigen Lichtung vor den Mauern der Stadt, als ihm die drei Göttinnen erscheinen. Sie erklären ihm, worum es geht, und jede versucht ihn zu bestechen. Hera verspricht Paris, ihn zum mächtigsten Mann der Welt zu machen, wenn er sie wählt, Athene bietet ihm geniale Intelligenz und Weisheit an, und Aphrodite offeriert die schönste Frau der Welt. Paris wählt Aphrodite. Dafür bekommt er Helena, die Frau des Königs von Sparta, und erst da fängt der norddeutsche Hollywood-Emporkömmling mit dem Film an. Hat der 'nen Knall?

Und so geht's weiter: kein Wort davon, daß Achilles Sohn einer Meeresgöttin und eines griechischen Königs ist. Kein Hinweis auf die Prophezeiung an seiner Wiege: Der Knabe wird entweder der größte Held des antiken Griechenland, ja der größte Held der Weltgeschichte, und dafür wird er früh sterben; oder er lebt lang, aber unbekannt. Kein Bild von der besorgten Mutter, die den Säugling in ein heiliges Feuer hält, das ihn, wie sie weiß, unverwundbar macht; aber ihr Mann überrascht sie dabei, und der weiß das nicht. Der sieht nur, daß seine Alte gerade seinen Sohn verbrennt, und entreißt ihn ihr, kurz bevor die Unverwundbarmachung des wie am Spieß brüllenden Babys abgeschlossen ist. So kommt's zur Achillesferse, Herr Petersen, auch wenn Ihnen das nicht paßt. Und warum haben Sie eigentlich nichts von den Lesben erzählt? Um Achilles vor seinem Heldenschicksal zu bewahren, läßt die Mutter ihn auf einer Insel aufwachsen, auf der nur Frauen und Mädchen leben. Ihm wird gesagt, er sei ebenfalls ein Mädchen. Der junge Achilles trägt Frauenkleider, Frauenschuhe, Frauenschmuck. Ist das denn wirklich so schwer vorstellbar? Brad Pitt als Transvestit?

Und wann werden wir, um in die Gegenwart zurückzukommen, in Patras einlaufen? Und wie wird Patras sein? Gut? Schlecht? Oder mittelmäßig?

Drei Stunden später weiß ich es. Patras ist gut. Patras gehört zu den großen griechischen Städten und brummt. Ich sehe davon nur eine Straße, weil es in ihr alles gibt, was ich brauche. Internetcafés, Reisebüros, Busstationen. Und überall Aschenbecher, und jetzt ist gut, ab sofort erwähne ich das Thema nicht mehr, es sei denn, ich muß, weil ich die zur Decke aufsteigenden Rauchschwaden für die Beschreibung eines Bildes brauche, das ohne sie unvollständig wäre.

Ich warte auf den Bus nach Piräus. Er wird in drei Stunden abfahren. Die Zeit für einen Spaziergang zu nutzen erscheint mir als keine gute Idee, denn auch in Griechenland regnet's. Der Warteraum der Busstation ist ein kleines, dunkles Café, und an jedem Tisch sitzen Menschen, die warten können. Und schweigen können. Und wenn sie reden, dann können sie es leise, ohne dabei an Aussagekraft zu verlieren. Keiner gestikuliert, keiner tönt rum, keiner ist modisch gekleidet. Sauber, ja, geschmackvoll auch, aber keiner macht sich hier zum Affen, wie es die Italiener tun. An dem Tisch rechts von mir sitzt ein alter, orthodoxer Priester in, man möchte sagen, mittelalterlichem Gewand, obwohl man seinen Hut, seine Robe und seinen Mantel wahrscheinlich schon ein paar Jahrhunderte vor den Kreuzzügen so trug. Bart, Stock, Rosenkranz, ernstes, aber gutmütiges Gesicht, er schaut geradeaus. Sonst macht er nichts. Andere schauen aus dem Fenster in den Regen. Keiner langweilt sich. An dem Tisch vor mir sitzt eine Gruppe, drei Männer, eine Frau. Die Männer sind so um die Vierzig, auch um die Fünfzig, die Frau dürfte Mitte Dreißig sein und erinnert figürlich an Claudia Cardinale, scheint aber charakterstärker zu sein. Sie trägt wetterfeste Kleidung, also viel Leder (Stiefel, Mantel), beides schwarz, dazu Jeans und einen feingerippten, enganliegenden Pullover. Alles in allem ist sie gut in Schuß. Mit den Männern redet sie freundschaftlich. Einen der drei kennt sie besser als die beiden anderen. Ich tippe auf Nachtclubtänzerin, Barfrau, Hure, die in Piräus einen neuen Job beginnt. Aber man kann sich irren. Vielleicht ist sie auch eine Sängerin oder eine Philosophieprofessorin an der Universität von Athen. Sicher ist: Sie wartet auf den Bus. Und sie wartet souverän. Sie rührt die Zeit wie einen Löffel Zucker in den Kaffee. Dazu, ganz klar, zündet sie sich dann und wann eine schöne «Ich-sag's-nicht-mehr» mit Filter an.

Meine Pläne sind wieder mal entweder – oder: Entweder werde ich nach der Busfahrt für heute Feierabend machen und eine Nacht in Piräus bleiben, oder ich werde gleich in die Fähre nach Kreta steigen. Ich will mich vor Ort entscheiden, spontan, wobei nicht ganz ersichtlich ist, warum das «spontan» in naher Zukunft ein anderes sein soll als das «spontan» im Hier und Jetzt, also eine spontane Unentschlossenheit. Im Bus schlafe ich sofort ein, und irgendwann wache ich wieder halb auf. Halbwach ist die Kehrseite von Halbschlaf. Wie Traumsequenzen ziehen die Berghänge der Peloponnes vorbei. Es regnet noch immer, und auch dieses Thema würde ich gerne mal beenden oder verschweigen oder als ausdiskutiert betrachten, aber was soll ich machen? Die Peloponnes im Regen wirkt anders auf die Seele eines mobilen Halbschlafenden als die Peloponnes bei Sonnenschein. Wellen gehen nach oben, Wellen kommen wieder runter. Wellen des Wohlgefühls.

In Piräus setzt uns der Bus direkt vor der Kreta-Fähre ab. Das macht das spontane Entscheiden natürlich leichter. Andererseits sehe ich hinter den Hafenanlagen die Lichter einer vielbesungenen Stadt. «Ich bin ein Mädchen von Piräus» und so weiter. Die Fähre startet in einer halben Stunde. Noch habe ich Zeit, mir Gedanken zu machen. Was fürs Bleiben spricht, ist die Venedig-Lektion. Thema: Double Check. Im Internet fand ich zwar meine Vermutung bestätigt, daß es ein Schiff von Kreta nach Ägypten gibt, irgendwelche Profis bestätigten das jedoch noch nicht; das könnten sie morgen in Piräus tun. Also Taxi zu einem netten Hotel in einem netten Viertel der Hafenstadt. Na ja, ich bin ziemlich müde und kenne Piräus überhaupt nicht, und die Hoffnung, daß mir ein griechischer Taxifahrer da weiterhilft, entspricht der Hoffnung eines verirrten Schafs, daß der Wolf ortskundig ist. Ich will nicht typologisieren. DEN griechischen Taxifahrer gibt es nicht. Aber es gibt DEN Taxifahrer von Athen. Ich kenne ihn. Er sah zwar jedesmal anders aus, mal klein, mal groß, mal dünn, mal fett, mal jung, mal alt, mal mit Schnauzbart, mal ohne, mal englischkundig und mal nicht – aber es war immer derselbe. Und jedesmal verarschte er mich. Aber nicht ein bißchen, sondern total. DER Athener Taxifahrer hat keine Hemmschwelle, keine Beißbremse, kein Limit an Niederträchtigkeit, kein Minimum an Mitleid, er hat auch keine Sympathien für dich. Ich weiß nicht, warum in Athen kriminelle Energie und eine Taxilizenz ein und dasselbe sind; ich weiß nur, daß Piräus zu Athen gehört und die Vermutung naheliegt, auch hier wieder nur auf das gute, alte Arschloch zu treffen, das mich beim letzten Mal, statt zum Hotel zu bringen, in einer Bar absetzte, in der die 400-Euro-Flasche Schampus bereits für mich geöffnet auf der Theke stand, noch bevor ich durch die Tür gekommen war. Mein Einwand, daß ich sie weder bestellt habe noch bezahlen werde, wischten zwei Muskelpakete mit ein paar beherzten Ohrfeigen weg. Will ich das? Nein, will ich nicht. Außerdem lockt es mich, vergangenes Glück zu wiederholen. Es war gestern abend, gestern nacht und heute morgen so schön auf dem anderen Schiff. Warum nicht weiter in Schönheit wandeln? Ja, warum nicht.

5. Kapitel **Kreta**

Das gurrende Yin-Yang

Das Schiff von heute ist nicht das Schiff von gestern. Es ist doppelt so groß, obwohl mir schon die Fähre in Brindisi gewaltig vorkam, und es ist knallvoll. Jeder Platz auf jeder Ebene ist besetzt, und mit Ebenen meine ich nicht nur die vier Stockwerke, sondern auch die Fußböden, die Flure, die Ecken; wo immer einer einen Platz gefunden hat, breitet er seine Decke aus und pflanzt sich selbst als Fahne drauf. Auch meine Zweibettkabine ist nicht, wie gestern, nur mit mir belegt, heute ist sie voll. So voll, daß es mich fast wieder rückwärts aus der Tür heraushaut. In dem anderen Bett liegen zweieinhalb Zentner schwer atmendes Fett, und weil ihm die Decke heruntergerutscht ist, scheint es mir, als wollten seine monströsen Speckfalten nach mir greifen und mich beißen. Kaum habe ich mich gefangen, beginnt das Monster zu schnarchen. Aber wie! Ich finde nur schwer ein Bild dafür. So, wie ein Fernseher implodiert? Es ist auf alle Fälle kein fließendes Geräusch, etwas in ihm wird mit jedem Atemzug gesprengt.

Ich nehme mein Bettzeug und mache es mir vor der Kabine auf dem Boden bequem. Ich schlafe beschissen und wache noch beschissener auf: Mir ist übel. Ich muß mich übergeben. Nachdem ich das erledigt habe, ist mir immer noch übel. Darum bleibe ich an der Reling stehen. Seekrank vor Kreta. Da vorn ist die Küste, da unten mein Mageninhalt. Es kommt noch ein bißchen mehr dazu, wohl bekomm's, ihr lieben Fische. Dann fängt es an zu regnen. Ein zu warmer Regen für die Jahreszeit. Klimaveränderung? Leider nicht. Ein Deck über mir erleichtert sich ein Mitpassagier. Mir wird gerade auf den Kopf gepißt, und mehr sag ich nicht zum Thema «Wandle in Schönheit ewiglich».

Außerdem, aber das nur nebenbei, erfahre ich im ersten Reisebüro auf der Insel, daß es kein Schiff mehr von Kreta nach Ägypten gibt. Früher ist mal eins gefahren, aber das war vor vielen, vielen Jahren. Verdammtes Internet, verdammte Blogger und, wenn wir schon beim Verdammen sind, verdammter Amateur ich selbst. Ich habe das Datum des Eintrags übersehen, so wird ein Einfach-Check doppelt schlecht.

Nicht mehr seekrank, dafür mit stinkenden Haaren, wird mir klar, was los ist. Wie bei diesen Brettspielen bin ich auf ein Feld geraten, auf dem «Einmal aussetzen» steht oder «Drei Schritte zurück» oder (schlimmer) «Zurück auf Los» oder (noch schlimmer) «Du mußt ins Gefängnis». Auf meinem Feld steht alles auf einmal. Ich kriege es nicht sofort mit, aber bald. Ich gerate auf Kreta in die Gefangenschaft einer Parallelwelt. Ich falle durch ein Loch aus der Zeit. Das Loch ist ein wunderschönes Fenster in einem wunderschönen Zimmer mit wunderschönem Ausblick. So wunderschön kommt's nicht wieder. Zu verdanken ist dieses Hotelzimmer der glücklichen Verschmelzung zweier Kulturen. Der kretischen und der Westberliner, hier insbesondere der Charlottenburger, wobei der Name des Berliner Stadtteils auch als Synonym für eine gesamtdeutsche Bewegung zu verstehen ist, deren Mitgliederschaft zu achtzig Prozent aus Lehrern oder Lehramtsanwärtern besteht. Herausgekommen ist dabei viel Holz in warmen Tönen, keine Angst vor Patchworkdecken, die Liebe zu Hochbetten, Schwarzweißfotografien und Jugendstillämpchen; die Schränke und Stühle sind möglicherweise Antiquitäten, und den Schreibtisch könnte ich küssen oder gar lecken wie einen Fetisch. Klein, alt, ästhetisch. Eine perfekte Startbahn für romantische Geschichten. Vielleicht würde das aber auch auf jeden Schreibtisch an dieser Stelle zutreffen, denn er steht am Fenster, und dort bietet sich folgender Ausblick:

Der alte Hafen von Chania, auch der venezianische genannt, besteht aus einem Halbkreis von zweistöckigen Häusern, die allesamt meinem Hotel ähneln, schief, außen wie innen verschachtelt, so malerisch wie wetterfest. Auch trinkfest? Das Meer ist wild entschlossen, das zu testen. Wellen schlagen über die Ufermauer, um schon mal die Straße unter Wasser zu setzen, Wolken jagen im Sturm, ein Leuchtturm blinkt im Regen, hin und wieder, wenn der Himmel aufreißt, gibt dazu der Mond seinen Segen. Romantischer kann beschissenes Wetter nicht sein.

Und ich bin allein, ganz allein. Nicht nur mein Hotel,

die gesamte Altstadt ist menschenleer. Die Charlottenburger bleiben in Charlottenburg Mitte Februar, und die Kreter wohnen schon lange nicht mehr hier, sondern in der neuen Stadt, dem normalen Chania, denn im venezianischen Hafen ist jedes Haus ein Hotel oder ein Restaurant oder eine Bar oder ein Café, und wenn keine Touristen da sind, bleibt auch der Roomservice zu Haus. Selbst der Besitzer meines Hotels, der mir das Zimmer zeigte, ist weg. Ich hatte Glück, ihn überhaupt anzutreffen, er schaute nur vorbei, weil er eine Tür reparieren mußte. Und wo sind die Massen von der Fähre? Hier nicht. Hier bin nur ich und schaue aus dem Fenster und trinke griechischen Wein und sehe, während ich damit beschäftigt bin, ein Bild aus der Vergangenheit. In diesem Bild regnet es nicht, die Nacht ist sternenklar, die Uferpromenade voller leichtbekleideter Menschen, Glühwürmchen und Musik. Ich gehe mit einer Siebzehnjährigen an der Hand und Schmetterlingen im Bauch hinter einem Luftballonverkäufer her, rechts und links Flohmarkthändler, Wahrsagerinnen, Straßensänger, aber nichts ist so klar und farbenfroh in der Erinnerung ausgemalt wie der kleine Mann mit seinen großen, bunten Luftballons. Möglicherweise, weil sie so symbolträchtig sind. Für die Liebe. Für den Moment.

Ich kannte das Mädchen seit drei Tagen. Getroffen hatte ich sie in einer Open-air-Diskothek am Strand, ein Zuckerschneckchen aus Lübeck auf der ersten Abenteuerfahrt ihres Lebens. Wir spazierten durch den Hafen, und als wir auf die Uferpromenade einbogen, zog der Luftballonverkäufer an uns vorbei. Total verliebt in Chania im Jahre 1982, also vor einem Vierteljahrhundert, und was mich daran augenblicklich, na, sagen wir, traurig stimmt, ist nicht die Vergänglichkeit der Liebe, das haben wir ganz gut hingekriegt. Die Schmetterlinge im Bauch waren nach vier Wochen erledigt, abgemurkst oder auch eines natürlichen Todes gestorben, aber die Freundschaft hält seit fünfundzwanzig Jahren. Ich weiß nicht, welches zentrale Bild sie von unserer Liebe in Erinnerung hat; bei mir sind es die Scheißluftballons, und ich bin nicht traurig, sondern glücklich darüber, daß ich sie für immer und alle Zeiten vor mir sehen kann, weil ich sie in mir habe. Nein, traurig macht mich was anderes. Der Typ, den ich da unten im Hafen der Vergangenheit mit einem Sahneschnittchen in Pluderhosen spazierengehen sehe, gefällt mir sehr gut. Nicht nur wegen seiner blonden Haare, auch wie er fühlt, wie er träumt, wie er reist. Er liebt, was er sieht, das macht die Straßen für ihn frei. Und er glaubt an ein gutes Ende, mehr noch, er glaubt, daß es kein Ende gibt, daß es immer weitergeht, zwanzigtausendmal um die Erde, und das macht ihn attraktiv. Egal, wo er ist, er ist nie allein. Bereits einen Tag nach der Abreise des Honigbombers aus der Hansestadt hat er 'ne Neue, dieses Mal eine Zigeunerin, Mitte Zwanzig. Neue Frauen, neue Länder, neue Geschichten, das ist sein Leben. Und was ist davon geblieben? Eigentlich alles, nur eines nicht: Der Motor, der dem Ganzen Schwung verleiht, ist inzwischen ein wenig verstottert, um nicht schrottreif zu sagen. Mir sind die Träume ausgegangen, von denen der Typ damals noch jede Menge hatte, tausendundeinen in jeder Tasche. Wenn der seinem Mädchen im Hafen von Chania mit Blick auf Meer und Horizont sagte, daß er als nächstes nach Ägypten gehe, dann brauchte er sie nicht auszumalen, sie waren in seiner Stimme, seinen Augen, seinen Gesten, die Träume von Basaren, engen Gassen und Reitern im Gegenlicht. «Ägypten» – ein einziges Wort ließ Karawanen durch Wüsten ziehen und den Vollmond über Pyramiden erstrahlen. Und woran denke ich bei diesem Wort jetzt? Wonach hört sich das heute an? Zunächst mal nach Kairo, also nach zu vielen Menschen, zu vielen Auspuffen, zu vielen Fundis, zu vielen Arbeitslosen, zu vielen Junkies, zu vielen korrupten Polizisten. Und was die Wüsten des Landes angeht: Es kann durchaus sein, daß es da noch Karawanen gibt, nur haut mich der Anblick von Kamelen leider nicht mehr aus den Puschen. Es hat sich ausgeträumt. Das ist es, was mich traurig werden läßt, während ich am Fenster sitze, Rotwein trinke und durch den Sturm, den Regen und das Loch der Zeit auf die großen, bunten Luftballons blicke. Einer nach dem anderen entschwebt, um das Auge des Betrachters zu erfreuen und seine Wünsche mitzunehmen. Aber irgendwo da draußen geht jedem Ballon das Helium aus. Was bleibt, ist der Trost der Rebe und ein Leuchtturm, der die Schiffe warnt.

Tags darauf kriegt sich das Wetter wieder ein, auf ganzer Front herrscht Sonnenschein, sogar einen Menschen sehe ich. Neben meinem Hotel ist eine Cafébar,

Gäste gibt es nicht, aber die Bedienung ist da. Sie hat ein hübsches Gesicht, lachende Augen, ein sympathisches Wesen. Ich frühstücke mit Appetit, und wir reden ein wenig. Sie will wissen, wie die Überfahrt gewesen ist, und ich will wissen, wo all die Touristen geblieben sind, die mit mir die Fähre vollgekotzt haben. Oh, sagt sie, das waren keine Touristen, das waren alles Griechen oder, besser, Kreter, also Nachkommen eines Volkes, das die Byzantiner, Venezianer, Osmanen und Nazi-Deutschen überlebt hat, ohne sich mit ihnen zu vermischen. Wenn Kreter seekrank werden, muß es wirklich übel gewesen sein.

Ja, sage ich, aber jetzt ist alles wieder gut. Während ich in das Käsesandwich beiße und am Milchschaum meines Heißgetränks lecke, erklärt sie mir, warum das Schiff so voll mit Kretern gewesen ist. Alle wollen nach Hause, um zu Hause zu feiern. Was feiern? Sie wundert sich, daß ich es nicht weiß. «Morgen ist Karneval», sagt sie, und ich verschlucke mich. Jules Verne hat seinen Weltreisenden von einem übereifrigen Detektiv verfolgen lassen, mich verfolgt der Karneval. Wie wär's, wenn ich ihm entwische und schon heute abend nach Athen zurückfliege und morgen von Athen nach ...? Will ich wirklich nach Ägypten? Oder lieber gleich nach Indien? Was ich nicht will, ist, diesen Gedanken weiterspinnen, denn er führt mich wieder mal dahin, wo ich verloren bin. Um keine Entscheidung treffen zu müssen, bleibe ich noch eine Weile.

Der venezianische Hafen von Chania ist gastronomisch dreigeteilt: Mein Frühstückslokal liegt, wie mein Hotel, am linken Ende der Bucht. Von hier bis zu ihrer Mitte reihen sich die Rock-'n'-Roll-Bars und Live-Musik-Etablissements aneinander, dazwischen klemmen ein paar kleine Cafés. Die Mitte des Hafens ist ein Platz mit Restaurants und den großen Cafés, dahinter, in zweiter und dritter Reihe, stehen die Diskotheken und Nachtclubs. Viele heißen «Scandinavian Bar». Die Schweden rücken den Charlottenburgern auf den Pelz, normannische Saufkultur gegen deutsche Lehrer und Lehrerinnen, das wird den unsrigen nicht schmecken, aber, ich sagte es ja schon, zur Zeit sind weder die einen noch die anderen zugegen. Alle Lokale sind geöffnet und doch leer; fast leer, ein paar Gestalten sitzen hier und da an einsamen Tischen und verstärken nur den Eindruck einer im Leerlauf probenden Gastronomie. Ich gehe ins Hotel zurück. Ich habe keinen besseren Platz gefunden als den an meinem Schreibtisch, an meinem Fenster, mit meinem Ausblick.

Was gestern ein Sturmgemälde war, ist heute eine liebliche Postkarte. Hochglanz-Griechenland. Weil mein Hotel etwas höher liegt als andere, kann ich auf die Dächer und Balkone der efeuberankten Nachbarhäuser sehen, bevor sich der Blick über die Uferpromenade hinaus in unendlichem Blau verliert; Blau oben, Blau unten, Himmel und Meer wetteifern darum, wem diese Farbe besser steht, oder, griechisch gesagt, Zeus und Neptun buhlen um die Gunst des Publikums. Nun wäre es an der Zeit, zu applaudieren, nun wäre es an der Zeit, glücklich zu sein, aber ich komme wieder nicht dazu, denn neben meinem Fenster ist ein Balkon, und auf dem Geländer lassen sich zwei Tauben nieder. Die eine ist weiß, die andere schwarz. Ich bin eigentlich kein Taubenfreund, aber die weiße ist schneeweiß und die schwarze so schwarz wie lackiert, und über die erstaunliche Schönheit der Tiere hinaus ist es natürlich die Kombination, die mich irritiert. Das fliegende Schachbrett, das gurrende Yin-Yang. Ist das eine Botschaft? Beginnt hier ein Märchen? Und was ist, wenn mich das Märchen wieder traurig macht? Wo ist meine weiße Taube? Ich weiß, wo sie ist. Warum ist sie nicht hier? Ich weiß, warum sie nicht hier ist. Ich wollte es so. Warum wollte ich es so? Das weiß ich nicht. Ich weiß es wirklich nicht, warum ich sie verlasse, seitdem wir zusammen sind. Immer wieder. Und es kommt plötzlich hoch, mit kleinen, gemeinen Bildern. In jedem dieser Bilder sind ihre Augen und ihr Mund der Mittelpunkt, manchmal auch ihre Hände. Sie verknoten sich ineinander, um ihr Zittern zu verbergen. Warum tust du ihr das an? Warum tust du dir das an? Ich merke es nicht sofort, aber anscheinend kam jedes Bild flüssig nach oben. Ich weine, während die Tauben gurren. Wie lange schon? Ich weiß es nicht. Was weiß ich überhaupt?

Ich weiß, daß ich sie liebe, doch das nützt mir nichts, weil meine Nieren und meine Leber verrückt spielen, wenn ich in ihrer Nähe bin. Das ist von den Organen nicht persönlich gemeint, sie schwellen grundsätzlich an, wenn mir Frauen zu nahe stehen. Nieren und Leber wollen Freiheit, das Herz will Liebe, und ein tiefer liegendes Körperteil will möglicherweise auch noch was. Und was will mein Kopf? Der will immer weniger nach Ägypten.

Kreta entwickelt sich für meine Reisepläne zu einem Treffpunkt der Dämonen, noch bevor der Karneval angefangen hat. Gestern bremste das Alter, heute die Liebe, und was kommt morgen? Eine Nacht später weiß ich es. Der gute, alte Hausgeist, der mich in Berlin zum Bahnhof brachte, ist also doch nicht am Bahnsteig umgekehrt, wie ich dachte, er hat sich reingeschlichen, er ist mitgekommen, als blinder Passagier. Bis Kreta hat er die Klappe gehalten, weil er schlau ist und weil er auf seinen Moment warten kann. Ich träume in der Nacht von einem Gefängnis, und als ich aufwache, fällt mir ein, daß ich diesen Traum schon mal wachgeträumt habe. Vor der warnenden Tapete, vor meiner Abfahrt. Es waren zwei Wachträume, oder nicht? Eine längere Sequenz von einem Bus in Laos, und eine kurze von einem Gefängnis in Ägypten. Und der Traum heute nacht zeigte ein ganz ähnliches kettenbehangenes Loch, um nicht zu sagen: dasselbe. Der Schreck fährt mir in die Kniekehlen und bleibt da den ganzen Tag, während mir Kinski und die anderen Kollegen von meiner Schreibtischwand in den Ohren liegen: «Wenn du jetzt gehst, wirst du uns nie wiedersehen.»

Was ist das für ein Scheißgefängnis? Und was ist das für ein Scheißbus? Denn der fällt mir natürlich auch wieder ein. Und wie vor meiner Abfahrt erinnert mich jetzt diese Visionenkombination von einem Gefängnis in

Ägypten und einer Busfahrt in den Bergen von Laos an etwas, aber ich weiß nicht an was. Irgendwo in den Höhlen meines Unterbewußtseins lauert die Antwort darauf. Und wartet ab. Wie lange? Bis es zu spät ist? Spinne ich? Ich hoffe es. Dafür spricht, daß ich immer gesponnen habe, beruflich wie privat, dafür spricht, daß ich zu viel trinke und zu viele Drogen nehme, dafür spricht, daß ich ein Angsthase bin. Dagegen spricht, daß es eine schier unendliche Kette von Erzählungen gibt, die sich um das Thema Vorahnung drehen. Ein Thema im Grenzbereich von Wissenschaft und Esoterik, ein Thema im Niemandsland: Von Homer bis heute betreten Leute keine Schiffe und Flugzeuge, weil eine Vorahnung sie warnt. Wer warnt? Was warnt? Die eigene Fähigkeit, in die Zukunft zu sehen? Oder die Zukunft selbst? Gibt es Schutzengel, gibt es Ahnen, die den Job machen, oder macht ihn der liebe Gott? Ich glaube eigentlich nicht mehr daran, daß er lieb ist, wenn er überhaupt ist. Trotzdem wird er zum Ziel meines Spaziergangs an diesem Nachmittag:

Mit weichen Knien und schweren Gedanken stehe ich so plötzlich wie zufällig vor einem griechisch-orthodoxen Gotteshaus. Mit Gott habe ich Probleme. Mit seinen Häusern nicht. Es hat mir immer gut gefallen, schweigend in einer Kirche zu sitzen, in einem Tempel, in einer Moschee. Egal welche Religion, egal welcher Gott, die Häuser haben eines gemeinsam: Sie inspirieren zur Meditation, sie unterstützen sie, tragen sie, vertiefen sie. Liegt es an der Atmosphäre? An der Wirkung des Raumes? An der Kraft der Symbole? Oder liegt es daran, daß ein Haus, in dem seit Jahren, Jahrzehnten, Jahrhunderten gebetet und konzentriert geschwiegen wird, von den Alphaschwingungen unzähliger Gehirne gesättigt ist? Ich denke schon lange darüber nach, weil das Meditieren hier immer funktioniert. Gotteshäuser sind meditativ. Ich bin kein Lateiner, aber ich glaube, daß Meditation von «Medium» kommt, von Mitte, und wenn es doch noch eine innere Stimme gibt, die mir in diesem Vorahnungsschlamassel Durchblick verschaffen kann, dann wohnt sie hier, zentral in mir, mittendrin. So erklär ich's mir, so mache ich es mir modern, so will ich verschweigen, daß die wahren Gefühle, mit denen ich mich auf die griechisch-orthodoxe Kirche im Hafen von Chania zubewege, skandalös unzeitgemäß sind. Weil mich immer, wenn mir ein Schreck in die Glieder gefahren ist und nicht weichen will, das kindliche Bedürfnis überkommt, in die Knie zu gehen. Ist es denn wirklich so schlimm? Es klingt ein bißchen überzogen. Ja, ich finde es auch überzogen, wie ich auf den Traum von heute nacht reagiere, ein wenig nervenkrank, ein wenig grenzneurotisch, ein wenig grenzhysterisch, ehrlich gesagt. Aber wer verneint denn, daß diese und ähnliche Krankheiten (Schizophrenie, Depression, Panikattacken) nicht Usus unter den Gotteshausbesuchern aller Länder und Zeiten sind? Wer sagt denn, daß das nicht stimmt? Manisch-Depressive kennen Himmel und Hölle, Schizophrene sehen den Teufel und Dämonen und glauben, sie seien Jesus, Hysteriker sehen blutende Hände, Nervenkranke fühlen Dornenkronen, Masochisten (ich vergaß) geißeln sich im Angesicht des Kreuzes und auf SM-Umzügen (früher Pilgerfahrten). Jede anständige religiöse Erfahrung gibt es auch in der Klapse als Krankheitsbild. Shit happens, und Jesus hilft.

Ein Spaziergang in der Gegenwelt. Vor der Kirche ist ein kleiner Platz mit Bäumen, einem Rundweg und drei Bänken. Auf der mittleren sitzt eine junge Mutter mit ihrem Kind. Als ich an ihr vorbeigehe, hebt sie ihren Kopf und lacht mich an. Lachen alle jungen Mütter mit harmonischen Gesichtszügen und schwarzen Locken fremde Männer so vertrauensselig an, wenn die in die Kirche gehen? Oder ist sie Mutter Maria? Natürlich stelle ich mir diese Frage nicht wirklich, ich spiele nur mit ihr. Das Spiel paßt zu dem eigenartigen Glanz, der jetzt über dem Nachmittag liegt. Alles strahlt und reflektiert die Sonne. Der Einfallswinkel des Lichts ist perfekt. Dazu scheint alles auch noch aus sich selbst heraus zu strahlen. In der Terminologie der Neurologen kündigt sich hier eine Ausschüttung von Neurotransmittern an. In der Gegenwelt führt das zu einem heiligen Moment.

Die Kirche ist menschenleer. Weil ich noch nie in einer griechisch-orthodoxen Kirche gewesen bin, überrascht mich das Trödelladenambiente. Mehr Heiligenbilder und Statuen pro Quadratmeter gibt's nicht, das kann nicht gehen. Obwohl ich der einzige in der Kirche bin, brennen alle Kerzen, so etwa hundert, lang und dünn, Weihrauch dampft durch das Gotteshaus. Ich setze mich auf eine Bank und werde still. Ich hab's gewußt. Es funktioniert wieder. Ruhe ist in diesem Raum. Und ein Yogalehrer würde sagen, der meditiert jetzt, der ist in Richtung Samadhi unterwegs, und wie tief er kommt, liegt nur an ihm. Der Patriarch von Konstantinopel dagegen würde sagen, nee, nee, der spricht mit unserem Jesus. Der hängt als alles dominierendes Bild über dem Altar. So habe ich ihn noch nie gesehen. Mit diesem Hut, diesen Klamotten, diesem ganzen Klimbim an Rosenketten und Kruzifixen. Ich schließe die Augen, um mich auf meine Frage zu konzentrieren. Die ist leicht zu formulieren: Was zur Hölle soll ich machen? Was zum Henker ist das – eine Vorahnung oder nur balla-balla? Und wenn ich jetzt sage, daß Jesus mir antwortet, wird man es glauben? Ich glaube es ja selber nicht. Ich glaube an eine innere Stimme. Aber sie ist fucking laut und völlig klar, und sie sagt:

«GEH NICHT NACH ÄGYPTEN!»

Ich öffne die Augen und sehe auf Jesus, um mich zu vergewissern, daß er es wirklich nicht gewesen ist. Dabei entdecke ich auf dem Altarbild ein neues Detail: Der griechisch-orthodoxe Ex-Tischler hat beide Hände zum Gruß erhoben. Dabei verschränkt er Zeige- und Mittelfinger, fast wie zu einem Kreuz. Ich habe das Zeichen noch nie gesehen, empfinde und interpretiere es aber sofort als ein warnendes, als ein Stoppschild und höre, jetzt mit offenen Augen, noch mal die Stimme:

«GEH NICHT NACH ÄGYPTEN!»

Das wars's. Ich wollte eine Antwort, ich habe eine bekommen. Beim Verlassen der Kirche fühle ich mich, als wäre ich einen Dämon losgeworden, auch Mutter und Kind sind nicht mehr da. Dafür habe ich endlich Planungssicherheit. Wann immer sich der Gedanke einschleicht, die Routenänderung noch einmal zur Diskussion zu stellen, verkreuzen sich wie automatisch Zeige- und Mittelfinger entweder einer Hand oder beider Hände, und genauso automatisch höre ich: «Geh nicht nach Ägypten!», und so komme ich heil bis Athen.

6. Kapitel Von Athen bis Kairo

Der Kreis

Als die Maschine der Olympic Airlines auf der Landebahn des Athener Flughafens aufsetzt, ist der Spuk vorbei. Ich gehe durch die Ankunftsschläuche, durch die Flure und Hallen und finde Reisen geil. Als wäre nichts geschehen, freue ich mich auf Athen. Im Informationsbüro für Touristen werde ich gefragt, wie viele Sterne die Unterkunft haben darf. «Vier», sage ich, «meinetwegen auch fünf.» Kreta war hart, aber billig, ich hab's mir verdient, jetzt teuer und leicht zu sein. Aber nicht leichtsinnig und bescheuert. Deshalb nehme ich den Bus in die Stadt. Gute Wahl, sagt die Frau, die mir gerade mit nur sechzig Euro erstaunlich preisgünstige vier Sterne gebucht hat. «Der Bus fährt bis zum Syntagma-Platz, das ist ganz nah an Ihrem Hotel.» Ob ich von dort zu Fuß gehen kann? Besser nicht. Ich soll ein Taxi nehmen, es kostet um die fünf Euro.

Im Bus sitzen ein Japaner und eine Japanerin, drei Amerikaner und eine Handvoll Griechen. Noch immer keine Spur von den Insel-Problemen. Ich habe «dreimal ausgesetzt» und durfte das Feld verlassen. So fühlt es sich an, so kommen sie rüber, die Autobahn, der Zubringer, die Vorstädte. Die Strecke vom Flughafen bis

Athen gehört sicher nicht zu den Sieben Weltwundern, trotzdem genieße ich sie. Ich bin wieder im Spiel, die Reise geht weiter, sie wird immer weitergehen, bis die Krücken brechen, und dann wird man sehen. Als wäre nichts geschehen, bin ich zurück auf der alten Straße.

Und dann am Syntagma-Platz. Endstation der Etappe. Ich steige aus, es nieselt leicht und ist Mitternacht. Auf der anderen Straßenseite steht ein Taxi. Der Fahrer kommt schon auf mich zu. Ich sage ihm den Namen des Hotels, und er sagt: «Oh, da hätten Sie zwei Stationen vorher aussteigen müssen. Dann wären Sie ganz nahe dran gewesen.» Mein Bullshitdetektor schlägt an, aber ich steige trotzdem ein, denn es ist das einzige Taxi weit und breit. Er fährt dynamisch und redet ununterbrochen. Einziges Thema: Ficken. Ich brauche den Bullshitdetektor nicht mehr, die Sache ist klar. Ich habe meinen alten Bekannten wiedergetroffen: DEN Taxifahrer von Athen. Aber er ist mir egal. Nach den Dämonen, die ich hinter mir gelassen habe, ist dieser fast niedlich. Wie kann ein Mensch soviel Bosheit investieren, um fünf oder zehn Euro mehr zu verdienen? Wieso hält der sich für clever? Nach ein paar Runden um die Akropolis hält er an. Das Hotel ist nicht zu sehen. Er zeigt die Straße runter, in die er angeblich nicht hineinfahren darf. Doch es seien bloß ein paar Meter, und er will auch nur das Vierfache dessen, was die korrekte Tour gekostet hätte. Ich muß an die 400-Euro-Schampusnummer von der letzten Taxifahrt in Athen denken und gebe ihm den Zwanziger wie ein Trinkgeld. Er nimmt den Schein, ohne sich umzudrehen. Dann macht er eine blitzschnelle Bewegung mit den Händen, und ein anderer Schein ist drin. Jetzt wendet er sich mir zu. In seinem Blick mischen sich Unglauben und Warnung. «Five?!» sagt er, und auch die Art, wie er es sagt, verlangt ein Frage- und Ausrufezeichen zugleich. Meine Reaktion darauf ist ebenfalls gemischt. Einerseits Belustigung, andererseits Abchecken der Gegend. Da ist nicht viel zu sehen. Das ist das Problem. Eine dunkle Seitenstraße, ein durchtrainierter Zauberkünstler und ein Restzweifel an meiner Wahrnehmung lassen mich ihm geben, was er will, und den leichten Weg gehen. Wie hätte der schwere ausgesehen? «Hey, man, the harder they come, the harder they fall. Kennst du das nicht? Ich hau dir gleich die Fresse blau, wenn du noch mal so 'nen Scheiß erzählst.» Wie immer kommt mir der passende Text zu spät, an der Hotelbar diesmal; ich feiere gerade meine Rückkehr in die Normalität. Auch wenn sie betrügerisch ist, gefällt sie mir besser als jeder kreuzehrliche Wahn. Keines der drei Themen, die mich in Chania bewegten, hat noch Gewicht. Ich fühle mich nicht mehr jung, ich fühle mich aber auch noch nicht alt. Was die Liebe betrifft: Sie ist immer, wie sie ist, und nie, wie sie sein sollte. Und die schweren Träume? Nun ja, man ißt auch manchmal etwas Schweres. Mit dieser Stimmung gehe ich schlafen.

Am Morgen wache ich auf und weiß nicht, wie spät es ist. Ich habe keine Uhr, im Raum ist auch keine. Ich mache den Fernseher an, um einen Kanal zu suchen, der die Uhrzeit eingeblendet hat. Der erste Sender, den ich reinkriege, bringt Nachrichten. Ich sehe einen Mann mit toten Augen, der gerade ein ägyptisches Gefängnis verläßt. Mit einem Schlag ist die gute Laune vom Vorabend wieder weg. Beim Frühstück beruhige ich mich. Es gibt Träume, und es gibt Fernsehen. Und egal, was Träume wirklich sind und woher sie kommen und wer sie schickt – Fernsehen ist garantiert Zufall. Das war einfach Pech. Und daß das Zusammenspiel von zufälligen und unterbewußten Phänomenen dich erschreckt, ist auch kein Wunder, so sensibel, wie du auf Kreta dafür geworden bist. Und was machen wir jetzt? Wie geht's weiter? Muß ich schon wieder eine Entscheidung treffen, die ich, wie es aussieht, schon wieder nicht treffen kann? Oder gibt es einen dritten Weg, auf dem man sicher durch beide Welten geht, einen Königsweg, auf dem es möglich ist, Achtung vor inneren, vielleicht sogar himmlischen Stimmen zu haben und gleichzeitig einer gewissen Routentreue Genüge zu tun? Einer gewissen Professionalität. Einer gewissen Sportlichkeit. Kurz: Gibt es eine Idee?

Mir kommt die Idee in einem direkt unter der Akropolis gelegenen Reisebüro. Einfach so. Ich habe mich gerade hingesetzt und guten Tag gesagt, da fällt mir, umgeben von Traumreisemotiven, ein, wie es geht:

Transit!

«Haben Sie einen Flug von Athen nach Bombay, der in Kairo einen Zwischenstopp macht?» frage ich den freundlichen Griechen im weißen Rollkragenpullover und blauen Jackett. Nur einen kurzen? Vielleicht, um die Maschine zu wechseln? Ja, wir haben einen. Ganz genau so einen. Egypt Air fliegt heute abend nach Kairo; gegen Mitternacht dann weiter nach Indien. «Und die Passagiere bleiben ganz sicher im Gate?» frage ich und kriege mit, daß sich bei der Frage meine Zeige- und Mittelfinger wie von selbst verkreuzen. «Keine Aus- und Einreiseformalitäten?» Die Antwort ist positiv, bei diesem Gabelflug bleibt man im Transit. Ich buche.

Ist das logisch? Ich weiß es nicht, es fühlt sich nur so an. Ich bekomme keinen ägyptischen Einreisestempel, das heißt, ich gehe nicht nach Ägypten. Trotzdem werde ich in Ägypten sein. Das sind zwei Fliegen mit einer Klappe. Drei Fliegen in Wahrheit. Auch Jules Verne oder, besser, der Held seiner Phantasien Phileas Fogg ist nur in einer Art Transit im Hafen von Suez gewesen, auch er hat seinen Ausweis nicht vorzeigen und abstempeln lassen müssen, auch er ist nur wenige Stunden geblieben, bis das Schiff nachgeladen hatte und wieder auslaufen konnte. Schiffe waren die Flugzeuge der alten Zeit.

Alles stimmt, alles paßt, die Räder der Reise scheinen sich erneut zu drehen, außerdem ist es ein schöner Tag, sonnig und klar, und was fange ich mit ihm an, bis der Flieger nach Kairo abhebt? Jetzt greift die Routine. Ich suche mir eine Bank, diesmal aber nicht am Meer, sondern im Zentrum der Stadt, auf einem großen Platz, wo viele Bäume stehen und viele Menschen hin und her gehen oder, wie ich, auf Bänken sitzen und liegen oder, wie ich nicht, knutschen. Ja, es ist ein herrlicher Tag, zu frühlingshaft für Ende Februar, man könnte sich fast verlieben, man riecht die Hormone wie eine Katze. Am einen Ende des Platzes steht eine Bühne mit mächtigen Lautsprechern, aus denen Salsa kommt. Aktivisten der griechisch-kubanischen Freundschaftswoche beschallen die Mitte Athens. Trotz der Rhythmen und hemmungsloser karibischer Hüften schleicht sich immer mal wieder, kurz und zwischendurch, der griechisch-orthodoxe Jesus vor mein inneres Auge, um sein Sprüchlein aufzusagen. Was heißt schleicht? Er weht herbei und weht wieder weg, wie ein verdammtes Schloßgespenst. Salsa mag er nicht. Zu einem ernsthaften Rückfall in den Inselwahn kommt es glücklicherweise erst vier Stunden darauf, als es für eine Umkehr fast zu spät ist. Soeben habe ich die Bordkarte vorgezeigt, soeben verlasse ich das Gate D 44 im internationalen Flughafen von Athen, soeben bin ich mit einem Bein in der Egypt-Air-Maschine, da höre ich die Stimme noch einmal, aber nicht mehr verhuscht, sondern stereodigital, voller Sound, wie in der Kirche:

«GEH NICHT NACH ÄGYPTEN, VERDAMMT NOCH MAL!»

Ich suche meinen Platz und lasse mich auf ihn mit der Gewißheit fallen, jetzt langsam, aber sicher endgültig die Nase voll von diesem Scheiß zu haben. Ich frage deshalb die Stewardeß, ob ich schon vor dem Start einen Whiskey ordern könne, und sie sagt ja. Der gnädige Alkohol rückt die Dinge wieder in überschaubare Dimensionen. A und O meines Plans ist, daß mein Paß während des Transits nicht eingesehen wird, weil vor einem Gefängnisaufenthalt in Ägypten in den meisten Fällen eine ägyptische Ausweiskontrolle liegt. Warum mir eine Inhaftierung in Ägypten drohen soll, weiß ich allerdings noch immer nicht. Außer den Träumen, den Vorahnungen und ihrer Bestätigung durch Jesus gibt's dafür keine nachvollziehbaren Gründe. Gut, ich habe während früherer Aufenthalte im Land der Pharaonen einige Male gegen das Gesetz verstoßen, also illegale Drogen gekauft und Antiquitäten über die Grenze geschmuggelt, aber das kann's doch nicht sein. Kann es dagegen sein, daß über dem östlichen Mittelmeer der Flug wie im Flug vergeht und da unten bereits die Lichter von Kairo sind? Ja, das kann sein. Und da ist sie ja auch schon, die Schicksalslandebahn.

Touchdown in Ägypten.

Es ist wie immer. Die Flughafengebäude wirken schäbig, irgendwie sozialistisch, die Lichter, die das Rollfeld bestrahlen, tun das müde, der Bus, mit dem sie uns zur Ankunftshalle karren, ist Dritte Welt. Ich freue mich dann sehr, in der Halle einen Ägypter zu sehen, der ein Schild mit der Aufschrift «International Transit Passengers» hochhält und in eine bestimmte Richtung zeigt. Ich folge dem Fingerzeig, und er führt mich und ein paar andere wieder aus dem Gebäude heraus und wieder in einen

Bus, der uns unter den matten Lichtern des Cairo International Airport und an einer Reihe schlafender Boeings vorbei zu einem weiteren schäbigen Gebäude fährt. Hier will zum ersten Mal ein Uniformierter meinen Paß sehen. Kein Problem. Er vergleicht nur den Namen in meinem Ausweis mit dem Namen, der auf meinem Ticket steht. Damit kein Falscher mitfliegt? Nein, damit es so aussieht, als habe er etwas zu tun. Er gibt mir das Tikket zurück. Aber nicht den Paß. Fuck. Warum nicht? Weil er auf einem Stapel mit anderen Pässen landet. Ich krieg ihn zurück, sobald ich die Bordkarte für den Weiterflug habe. Und die bekomme ich wo? Ein paar Schritte weiter. Da stehen ein paar Tische, da sind ein paar Computer, da lächeln vertrauenerweckend ein paar Mitarbeiter des Egypt-Air-Bodenpersonals. Die Bordkarte können sie mir erst in zwei Stunden geben, sagt man mir, weil der Flug nach Bombay erst in vier Stunden geht. Bekomme ich solange den Paß zurück? Nee. Auch gut, ich schlendre in die Transithalle und amüsiere mich.

Es gibt Transithallen, wie zum Beispiel in Kuwait, die vermitteln dem Reisenden das Gefühl, in einem Palast aus Tausendundeiner Nacht auf den nächsten fliegenden Teppich zu warten; es gibt Transithallen wie die von Schiphol-Amsterdam, in der man die Zukunft sieht, also eine zur gigantischen Shoppingmeile gewordene Welt, in der nur noch Marken existieren; und es gibt Transithallen wie diese hier. Die Reihen mit den zusammengeschraubten grauen Plastikstühlen, die verschlissenen grauen Sessel, der Fußboden, der nach billigen Putzmitteln riecht, das Neonlicht, die Toiletten, jedes Detail verkündet die Botschaft des Ganzen: «Reisen ist kein Spaß. Reisen wird bestraft.» Und die Computer in der Internetbude verhalten sich wie Attrappen, nichts funktioniert. Vielleicht wohnen Vögel drin, Mäuse, afrikanische Streifenhörnchen, man weiß es nicht.

Endlich gute Nachrichten an der Bar. Dort haben sie zwar ein «No Smoking» an die Wand geklebt, aber genau darunter stehen die Aschenbecher für alle, die das Schild nicht sehen. Oder kein Englisch verstehen. Als der Barmann mitbekommt, daß ich rauchen will, reicht er mir sofort einen der Aschenbecher und zündet sich selber auch eine an. Außerdem, die guten Nachrichten mehren sich, ist die Bar strategisch gut gewählt. Ich brauche mich nur auf meinem Hocker umzudrehen und kann den Eingang der Halle sehen sowie den Stapel mit den Pässen. Die Tatsache, daß er weiterhin unberührt bleibt, und die Wirkung eines holländischen Biers lassen mich fast entspannt auf die Völker schauen, die sich hier mischen. Frauen in Saris und Männer mit Turbanen wollen, wie ich, nach Indien; vollverschleierte, bis unter die Fußsohlen verhüllte Burka-Miezen warten duty-free-überladen auf den Flug in das Heimatland des Propheten; schwarze Frauen in knallbunten Tüchern, entweder von Model- oder Nilpferdstatur, freuen sich auf Kenia, Uganda und Ruanda; mandeläugige Schönheiten an der Seite inzwischen geehelichter Sextouristen müssen unbedingt Bangkok wiedersehen; dazwischen bewegen sich so souverän wie unauffällig jene Ägypter, deren Arbeitsplatz die Transithalle ist, deren Körpersprache aber das genaue Gegenteil von Arbeit signalisiert. Das entspannt mich ebenfalls. Hier schaut niemand in Pässe, wenn er nicht in Pässe schauen muß. Trotzdem, man kann ja nicht wissen, oder auch nur, um mir die Beine zu vertreten, gehe ich zu dem Beamten rüber, der mir meinen abgenommen hat und noch immer neben dem Stapel steht, ab und an eine Hand drauflegt, dann die Hand wieder hebt, mehr macht er nicht. Er ist klein, dick und gutmütig. «Entschuldigen Sie, Officer», sage ich, und mit dem «Officer» habe ich schon mal einen Stein im Brett bei ihm, «könnte ich vielleicht jetzt meinen Paß wiederhaben?» Nein, sagt er freundlich, das können Sie nicht. Aber ich soll mir keine Sorgen machen. Das Dokument kommt hier nicht weg.

«Ich weiß, Officer, ich weiß. Trotzdem bin ich ein bißchen nervös. Denn ich reise sehr viel. Und wissen Sie, was das oberste Gebot beim Vielreisen ist?»

«Was?»

«Nur ein Paß am Körper ist ein guter Paß.»

Er lacht. Trotzdem bekomme ich den Paß noch nicht. Ich kann in einer Stunde wieder fragen. Die Stunde verbringe ich mit ein paar weiteren Bieren an der Bar und dem Konsum von CNN-War-Clips aus dem Irak. Die ewiggleichen Bilder von Detonationen, blutenden Menschen, klagenden Frauen, brüllenden Soldaten, kreisenden Hubschraubern und Politikervisagen auf einem

Flachbildschirm über den Whiskey-, Wodka-, Gin- und Rumregalen wirken bei längerer Betrachtung tatsächlich wie ein Heavy-Metal-Spezial von MTV auf mich oder, bei noch längerer Betrachtung, wie ein Aquarium mit bösen Fischen. Nachrichten sind auch nur Entertainment, möchte ich den wichtigtuerischen CNN-Sprechern zurufen, aber ich weiß, sie hören mich nicht. Sie hören nur den Klang herunterfallender Münzen und das Geräusch, das Geldscheine in der Zählmaschine machen. Geld ist Gott, und daß nicht wenige der 1,2 Milliarden Moslems Stunk dagegen machen, ist leider auch nur damit zu erklären, daß sie kein Geld haben. Wie blöd ist der Homo sapiens eigentlich? Wenn das die Krone der Schöpfung ist, wie sehen dann ihre Schuhe aus? Ich kann's mir, bei aller angeborenen Phantasie, nicht vorstellen, außerdem will ich endlich meinen Paß zurück. Und kriege ihn. Mit der Bordkarte. Die Restspannung weicht mit jedem Atemzug.

In einer Stunde geht der Flieger nach Bombay. Und ich bin jetzt schon frei. Und müde. Ich lege mich über vier Stühle, erst auf den Rücken, dann auf die Seite. Um mich herum sind Reisende aus dem Sudan, ein Mann, eine Frau, ein Opa und zwei Kinder. Alle tragen Weiß. Die Kinder sind zwei oder drei Jahre alt, auf jeden Fall können sie schon laufen, was sie zum Kummer ihrer Mutter dann auch unentwegt tun. Oder sie krabbeln unter die Stühle, um da Rabatz zu machen. Sie sind unglaublich süß. Und ich will mit ihnen spielen. Ich hebe die Hand, als wollte ich ihnen winken, sie winken sofort zurück. Dann mache ich meinen Trick. Vielleicht kann ja jeder von uns irgend etwas, was sonst kein anderer kann, vielleicht auch nicht. Aber bisher hat es noch nie jemand geschafft, diesen Trick nachzumachen. Im Grunde ist es auch kein Trick, sondern körperliches Geschick, eine Fingerfertigkeit, eine ungewöhnliche Biegsamkeit der oberen Glieder. Wodurch sie entstanden ist, weiß ich nicht; schon als Kind konnte ich Zeige- und Mittelfinger einer Hand so aneinanderlegen und dann durchbiegen, daß sie einen fast perfekten Kreis ergeben. Ich gebe zu, Geld verdienen kann man damit nicht, aber die Aufmerksamkeit von zwei knallniedlichen Jungs kriege ich im Handumdrehen. Erst versuchen sie da, wo sie sind, zwei Meter von mir entfernt und unter den Stühlen, es nachzumachen; doch wie ich erwartet habe, schaffen sie es nicht, egal, wie sie zupfen und zerren, ihre Finger rutschen immer wieder aneinander ab. Darum kommen sie so nah, daß ich in ihre Augen fallen kann. «Glaubt jetzt bloß nicht, daß es eine Überlegenheit meiner Rasse ist», sage ich. «Das kann nur ich.» Sie verstehen mich nicht, aber strahlen mich an, als wollten die Hitze, die Kraft und die Sonne Afrikas mir mal in aller Unschuld kurz guten Tag sagen. Darüber hinaus fasse ich es nicht, was hier geschieht. Ich habe es nicht geplant, das hübsche Spiel mit den Symbolen. Sie tauchten einfach auf, im Fluß der Reise. Seit meinem Besuch in einer griechisch-orthodoxen Kirche auf Kreta verkreuzen sich meine Finger. In einer trostlosen Transithalle des Nahen Ostens wird das Kreuz zum Kreis. Und es ist unerheblich, ob es paranoide Phantasien oder Warnungen aus dem Jenseits waren. Der Kreis gilt für beide Welten. Ich gehe hindurch. Und es ist vorbei.

Teil zwei

Die Lehrer

7. Kapitel **Bombay**

Wolke sieben

Früher, als Mumbai noch Bombay hieß und Goa noch keinen Flughafen hatte, empfing mich Indien wie heute, mit demselben, das Nervensystem umschaltenden satten spiegeleigelben Licht und einer Hitze, die ebenfalls satt macht, emotional satt, mit Tendenz zu seelisch satt. Sicher kann man trotzdem hungrig sein und trotzdem nach was dürsten. Aber die Grundlage ist geschaffen, die Basis da, Big Mother India hat im wesentlichen alles geregelt.

Früher, als Mumbai noch Bombay hieß und ich noch an Reinkarnation glaubte, wußte ich auch, warum indisches Licht und indische Hitze das mit mir machen: Natürlich bin ich in einem meiner letzten Leben ein Inder gewesen. Nach dessen Ende durfte die Seele in den Westen gehen, um dazuzulernen, sich abzurunden, die nächste Stufe zu nehmen. Und hin und wieder gibt's Heimaturlaub. Darum klang und klingt «Welcome to India!» in meinen Ohren immer wie «Willkommen zu Haus!», ich kann nichts dagegen machen, auch der Tee schmeckt, wie nur ein Heißgetränk der alten Heimat munden kann. Nichts gegen einen gepflegten Earl Grey oder eine aromatische Ostfriesenmischung, aber ein Chai, mit Milch gekocht und mit Kardamom, Zimt, Gewürznelken, Ingwer, Vanille und Zucker angereichert, ist nun mal das mit den Mitteln der Erde hergestellte Alternativgetränk zum Nektar des Himmels. In der griechischen Mythologie hat ein Titan mit seinem Stab das Feuer von der Sonne gestohlen und es den Menschen gebracht. In Indien klaute man nur den Tee von den Göttern.

Inzwischen glaube ich nicht mehr, daß ich mal ein indischer Yogi gewesen bin, aber der Chai schmeckt mir trotzdem, als tropfe er aus den prallen Brüsten von Big Mother India wie Muttermilch. Kein Wunder, daß alle hyperaktiv sind, kein Wunder, daß alle hupen. Im Gegensatz zu unserem Hupen ist das des indischen Straßenverkehrs nicht Aggression und Ausdruck blank liegender Nerven, sondern Ventil für Musikalität, Lebensfreude und eine Überdosis Tein. Ein hübscher Nebeneffekt davon ist, daß einem alsbald Maschinen wie Tiere vorkommen. Die kleineren Kraftfahrzeuge blöken wie Esel, die größeren brüllen wie Ochsen, und die Hupen der Motorräder hören sich wie Schafe an. Eine gigantische Herde gemischten Nutzviehs wird tagtäglich ohne Unterlaß durch die Straßen getrieben und inspiriert, wenn Sie mich fragen, maßgeblich Rhythmus und Dramaturgie der neuen indischen Musik. Hindi-Pop wird mit der Bleifaust auf Hupen geschrieben, glauben Sie mir. Dazu tanzen die Turbane der Taxifahrer und die Bauchnabel der Sari-Mädchen, dazu tanzt im Grunde die ganze Stadt, in allen möglichen Klamotten. Und allen internationalen Stilen. Rock 'n' Roll, Rap, Hip-Hop, Reggae, jede Art, sich rhythmisch zu bewegen, paßt zu Hindi-Pop, auch Sackhüpfen. Auch Schluckauf. Und was ist mit der Lepra, die hin und wieder an das Fenster des Taxis klopft? Für den größten Slum Asiens, durch den die Fahrt vom Flughafen bis zum Zentrum Bombays führt, bräuchte es eher klagende, anklagende, fragende Töne, aber will man den Ärmsten der Armen, die wirklich überhaupt nichts mehr haben, auch noch den Spaß an der Musik nehmen? Nein, sie tanzen mit. Die Hindus haben andere Schuldbegriffe als wir, deshalb schämen sie sich auch für andere Sachen. Sie können Mitleid entwickeln, wenn sie verelendete Menschen sehen, aber kein Verantwortungsbewußtsein. Für sie gibt es keine Ungerechtigkeit. Auch kein Schicksal. Es gibt nur Karma, und Karma ist so emotionslos wie Mathematik. Wer im letzten Leben Fehler gemacht hat, muß sie in diesem ausbaden, dann kann er im nächsten vielleicht wieder Mittelklasse fahren. Das ist eine Rechnung in dem Karma-Seelen-Einmaleins, es gibt noch andere: Wer sagt denn, daß dieser abgemagerte, chronisch kranke Analphabet, der auf Zeitungen am Straßenrand schläft, sich wie ein Bettler, nicht wie ein König fühlt? Vielleicht hat seine Seele einen Quantensprung hingelegt. Vielleicht war er im letzten Leben noch ein Tier. Ein Hund, einer von diesen Kötern, die in dem Abfall wühlen, zwischen dem er liegt. Dann, sagen die Hindus, muß man ihn nicht bemitleiden. Dann muß man ihm gratulieren. Und was ist, wenn das Gegenteil stimmt, wenn das arme Schwein auf seinem Weg zur Vollkommenheit in Wahrheit viel weiter ist als wir? Eine große Seele, die nur noch einen Schritt vor der Erlösung steht und vielleicht sogar selbst für diesen letzten Schritt ein Leben gewählt hat, in dem sie noch mal richtig Demut und Hilflosigkeit üben kann? Der Hinduismus hat viele Antworten auf das Leid, aber keine hat mit einer anderen Person zu tun als der, der das Leid widerfährt. Leid ist ein Zahn im Zahnrad, eine Welle im Fluß, eine Stimme im Chor, ein Tanzschritt der schwarzen Göttin. Kali tanzt gern auf Totenköpfen. Ist das zu Hindi-Pop vorstellbar? Aber ja.

Der Verkehr ist flüssiger, als ich erwartet hatte. Wir haben den Slumgürtel bereits durchquert, rechts und links wird's kolonial. Alte Häuser, grüne Parks, dann nur noch alte Häuser, dann werden die Bürgersteige zu Basaren, Straßenküchen, Wettbüros, Toiletten, und irgendwann sieht man nur noch Menschen. In Berlin leben dreitausendachthundert auf einem Quadratkilometer, in Bombay dreißigtausend. Im Schnitt. Es gibt auch Stadtteile, in denen über hunderttausend Menschen auf tausend mal tausend Metern leben. In den Hindi-Pop-Videoclips tanzt deshalb selten ein einzelnes Mädchen über die Straße, sondern immer gleich die ganze Schulklasse, und wenn ihr Traummann vorbeigetanzt kommt, dann auch er nur im Rat-Pack seiner etwa vierunddreißig Freunde. Masse erzeugt hier keine Platzangst, sondern Nähe. Und weil das eine Nähe zwischen Indern aus allen Bundesstaaten des Subkontinents ist, gemischt mit Persern, Afghanen, Bengalen, Tamilen, Ghanaern, Chinesen, Pakistani und Nepalesen, verweben sich alle

Kleider und Farben dieses fernen und jetzt so nahen Orients zu einem beweglichen, bunten, äußerst belebten Straßenbild.

Die Wolke sieben, auf der ich seit meiner Landung in Indien schwebe, wird leichter und leichter, ich kann das Meer noch nicht sehen, aber es ist schon in meiner Nase. Was ich am Meer will? Da steht mein Hotel, nur ein paar Meter rechts vom Hotel «Taj Mahal». Es heißt «Sea Palace», und obwohl es zehnmal weniger kostet als das «Taj», hat es denselben Ausblick. Wenn man ein Zimmer zum Wasser kriegt. Wenn man überhaupt eins kriegt. Reserviert habe ich nicht. Aber ich habe an der Rezeption vor etwa zwei Jahren ein gutes Trinkgeld hinterlassen. Für einen indischen Hotelangestellten steht das Bakschisch in der Hierarchie eindeutig über dem Reservieren. «Of course we have a room available, Sir. Of course seaside, Sir. Welcome back, Sir!»

Nachdem ich das Zimmer mit Blick auf das Arabische Meer bezogen habe, setze ich mich an einen Tisch im Vorgarten des Hotels. Eine Hecke verhindert den Vollkontakt mit der Uferpromenade, die ein paar Meter nach links zum Gateway of India führt. Ohne diese Hecke würde man zu oft beim Speisen von Leuten gestört, die seit geraumer Zeit nicht mehr gespeist haben oder zumindest nichts Vernünftiges. Womit ich nicht sagen will, daß hier nur Bettler die Aussicht auf das Meer versperren, nein, es ist eine gute Straße, sicher und fast sauber: Pferdekutschen mit in- und ausländischen Ortsunkundigen klappern auf ihr, Familien, nicht selten zehnköpfig, sitzen auf der Ufermauer oder gehen davor spazieren, Taxifahrer lümmeln im Schatten der Bäume, Kinder freuen sich, daß sie Arbeit haben, uralte Wachmänner schultern uralte Gewehre, Vögel zwitschern, Hunde entleeren sich, das ganze Programm, die volle Sinfonie und noch immer Wolke sieben, was mich angeht. Als hätte es Europa nicht gegeben, als wär's ein böser Traum gewesen, schaue ich auf die Welt wie neugeboren. Indien ist in der Tat kein Land, kein Staat, kein Subkontinent, sondern eine Welt. 1,2 Milliarden Menschen, zigtausend Götter, einhundertfünfzig Sprachen, alle Klimazonen, also Gletscher, Dschungel, Wüsten und Smogmetropolen, in denen nach unseren Berechnungen eigentlich niemand mehr atmen kann, aber alle atmen. Und alle schauen sich drei Stunden lange Filme an, alle glauben, daß man Seelen waschen kann. Indien ist ein Gegenuniversum, ein Parallelplanet, eine Erde II, die schwer zu bereisen ist, weil man entweder von ihr abgestoßen oder verschluckt wird. Mir ist beides oft passiert, und dieses Mal sieht es nach Verschlucktwerden aus. Zumindest nach der Lust darauf. Ich kann es auch anders sagen: Ist man den Dämonen entronnen, rufen die Götter willkommen. Und: «Mach was draus!»

Das sind so meine Gedanken an diesem noch frühen Nachmittag, aber die Gedanken sind bekanntlich nur die Wolken im Wind der Gefühle, also, das sind so meine Gefühle, während ich Cola trinke und zufrieden in die Runde schaue und plötzlich etwas Unnatürliches passiert. Ein kleiner brauner Arm wächst aus der Hecke heraus, mit einer kleinen braunen Faust daran, in der, nachdem sie sich geöffnet hat, ein kleines schwarzes Stück Haschisch liegt. «Four hundred rupee only, Sir», höre ich eine Kinderstimme von der anderen Seite der Hecke flüstern. «Very good smoke, Sir.» Der Vorteil an dieser Art Kinderarbeit liegt für das Kind darin, daß es beim Englischlernen Geld verdient. Nur im Moment leider nicht. Oder doch? «Okay, Sir, three hundred and fifty rupee, last price.» Was soll ich machen – keine Drogen mehr nehmen, oder das Mitleid siegen lassen? Der Kellner naht, die Preise purzeln. Mit einem Zweihundertrupienschein in der kleinen braunen Faust verschwindet der kleine braune Arm, wie ein Ast, der rückwärts wächst. Die Hecke bebt vor Glück. «Thank you, Sir, have a good day!»

Good day in Bombay. Wie good? Wo good? Eine Tageszeitung hatte mich darüber bereits mit zwei Artikeln informiert, die in dem Blatt in keinerlei Zusammenhang standen. Nur bei mir. Die erste Geschichte, die mir in der «Bombay Times» ins Auge fiel, zeigte eine bildschöne Inderin, Mitte Zwanzig, die sich in einem schwarzen Minikleid aus glänzender Seide lasziv auf ihrem Bett räkelte. Ich konnte das kaum glauben, was ich da sah und las. Die Abgebildete bekannte sich dazu, Spaß am Sex zu haben oder daran haben zu wollen. Darum möchte sie üben und ausprobieren, auch vor der Ehe und mit verschiedenen Partnern, denn die Sexualität sei ein wichtiger Teil ihrer Persönlichkeit, und der Mann, der sie einmal heiraten werde, habe ein Recht darauf, daß dieser Teil wisse, was er tue. Upps, war das die «Bombay Times»? Habe ich wirklich gerade eine indische Zeitung gelesen? Der Artikel stellt alles auf den Kopf, was ich über Sex und Indien weiß. Der Hinduismus verdammt den Sex nicht, aber er will ihn überwinden. Die britischen Kolonialherren setzten da noch die Prüderie des Viktorianismus drauf, und heraus kamen (ansonsten liebe) Inder und Inderinnen, die zum gewaltbereiten Mob werden, weil Richard Gere eine Bollywoodschauspielerin öffentlich auf den Mund geküßt hat. Küssen ist verboten. Auf der Straße, im Kino, im Film. Wie nahe dürfen sich Lippen kommen? Bollywood reizt es Millimeter um Millimeter aus. Es steht viel auf dem Spiel. Sobald sich die Lippen berühren, verlassen die Filmemacher das Genre des Seriösen und betreten das der Pornographie. Küssen ist Geschlechtsverkehr. Küssen ist hardcore, küssen vor der Ehe geht deshalb auch nicht. Was heißt geht nicht? Selbst indische Mädchen werden nicht mit einem Jungfernhäutchen im Mund geboren. Es geht, und was geht, wird gemacht, aber nur im Dunkeln, nur heimlich, niemals würden sie es zugeben, schon gar nicht öffentlich. Und was fürs Küssen stimmt, das stimmt für den Rest um so mehr. Küssen ist Sex. Petting ist pervers. Und Ficken ist der direkte Inkarnationsfahrstuhl nach unten, sagen wir, bis runter zum Schwein. Das ist mein Indien. Und was mußte ich jetzt auf den «Leute»-Seiten der «Bombay Times» lesen? Die sexgeile Kleine im kleinen Schwarzen ist kein Einzelfall, sondern bekennende Aktivistin einer Bewegung, die zwar noch weit entfernt vom Mainstream ist, aber fleißig größer wird. Immer mehr Inderinnen wollen es wissen, überall im Land, auf den Bergen, an den Stränden, im Reisfeld, in den Hütten und in den Palästen, doch das Zentrum dieser Bewegung ist Bombay. Noch zentraler: Bollywood. Natürlich ist die Frau auf dem Foto eine bekannte Schauspielerin und redet von sich und ihren Kolleginnen. End of the story.

Die zweite Geschichte, die ich las, berichtete vom «Western-Face-Casting» der heimischen Filmindustrie. Bollywood braucht westliche Gesichter für das Heer seiner Statisten und sucht sie rund um die Sehenswürdigkeiten der Stadt unter den Touristen. Ich beschließe, das zu testen. Eine der Hauptattraktionen Bombays ist das Gateway of India, und ich kann es von hier fast sehen. Nur hundert, maximal zweihundert Meter liegen zwischen mir und den Casting-Agenten der größten Filmindustrie der Welt. Ich habe auch schon für kleinere gearbeitet, für die französische zum Beispiel. In Marrakesch fischte man mich vor Jahren aus einem Billigrestaurant am Djemaa el Fna, dem Basar der Stadt. Sie verfilmten das Leben von Maria Magdalena, und der zweite Sohn des Herodes sei auf seinem Flug beim Zwischenstopp in Tanger verlorengegangen, keiner wußte, warum. Und keiner erzählte mir zu diesem Zeitpunkt, daß der zweite Sohn des Herodes stockschwul gewesen ist. Erst als sie mir in der Maske Locken drehten, Make-up auflegten und Riemchensandalen die Waden hochschnürten, wußte ich, was die Stunde geschlagen hat. Glücklicherweise spielten meine Szenen nicht im Bett des Liebhabers, sondern am Bett des sterbenden Vaters, an dem ich mit zwei Brüdern stand. In der ersten Szene sollte ich mir, wie die beiden anderen auch, ein Tuch vor die Nase halten, weil der Alte im Spätstadium der Pest stank wie die Sau. Das gelang mir. In der zweiten Szene war das Stinktier bereits tot, und seine Söhne sollten sich nun gegenseitig mißtrauisch und feindselig ansehen, denn zwei von ihnen kriegten den Thron nicht. «Das verlangt eine gewisse schauspielerische Leistung», sagte die Regieassistentin. «But don't overact.» Ich beherrsche ganz gut das Clint-Eastwood-Nasenflügel-Beben, wenn auch nur mit dem linken Nasenflügel, und die Kamera war rechts. Aber es kann im Leben nicht immer nur Niederlagen geben. Welche Rolle wartet in Bombay auf mich? Für Söhne bin ich zu alt. Ein berühmter europäischer Sexualtherapeut, der in Indien Urlaub macht, das paßt vielleicht.

Das Gateway of India wurde von den Engländern als Triumphbogen in den Hafen von Bombay geklotzt, zu ihrem Mißvergnügen erinnert es aber inzwischen nicht an ihren, sondern an den Triumph anderer Leute über sie. Am 28. Februar 1948 zog das letzte britische Bataillon durch das Gateway, um sich auf der «Empress of Australia» für die Heimreise einzuschiffen. Das war das Ende der Kolonialherrschaft über den Subkontinent. Ein kleiner, halbnackter Sandalenfuzzi hatte das Imperium besiegt. Heute siegen die Inder besser angezogen. Der Typ zum Beispiel, dem die Yacht gehört, auf die ich vom Gateway of India blicke. Da liegen viele Yachten, Boote und Fähren, aber diese Yacht hier ist so groß, so weiß und so übermotorisiert, daß man fast von einer Aura sprechen könnte, die sie umgibt. Ansonsten umgibt sie nur Wasser. Alle anderen Boote ankern Schiffsschraube an Schiffsschraube, nur die Yacht von Dr. Vijay Mallya schwimmt allein, wie in einer Sicherheitszone. Sicherheit vor Blicken, wenn Sie mich fragen. Dr. Vijay Mallya ist bekannt für seine hübschen Partys. Ein Playboy, ein Lebemann, ein Kiffer, ein genialer Unternehmer. Mit Bier fing er an, inzwischen hat er auch seriöse Alkoholika im Programm, Fluglinien, Hotels, Diskotheken, Restaurants, sein Konzern wächst international. «Kingfisher» heißt der neue Global player mit Sitz in Goa. So wirkt die Yacht. Der König von Goa ankert in der Bucht von Bombay und grüßt von seinem schwimmenden Palast aus alle Mädels der Stadt. Auch alle ehrbaren Männer. Es wird gesagt, geschrieben und publiziert, daß sogar ER, der große Amitabh Bachchan, der Star aller Stars von Bollywood, der Gott des indischen Kinos, daß auch ER ein Saufkumpel von König Fisher ist. Und was die Western-Face-Casting-Agenten angeht, die mich dieser Welt näherbringen können, ist folgendes zu berichten: Ich sitze hier seit etwa zehn Minuten auf der Mauer auf der Lauer und wurde in dieser Zeit tatsächlich fast zehnmal angesprochen. Hier die Texte:

«Hello Sir, you want taxi?» – «No, thank you very much.»
«Hello Sir, you want rikscha?» – «No, thank you.»
«Hello Sir, you want carpet?» – «No.»
«Hello Sir, you want lady?» – «On the carpet?!»
«Hello Sir, change money?» – «No!»
«Hello Sir, you want dope?» – «I already have some.»
«Hello Sir, give me hundred rupee!» – «Why?»
«Ten rupee?» – «What for?»
«One rupee?» – «Okay.»
«And cigarette?» – «Okay.»
«And ...» – «Fuck off!»

Eine Frage zum Wolkenranking. Zählt es nach oben oder nach unten? Wenn es nach unten schlechter wird, bin ich jetzt auf Wolke sechs.

8. Kapitel Goa

Pissed in paradise

Engländer haben ein, wie sie meinen, passendes Wort für den Zustand, in dem man bekifft und besoffen zugleich ist: «pissed». Es braucht Übung, zwei Drogenwirkungen zu vereinen, die völlig unterschiedlich sind. THC, der Wirkstoff des Haschisch, sensibilisiert die Wahrnehmungen, Alkohol macht sie platt. Beides hat seine Reize, zusammen aber bekämpfen die Reize sich. Anfänger reagieren darauf wie oben angedeutet. Sie pissen sich voll. Oder müssen mal schnell um die Ecke, um sich auszukotzen. Das ist schade. Denn die magendrehende Kombination von Joint und Flasche kann durchaus opiumhafte Erfahrungen mit sich bringen, morphinöse Eindrücke. Wenn die positiven Eigenschaften der genannten Rauschmittel nicht zusammenpassen, vielleicht passen dann die schlechten bestens: Die dunkle Seite des Haschisch ist Antriebslosigkeit und Willensschwäche, die dunkle des Alkohols ist der Mut dazu. Beides vereint ergibt ein beherztes Verlieren, der Jugend, der Zähne, der Potenz – spirituell nennt man es Loslassen.

Auch die Lust auf nichtssagende Kommunikation schwindet. Wie oft warst du schon in Goa? So oft wie du. Wann zum ersten Mal? Als Jimi Hendrix starb. Tolle

Zeiten, oder? Die besten! Nein, da machen wir nicht mit, mein Nachbar und ich, wir sind große Schweiger. Er hat den Balkon neben mir, nicht gleich den nächsten, einer ist noch dazwischen, und um Balkone handelt es sich eigentlich auch nicht, sondern um eine dreigeteilte Holzveranda vor den drei Zimmern des «Sunrise-Rock-Hotels», die im linken Flügel liegen. Was heißt Flügel, und wo ich gerade dabei bin, was heißt Zimmer? Sie behaupten, irgendwer hätte ihnen dafür zwei Sterne gegeben. Das muß ein Familienmitglied gewesen sein. Drei dicke Brüder mit langen schwarzen Bärten und vollen Locken bis zur Hüfte betreiben das Hotel. Zur Zeit gibt es wenig zu betreiben, es ist wieder mal *off-season*. Mein Nachbar und ich sind die einzigen Gäste. Er war vor mir da. Als ich mit meinem Rucksack um die Ecke bog, um mein Zimmer zu beziehen, sah ich ihn auf seiner Veranda. Er hatte sich bereits hübsch eingerichtet. Auf sein rechtes Geländer hatte er eine Reihe von Flaschen gestellt, wie andere Leute Blumentöpfe. Whiskey, Gin, Wodka, auch Bier, ich dagegen hatte nur Bier bei mir. Vier Jumbodosen, zwei in jeder Hand. Wir nickten uns kurz zu, und das war es dann schon.

Erster Eindruck: Vielleicht ist er ein, zwei Jahre älter als ich, vielleicht auch nicht. Seine Haare sind etwas kürzer als meine, und er ist dick. Ein brauchbares Fahndungsprofil ist das nicht, aber möglicherweise fahndet nach ihm gar keiner. Inzwischen sitze ich ebenfalls vor meinem Zimmer und könnte ihn länger betrachten. Doch das tut man nicht. Er macht es auch nicht. Ich denke deshalb, daß er ein Engländer ist, ein Gentleman, ein Althippie mit tadellosen Manieren. Für die ist Distanz keine Ignoranz, sondern Respekt. Es reicht, den anderen am Blickfeldrand wahrzunehmen, es reicht zu wissen, daß er da ist, daß man nicht allein ist, daß man gemeinsam weniger einsam in der Schönheit Goas ertrinkt. Ruhe, wunderbare Ruhe. Keine Musik, kein Fernseher, keine Gitarre, keine Motoren, keine Stimmen. Nur die Brandung hat was zu sagen, nur das Meer spricht. Mit jeder Welle, die auf den Strand trifft. Akustisch trifft sie auf meine Seele und rollt dort aus. Welle um Welle. Manchmal stöhnt mein Nachbar auf. Mehr ist von ihm nicht zu hören. Mehr muß von ihm auch nicht zu hören sein. Denn alles, was er berichten könnte von dem Guten, Wahren, Schönen, ist bereits mit diesem tiefen Stöhnen erzählt. Wenn sich das Meer mit dem Atem verbindet, ist Feierabend unter den Palmen.

Es gibt viele Traumstrände, aber nur einen magischen. Die Felsen, die in das Wasser hineinragen, um kleine Buchten zu begrenzen, die Palmenblätter, die sich zum Mondlicht strecken, die schlafenden Orchideen, alles dampft Magie aus, selbst die Steine und der Boden. Mein Nachbar dampft auch und trinkt, wie ich. Langsam, bedächtig, wir schütten nicht, wir wollen das Level halten. Wir wollen jede Stunde dieser Nacht. Wir wollen nicht schlafen. Und ich bleib mal beim Wir. Es würde mich überraschen, sollte es ihm anders gehen als mir. Unsere Körpersprache unterscheidet sich in nichts. Keiner bewegt sich. Wir sitzen und staunen und können nicht glauben, was passiert ist, seitdem hier alles angefangen hat. Zwei Althippies im Mekka ihrer Bewegung, die bei den einen zur Legende und bei den anderen zum Witz verkommen ist, glauben nicht mehr an die Goa-Party. Obwohl morgen Vollmond ist. Vierhundertvierzigmal ist Vollmond gewesen, seit Hendrix starb und wir durch die Wüsten und über die Berge nach Goa gezogen sind, um hier bis ans Ende unserer Tage dem zu folgen, was er gepredigt hat: LSD nehmen, Engel ficken. Ich habe Menschen wie Flammen tanzen sehen, andere verfeuerten ihre Reisepässe. Das geht leider nicht mehr. Oder glücklicherweise. Was mit den Pässen verbrennt, wissen wir. Namen, Fotos, gestempeltes Papier. Aber was verbrennt mit der Ekstase? Wenn wir Glück haben: psychischer Schrott. Wenn wir Pech haben: Lebensenergie. Und wenn es mittelmäßig läuft, verbrennt nur die Toleranz gegenüber weniger intensiven Augenblicken. Und da beginnt sie dann, die Sucht, die das genaue Gegenteil von der Freiheit ist, zu der wir brennen wollten. Der Schlüssel wird zum Schloß, und wir schauen blöd aus der Wäsche. Die Sucht nach Glück macht nicht glücklich. Die Sucht nach Frieden verläuft nicht friedlich. Die Sucht nach Liebe wirkt nicht lieblich. Und die Sucht nach Erleuchtung ist unerleuchtet. Aber «pissed» ist «pissed», und noch besser ist: «pissed in paradise». Mit einem Bruder im Geiste, mit einem Nachbarn vom Feinsten. Ich weiß nicht genau, wie lange wir hier schon sitzen, trinken, rauchen und schweigen, es fühlt sich nach drei bis vier Stunden an. Nachdem er also drei bis vier Stunden weder ein Wort noch einen Blick mit mir gewechselt hat, steht mein Nachbar auf, dreht sich zu mir um, verbeugt sich und geht schlafen.

Am Tag ist Goa grün, und zwar immergrün, aber nicht einheitlich grün, sondern magnoliengrün, bambusgrün, feigenblattgrün, farngrün, lianengrün auf akaziengrün, kokospalmengrün und reisfeldgrün. Egal, in welcher Schattierung die Farbe wächst, sie wirkt immer antidepressiv, das heißt, bei einem Kater ist sie die beste Medizin.

Ich habe mir ein Taxi genommen und fahre spazieren. Die Straßen sind schmal und kurvenreich, Brücken und Brückchen helfen ihnen über Flüsse und Flüßchen; es gibt Seen, Blumenwiesen und den einen oder anderen Lotusteich. Und verborgen hinter dem Grün ihrer großen Gärten stehen die Villen aus der portugiesischen Zeit. Goa war nie britisch, darum ist der Goaner auch der etwas christlichere Inder. Dank der konsequenten Missionsarbeit der portugiesischen Jesuiten, die Zwangstaufen und die Inquisition einführten, glaubt noch heute jeder dritte Goaner, daß der liebe Gott und nicht der liebe Brahma ihre Wälder und Strände erschaffen hat. Fast könnte man sagen, einhundertundeinen Strand, denn so viele Kilometer ist die Küstenlinie lang, und das Immergrün daran grünt auf einer Fläche von 3702 Quadratkilometern. Damit ist Goa zwar der kleinste indische Bundesstaat, aber die größte Enklave des Paradieses auf Erden. Die Bäume werfen Schatten auf die Straße, die Sonne gibt dazu ihre Lichtmosaike und goldenen Tropfen, so dicht ist Grün an Grün über und neben uns, man kommt also auch klar mit der Hitze. Mein Fenster ist offen, der Fahrtwind weht herein, gesättigt von grünen Düften. Mein Kater zittert vor Entsetzen, er weiß, bald muß er von mir gehen, und so gesehen ist «pissed in paradise» wirklich kein Problem. Das Problem ist mein Fahrer. Er hat Schluckauf. Nicht einmal, zweimal oder dreimal, er leidet bereits seit unserer Abfahrt darunter. Er sagt, er habe das nicht oft, aber wenn er es habe, dann richtig, dann würde es dauern.

«No problem (hicks), Sir, und wohin (hicks) fahren wir?»

«Bin ich das Orakel von Delphi?»

«Nein (hicks), Sir. Was ist das (hicks) Orakel von Delphi, Sir?»

Ich liebe diese Gespräche. Ich kann nicht genug davon bekommen. Warum hält der Typ nicht einfach die Klappe, sein Schluckauf ist geschwätzig genug. Zwei große, blonde Mädchen in Hot pants kommen uns auf Motorrädern entgegen. «Russian ladies, Sir.» Haben sie ihm den Hicks verschlagen? Die Freude über das, was ich sehe, währt nicht lange, denn da biegen auch schon die «Russian (hicks) boyfriends» mit ihren schweren Maschinen, tätowierten Muskelsträngen und Rambo-Stirnbändern um die Kurve. Sie legen sich fast bis zu den Knien rein. Und dann wieder liebe Inder, Kinder, Wasserbüffel, auch mal ein Hängebauchschwein, und, was soll ich sagen, mir gefällt das, selbst wenn man kein

Ziel hat. Das Taxi ist das Ziel, hat Buddha gesagt. Immer mehr von diesen leichtbekleideten Erinnerungen an den Tschetschenienkrieg begegnen uns, auch die Namen der Bars, Restaurants und Hotels, die jetzt am Wegesrand stehen, weisen darauf hin, wo wir sind: «MiGs & Mangos» oder «Kreml-Karma» oder «Chaikoffeeski». Jede Nation hat sich in Goa einen eigenen Strand ausgesucht, einen Ort, oft einen ganzen Distrikt. Da fühlen sie sich zu Hause und bleiben unter sich. Die Europäer, Amerikaner, auch die Australier sind in Anjuna, wie ich. Die Israelis haben den Strand von Arambol zum Heiligen Sand erklärt, die Russen sind hier, in Morjim. Sie kamen als letzte nach Goa, aber haben am meisten genommen. Die indischen Zeitungen schreiben, daß die Russenmafia sich in die Infrastruktur von Morjim eingekauft habe und diese kontrolliere, was verboten sei, aber das interessiere die neuen Gäste nicht. Sie interessierten sich für überhaupt kein indisches Gesetz. Sie machten, was sie wollten, und brächten mit, was sie bräuchten. Ihre Huren, ihre chemischen Drogen, ihre DJs. Wenn Sie mich fragen, ich glaube, die indische Presse hat recht. Aber ist das denn wirklich so schlecht? Mein Fahrer meint, ja, «very (hicks) bad» sei das. «Too much (hicks) drinking, Sir. Too much fight.»

Kaffeepause im «Chaikoffeeski». Sehr gepflegtes Ambiente. Rattansitzmöbel, Bambusstellwände, Chillout-Oasen für den Genuß von Speisen und Getränken im Liegen, wohltemperierte südamerikanische Musik sowie Apfelkuchen, wie nur Mütterchen Rußland ihn backt.

Was haben diese indischen Schaum-vor-dem-Mund-Journalisten eigentlich gegen solche Kriminelle? Es stimmt auch nicht, daß sie nicht lächeln. Die Mädchen lächeln sofort zurück. Nur die Männer nicht. Und die Mütter? Eine russische Großfamilie sitzt an einem besonders großen Tisch. Kinder aller Altersstufen, der Vater ist um die Fünfzig und dick, die Mama, laß sie fünf Jahre jünger sein, ist noch ein bißchen dicker und zieht gerade ein fettes Chillum weg. «Mütterchen Rußland ist bekifft» – ich notiere den Satz in mein Notizbuch, und dann fällt mir noch etwas ein im «Chaikoffeeski», ich würde es fast eine Erkenntnis nennen, obwohl ich davon ausgehen kann, daß sie nur mir notierenswert erscheint. Dem voraus ging ein kleiner Stich ins Herz. Ein winziger Schmerz, aber gerade die homöopathische Dosierung von Gefühlen bringt oft die besten Sätze. Der Anblick der fröhlichen russischen Großfamilie hatte mir wieder einmal gezeigt, daß ich allein bin, und ich verspürte, im Gegensatz zu gestern nacht, ein plötzliches Bedürfnis nach Kommunikation. In einem Laden, in dem russisch gesprochen wird. Ein paar der lächelnden Gäste werden wahrscheinlich mit mir auf Englisch kommunizieren können, aber ein paar aus der nicht lächelnden Fraktion haben, wie es aussieht, etwas dagegen, und der Satz, der mein Problem löst, geht so: «Auch Schreiben ist Kommunikation, zeitversetzt.» Es ist erstaunlich, wie überfüllt die Welt mit Zufällen ist. Es sind nur zwei Sätze, die ich notiere, und in der Zeit, die es für zwei Sätze braucht, betritt eine blonde Fotografin das «Chaikoffeeski» und fragt den Chef, ob sie Bilder machen darf. Der Chef sagt nein, die Fotografin geht, aber von nun an, das ist mir klar, bin ich für ihn ihr schreibender Partner und ein dreckiger Journalist. Der Chef sieht übrigens ganz ähnlich wie seine Kumpel auf den Motorrädern aus. Er tritt an meinen Tisch und sieht mich an, nein, das stimmt nicht, er fixiert mich. Aber er sagt kein Wort. Und das ziemlich lang.

«Gibt es ein Problem?» frage ich.

«Wer will das wissen?» fragt er zurück.

«Ein Gast, der zahlen will», sage ich.

«Richtige Antwort», sagt er.

Wenn mich jemand fragt, wie die besten Filme aller Zeiten heißen, würde ich sagen, mit der Nummer eins gibt's kein Problem. Da kann es nur einen geben. Oder hat jemals ein Mensch einen besseren Film als «Lawrence von Arabien» gesehen? Bei der Nummer zwei sehe ich allerdings zwei Kandidaten: «Der Pate» und «Titanic», die Nummer drei ist «Casablanca», vier ist «Pulp Fiction», fünf «ET», sechs «Blade Runner» – und die sieben? Der siebtbeste Film aller Zeiten erzählt die Geschichte eines amerikanischen Bürgerkriegshelden, der nach Japan geht, um für den Kaiser gegen die letzten Samurai zu kämpfen. Er wechselt das Lager, weil er erkennt, daß die Samurai die besseren Menschen sind, und verliert mit ihnen gegen die schlechten, bekommt aber trotzdem die beste Braut. Ich habe «Der letzte Samurai» schon dreimal gesehen, ob ich ihn zwölfmal sehen kann wie «Lawrence», weiß ich nicht, doch viermal geht.

Zurück in Anjuna, sitze ich in einem Gartenrestaurant mit vielen Tischen und einer großen Leinwand. An den Tischen brennen Joints, auf der Leinwand geht es um die Ehre der alten Zeiten und das Herz des Kriegers. Beides kann nicht besiegt werden, auch wenn die Helden sterben. Das ist die Botschaft, die Tom Cruise mit dem Film rüberbringen will, und er hat den Job gut gemacht. Er hat's geschafft. Keiner an den Tischen gibt einen Mucks von sich, weil die Musik so mächtig ist, die Bilder von magischer Schönheit sind und die Geschichte trotzdem vorangeht, Schnitt für Schnitt. Ich folge ihr zum ersten Mal in der englischen Originalfassung und höre zum ersten Mal Tom Cruise' Stimme. Seine echte, nicht seine deutsche, und wieder einmal wundere ich mich darüber, warum in einem so hochprofessionellen Geschäft so viele hochbezahlte Leute so wenig Tassen im Schrank haben. Die deutsche Synchronisation kastriert Cruise. Sie gibt ihm eine Geisterstimme, die zu piepsig, zu schwach und zu leer ist. Deshalb haben wir Probleme mit ihm. Der deutsche Cruise hört sich wie ein frecher Junge an, aber seine wahre Stimme ist Mann, ist tief und rauh und reich an Seele. Eine Stimme, der man sofort zuhören will. Und die sofort den Ausgleich schafft: Cruise ist noch kleiner als Brad Pitt, viel kleiner, er gehört zu den kleinsten Stars Hollywoods, aber seine Stimme ist groß. Ihr glaubt man, wenn sie Großes sagt. Sie erzählt gerade dem Anführer der Samurai, wie seinerzeit in den Thermopylen dreihundert Spartaner das gewaltige Heer des Perserkönigs Xerxes zur Umkehr bewegt haben. «You got the number?» fragt sie. «Three hundred», antwortet der Samurai und will wissen, was aus den dreihundert geworden ist. «They all died», sagt Tom Cruise, und dieser Stimme nimmt man ab, daß sie den Tod verlacht. Die Moral von der Geschicht: Die Stimme ist so wichtig wie das Gesicht.

Darüber hinaus erfreue ich mich an der Tatsache, daß Jules Verne Japan auf seine Route gelegt hat. Die Gegend, in der die letzten Samurai starben, diese Berge, Wälder, Wolken und Nebelbänke, sind noch schöner als Goa, weil erhabener. In diese Gegend will ich fahren, wenn ich in Japan bin; und wenn es dort auch nur eine Japanerin gibt, die der Hauptdarstellerin ähnelt, will ich hoffen, daß es mir nicht die Stimme verschlägt. Und wann wird das sein? Zum ersten Mal seit meiner Ankunft in Indien fällt mir wieder meine Reise ein. Ein schöner Augenblick, mit zwei Monden: einer auf der Leinwand, einer darüber, und beide voll.

Der Mond ist das stupideste aller Gestirne, weil er kein eigenes Licht hat, weil er es nur weitergibt, von anderen, die tausendfach größer und wichtiger sind als er, trotzdem bin ich mondsüchtig. Und wenn er voll ist, dann bin ich es auch. Voll mit einem Beben und Sehnen, und Erinnerungen an Flugbesen flackern auf. Hexen fliegen ums Feuer, wenn Vollmond ist, Indianer hüpfen um den Marterpfahl, die großen Massai wie die kleinen Pygmäen tanzen eine Polonäse in ihren Krals. Überall trommeln die neuen Schamanen mit Vierviertelbeats und 160 Dezibel, damit die Herzen schneller schlagen und ordentlich Schweiß ausbricht. Nur in Goa nicht. Obwohl sie hier erfunden wurde, die Goa-Party, der Vollmondrave, erfunden und in die ganze Welt exportiert. In den kleinsten Nestern Niedersachsens und des Burgenlands träumen Voll- wie Minderjährige auf ihren Kuhstall-Goa-Events davon, einmal in ihrem Leben in der Urheimat dieses Partykonzepts zu tanzen, im Königreich des Rave, auf heiligem Boden. Und dann kommen sie nach Goa, und Tanzen ist verboten. Die Inder haben keinen Bock mehr darauf. Mit dem Wirtschaftsboom auf ihrem Subkontinent boomt auch der Goa-Tourismus der indischen Mittel- und Oberklasse. Goa ist in den letzten zehn Jahren das Sylt von Bombay geworden und das Mallorca aller nordindischen Staaten. 1,8 Millionen indische Touristen jährlich und nur zweihunderttausend aus dem Ausland, so sehen die neuen Verhältnisse aus. Inder wollen indischen Urlaub, mit indischen Riten, indischer Musik, auch indischer Nachtruhe. Die beginnt sehr früh. Und Goa-Partys sind laut. Außerdem: die Drogen, die Exzesse, die halbnackten Mädchen. Nein, sie haben keinen Bock mehr darauf, auch finanziell. Als die ersten Hippies Ende der sechziger Jahre kamen, glaubten die Goaner, das seien reiche Leute. Heute wissen sie, daß es arme Schlucker sind, Geizkragen, Parasiten, Strandbesetzer. Ein indischer Qualitätstourist in den Fünfsterne-Lagunen bringt mehr als hundert Hippies im Sand. Deshalb ist die Goa-Party in Goa verboten.

Seit Jahren versuchen die Tänzer mit illegalen Partys, sich dem entgegenzustemmen, aber das erfordert mobiles Equipment, flexible Organisation, geheime Kommunikationsstränge sowie Korruption. Die Russen haben das von Haus aus am besten drauf. Flyer, Plakate, sogar improvisierte Straßenschilder weisen in russischer Sprache den Weg zur Party, ihre Motorradstreifen patrouillieren an den Zufahrtsstraßen, und wenn doch mal indische Polizisten unangemeldet durchkommen, stehen sie Tänzern gegenüber, die Mitglieder der Russenmafia-Exekutive sind. Wie das auf die Umgebung wirkt? Man stelle sich vor, uniformierte Meerschweinchen treffen auf Pitbulls in Hippieklamotten, dann hat man das Bild. Und als nun der letzte Samurai gestorben und der Film zu Ende ist, frage ich mich, ob ich zu den Russen will. Eigentlich ja und eigentlich nicht.

Einen ähnlichen Quatsch habe ich schon mal mitgemacht. In einer Vollmondnacht im Winter 99 schloß ich mich einer Gruppe von etwa hundert Ravern an. Eine Motorradkarawane mit meinem Taxi hintendran. Ganz vorn fuhr der DJ. Nicht irgendeiner, sondern DER DJ. Auf allen Goa-Partys der Welt kannte man seinen Namen, weil er «wie ein Gewitter» auflegt, wie mir eine rothaarige Berlinerin aus der Karawane sagte. Goa-Bill, der seine verfilzten Haare zu einem gewaltigen Shiva-Turm hochgeflochten hatte und auch den dreizackigen Speer der shivaistischen Mönche bei sich trug, obwohl er ein Amerikaner ist, wußte also, wo die Party stattfinden sollte, und wir fuhren die ganze Nacht. Mein Taxifahrer hatte zwar eine Kassette mit Liedern von Cat Stevens dabei, aber eine Vollmondparty im strengeren Sinne war das nicht. Und wenn Goa-Bill nicht gestorben ist, sucht er noch heute. Doch heute ohne mich. Ich brauche das nicht noch mal. Ich will zurück auf die Terrasse des «Sunrise-Rock-Hotels». Aber wie der Zufall es will, sehe ich auf halbem Weg zum Strand eine Herde Motorräder parken und Polizisten herumstehen. Hinter ihnen wummern Bässe. Die einzige, aus welchen Gründen auch immer legale Vollmondparty dieser Nacht ist direkt in meiner Nachbarschaft. Das hätte ich nicht gedacht. Nachdem mich mehrere Polizisten mit finsteren Mienen durchsucht haben, bin ich drin und sehe noch mehr von den Finsterlingen. Außerdem wird klar, warum hier Musik nach 22 Uhr erlaubt ist: Man hört sie kaum. Die Tanzfläche ist in eine Halbhöhle eingegossen. In ihr ist es laut, aber schon auf der Terrasse nur noch halb so schlimm. Felsgestein nach hinten und vorn das offene Meer verhindern, daß ein Inder von dieser Party geweckt wird, und die Polizisten verhindern, daß sie uns Spaß macht. Aus Wut darüber, daß sie nicht schlafen gehen können, oder weil sie geldgierig sind? Jedem, den sie hier mit Drogen erwischen, bieten sie eine Alternative zur Verhaftung an. Die Drogen gibt es an der Bar. Koks, Ecstasy und fertig gerollte Joints. Ich bestelle eine «special cigar» und einen Gin Tonic und dann noch mal dasselbe, und mir wird alles egal. Ich will die Sache durchziehen. Ich beginne mit Blick auf das Meer und den Mond und den Joint in der Hand wie beknackt zu tanzen, und, zack, steht ein Polizist vor mir und starrt mich an. Erst finster, dann ungläubig und dann wie ein Sackgesicht, das einfach nicht fassen kann, daß ich weitertanze und weiterrauche, als sei er Luft. Daß er mich trotzdem nicht hoppnimmt, könnte daran liegen, daß er mich für einen Russen hält. Ich dagegen bin noch in dem Film, durchdrungen von der Ehre der alten Krieger. Der letzte Samurai hat sein Schwert nicht abgegeben. Warum soll der letzte Hippie es tun?

9. Kapitel Bombay II

Der Guru

Jules Verne ließ seinen Helden Phileas Fogg mit dem Zug von Bombay nach Kalkutta reisen, und der hat während dieser Fahrt die Frau seines Lebens getroffen, gerettet und mitgenommen. Die Frau des Lebens ist keine schlechte Vision, aber dafür zweiunddreißig Stunden mit dem indischen Zug? Heutzutage kann man auch Stewardessen heiraten. Stewardessen sind überhaupt die besten. Sie sehen gut aus, sind selten zu Hause, und wenn man selber mal fliegen will, kosten die Tickets nur noch zehn Prozent dessen, was man vor der Heirat bezahlt hat, weil ihre Vergünstigungen auch für den Ehemann gelten. Stewardessen verleihen Flügel, Stewardessen sind gut im Bett, Stewardessen bleiben immer nur eine Nacht.

Ich bin nach Goa und wieder zurück mit «Kingfisher» geflogen, der Airline von diesem Lebemann. «Fly the Good Times» ist ihr Slogan, und Dr. Vijay Mallya meint das offensichtlich ernst. Seine Stewardessen sind die schärfsten und modernsten, die man in der indischen Passagierluftfahrt finden kann. «Jet Air» und «Sahara» haben ebenfalls nur bildschöne Flugbegleiterinnen, aber die von «Kingfisher», ich glaube, die sucht der Chef persönlich aus. Die roten Uniformen wirken an ihnen wie Strandbekleidung. Ach, Herr Verne, Sie haben viel verpaßt in Ihrem blöden Zug.

«Fly the Good Times» fliegt auch nach Kalkutta, und das ist der Stand am Mittag. Aber auf dem Weg zum Reisebüro bin ich mir schon nicht mehr sicher. Vielleicht verpasse ich ja was in Indien, wenn ich einfach so drüberfliege? Vielleicht verpasse ich Indien? Unsinn. Ich bin so oft hier gewesen, daß sich Indien glücklich schätzen kann, wenn es mich verpaßt. Trotzdem nehme ich, statt ins Reisebüro zu gehen, ein Taxi zum größten Ganesha-Tempel der Stadt. Ganesha ist überall in Indien extrem beliebt, aber in Bombay ist der Gott der Diebe, Dichter und Händler der Gott Nummer eins und offizieller Schutzpatron. Daß er einen Rüssel hat, stört keinen, sie sind bisher blendend mit ihm gefahren. Als Gott der Händler hat er Bombay zum wirtschaftlichen Zentrum Indiens gedeihen lassen, davon profitieren auch die ihm zum Schutz befohlenen Diebe, und den Dichtern schenkte er Bollywood.

Der Haupt-Ganesha-Tempel Bombays ist deshalb in etwa so groß wie der Hauptbahnhof. In Hunderten von lokalen Untertempeln, Tausenden von Nachbarschaftsschreinen und Millionen von Hausaltaren sitzt der Elefantenköpfige in allen Größen, bis runter zur Barbiepuppe, aber hier wohnt der ganze Gott, hier ist Ganeshas Hauptwohnsitz und somit die Höhle des Glücks. Ich bin nicht der einzige, der zu ihm will. Sind es fünfhundert, sind es tausend, ich kann es schlecht schätzen, ich weiß nicht, wie viele Gläubige sich in Schlangen auf den Eingang des Tempels zubewegen, und ich will auch gar nicht wissen, wie viele Diebe darunter sind. Falls Mathematik in der spirituellen Welt noch etwas zählt, lassen die drei Ämter des Gottes darauf schließen, daß es ziemlich genau ein Drittel ist.

Die Schlangen müssen durch Sicherheitsschleusen, wie am Flughafen. Ist das ein Zeichen? Pro Fliegen? Im Inneren des Tempels werden die Diebe, Dichter und Händler wieder zu Schlangen formiert und in immer enger werdenden Kreisen so lange um den Gott herumgeführt, bis sie seine Füße küssen, Geschenke ablegen und eine Blüte aus Priesterhand mit nach Hause nehmen können. Ich ziehe es vor, ein Stockwerk höher zu sitzen, mir reicht der Blickkontakt. Ganesha sieht gut aus. Kaum zu glauben bei dem Kopf. Auch der Bauch ist eines Elefanten würdig. Bei uns ist Bauch Schande, hier das Gegenteil. In Indien bedeutet Bauch Wohlstand, Reichtum, Sattsein. Auch satt an Erkenntnis. Der schlanke Jesus hätte es in Asien schwer gehabt. Buddha ist dick, Ganesha ist dick, und wie bei Buddha sieht Ganeshas Bauch wie eine Weltkugel aus. Und seine Augen? Die eines Freundes, eines Bruders.

Ich schließe meine und formuliere die Frage: «Kann ich nach hundertmal Indien noch was verpassen? Ich war im Himalaya, ich war in Goa, ich wusch im Ganges ein paar Sünden ab, ich schlief in den Palästen der Maharadschas, ich traf im Dschungel Tiger. Ich kenne Indiens Heilige, ich kenne Indiens Huren, ich kenne Indiens Lieder. Und die Frage ist: Muß ich das wirklich noch mal haben?»

Ganesha antwortet wie aus der Pistole geschossen:

«Warum gehst du dieses Mal nicht richtig rein?!»

Ich weiß sofort, was er meint. Abgesehen davon frage ich mich, ob eigentlich alle Götter mit mir sprechen, oder ob es immer derselbe ist. Oder ob ich Selbstgespräche führe.

Am Abend esse ich im «Leopold». Das Restaurant ist ein Klassiker. Seit über hundert Jahren ist es der Treffpunkt für Ost und West in der Stadt. Es liegt fünf Minuten vom Gateway of India entfernt und acht Minuten von meinem Hotel und allen anderen Hotels des Stadtviertels Colaba. Deshalb ist das «Leopold» jeden Abend zu voll, um alleinkommenden Gästen einen eigenen Tisch zu geben. Sie werden mit anderen Einzelessern zusammengesetzt. Das kann gutgehen, das kann schiefgehen, aber anders läuft es hier nun mal nicht, und wirklich schief geht's selten, weil das Essen in Ordnung und die Atmosphäre vortrefflich ist. Wenn Reisende aus aller Herren Länder und allen indischen Bundesstaaten mit in Bombay lebenden Ausländern und in Bombay lebenden Indern in einem Raum zusammensitzen, hat jeder etwas zu erzählen, und jeder interessiert sich für etwas. Das erzeugt in der Summe einen Vielklang von Stimmen, der besser ist als jede Hintergrundmusik. Durch die offenen Fenster und die große Eingangstür blinken die bunten Straßenlichter. Die Nacht ist heiß, das Bier ist kühl, die Kellner sind professionell, also lässig und schnell.

Sie haben mich zu einem Inder gesetzt, der aus der Umgebung von Kalkutta kommt. Er hat Farmen. Er macht in Biosprit. Er ist Anfang Vierzig, seriös gekleidet und umfassend informiert. Ob er auch der Meinung ist, daß Indien demnächst zu den ganz großen Playern gehören wird, vielleicht sogar als Champ? Nein, der Meinung ist er nicht. Warum nicht? Er bittet mich um meinen Notizblock und zeichnet die Umrisse des Subkontinents hinein, gibt ein paar Städte dazu und zieht in der Mitte einen Kreis, einen großen Kreis, gemessen an dem, was drum herum auf der Landkarte übrigbleibt. In den Kreis schreibt er «Area of darkness». Keiner hat was, keiner macht was, keine Infrastruktur, um was zu machen. Und praktisch gesetzlos. «Wenn Indien ein Wirtschaftsgigant wird, dann einer mit schwachem Herzen. Und solchen Giganten geht schnell die Luft aus.» Mein Gegenüber hat gesprochen. Jetzt bin ich dran. Er will wissen, woher ich komme, wohin ich gehe und wieviel Zeit mir in Bombay bleibt. Ich frage ihn, ob er Jules Verne kennt. Nein, nie gehört. Aber vielleicht hat er den Film «In 80 Tagen um die Welt» gesehen? Ja, hat er, und nun ist er im Bilde. «Ich mache dasselbe. Fast dasselbe. Jules Verne hat seinen Helden Phileas Fogg von Bombay nach Kalkutta mit dem Zug reisen lassen, aber ich würde eigentlich lieber fliegen. Das ist der einzige Unterschied.»

Der Inder lächelt. «Handelt es sich bei der Vorlage um einen Tatsachenbericht oder um einen Roman?»

«Er hat's erfunden.»

«Dann würde ich Ihnen raten, dasselbe zu machen. Erfinden Sie die Zugfahrt, aber fliegen Sie. Mit indischen Zügen sollte man im wirklichen Leben keine Distanzen überbrücken, auf denen man seinen Stuhlgang nicht zurückhalten kann.»

Auch hier weiß ich sofort, was er meint. Beide, Ganesha und der Geschäftsmann aus Kalkutta, haben recht, und den Gedanken, daß der Geschäftsmann sogar noch ein bißchen mehr recht hat, weil Ganesha als Gott noch niemals auf einer Toilette gewesen ist, verwerfe ich als unernst. Nein, der Tag endet, was die Details meiner Weiterreise angeht, im Patt.

Es ist Wochenende. Reisebüros und Zugschalter haben geschlossen. Ich habe noch ein wenig Zeit, die Entscheidung zu treffen, und lasse die Zutaten des Für und Wider kochen. Das ist nicht ungefährlich für mich. Jeder hat seine Achillesferse, seinen unsicheren Dominostein, seine erste Stufe auf der Treppe zur Unterwelt. Was sind Entscheidungen? Wofür sind sie da? Sie sorgen dafür, daß es weitergeht. Daß der Fluß fließt. Wer anhält, wird zum stehenden Gewässer. Das stinkt irgendwann. Jedenfalls will es mir so scheinen, daß mein Tischnachbar, den ich am nächsten Abend im «Leopold» zugeteilt bekommen habe, mich nicht riechen kann, und für mich ist er der mit Abstand langweiligste Mensch, den ich bisher auf dieser Reise getroffen habe. Ich kann ihm fast nicht ins Gesicht sehen, weil ich fürchte, daß mir nie mehr was einfällt, wenn ich es tue. Also schaue ich nach rechts und nach links, zur Decke und zu Boden und, als das Essen da ist, auf den Teller, aber manchmal muß ich ihn doch ansehen, weil Wegsehen anstrengend und auch ein bißchen unhöflich ist. Es kann ja niemand was dafür. Wie es in der Liebe für jeden auf der Welt einen Menschen gibt, der besser zu ihm paßt als jeder andere, so gibt es auch für das fruchtbare Gespräch einen, mit dem das am allerbesten geht, sowie dessen Gegenteil. Ich habe den für mich langweiligsten Menschen der Welt am Tisch, und er haßt Raucher. Solche Menschen fragt man nicht um Rat, es sei denn, man schwört sich, auf jeden Fall das Gegenteil von dem zu tun, was sie raten. Aber besser ist, man fragt gar nicht, ißt und geht. Patt also auch am Ende des zweiten Tages.

Am dritten Abend ist das «Leopold» so voll, daß sie mich sogar zu zwei Personen an einen Tisch setzen. Er ist Deutscher, sie ist Inderin, aber in Deutschland aufgewachsen. Er ist Dirigent, Fotograf und Taxifahrer, sie Radiojournalistin. Er hat ein Charaktergesicht, sie auch, aber noch dazu ein schönes. Sie sind auf Hochzeitsreise. Im Gegensatz zum Vorabend entsteht ein wunderbares Gespräch über meine Probleme, allerdings auch Streit unter ihnen, denn er ist für den Zug, und sie würde fliegen. Fifty-fifty, so ist das Leben.

Um mich nicht völlig ratlos zu entlassen, empfehlen sie mir einen Guru. Auf den Gedanken wäre ich von selbst nicht gekommen, aber warum eigentlich nicht. Gu heißt Dunkelheit, Ru heißt Licht, und wenn einer von der Dunkelheit ins Licht führen kann, hat er vielleicht auch eine Lösung für mein Problem. Außerdem gefällt mir, was sie über ihn erzählen. Er heißt Ramesh. Und er gehört, obwohl er ein Greis ist, zu den neuen Gurus, zu denen, die gerade erst in Mode kommen. In Bollywood, in Hollywood, in der Hall of Fame. Man sagt, Leonard Cohen sei ein Schüler von ihm. Früher, als Ramesh noch kein Guru war, führte er als Generaldirektor die Bank of India. Das ist eine exzellente Reputation. Schön ist es, einen Erleuchteten zu treffen, noch schöner wird's, wenn der Erleuchtete auch rechnen kann. Jeden Vormittag von neun bis elf stellt er sich in seiner Wohnung den Fragen der Unwissenden. Und am nächsten Morgen bin ich bei ihm.

Der Guru sitzt in seinem Schaukelstuhl und schaukelt. Er macht das energisch, er gibt richtig Gas. Er ist sechsundachtzig, klein, dünn und zahnlos. Der eingefallene Mund mildert die Strenge seines Cäsarengesichts. Seine schütteren weißen Haare passen gut zu der weißen Baumwollhose und dem überlangen, weißen indischen Hemd. Er schaukelt barfuß. Morgenlicht fällt in den Raum, der angenehm temperiert ist. Durch die offenen Fenster kommt der Wind herein und zirkuliert. Ein frischer, sauberer Wind vom Meer. Man kann es von hier sehen, wenn man am richtigen Fenster steht. Acht Stockwerke unter uns hupen die Straßen von Bombay. Etwa dreißig Leute sind heute beim Guru. Die wenigsten von ihnen sind Inder. Sie sitzen auf Stühlen, auf dem Boden, an der Wand. Wer eine Frage hat, setzt sich direkt vor ihn und bekommt ein Mikrophon angesteckt, wie im Fernsehen. Der Guru trägt auch eins am Hemd. Eine Videokamera läuft. Die CD kann man mitnehmen.

«Wie heißt du?» fragt Ramesh.

«Tim», sage ich.

«Aha, Tim. Und du kommst aus …?»

«Deutschland.»

«Aha, Tim aus Deutschland. Und was kann ich für dich tun, Tim?»

«Ich schreibe Reisebücher.»

«Ich verstehe.»

«Und jetzt bin ich gerade auf einer Weltreise.»

«Ich verstehe.»

«Und mein Problem ist, daß ich mich nicht entscheiden kann, wie es weitergeht. Ob ich mit dem Zug oder mit dem Flieger nach Kalkutta will.»

Ramesh unterbricht abrupt sein Schaukeln und richtet sich ein wenig auf.

«Und warum, Tim, glaubst du, daß ich dir darauf eine Antwort geben kann? Bin ich ein Reisebüro?»

Alle im Raum lachen, den Guru selbst schüttelt es vor Heiterkeit, ich lache auch ein bißchen mit, obwohl mir nicht wirklich danach zumute ist.

«Nein, Ramesh, es geht im Grunde nicht um Zug oder Flugzeug, es geht nicht darum, wofür ich mich nicht entscheiden kann. Es geht um das Nichtentscheidenkönnen an sich, als psychologische Fehlfunktion oder als schwacher Charakterzug oder als Geburtsfehler, ich weiß es nicht. Ich weiß nur, daß ich mich nie entscheiden kann. In der Liebe, im Beruf, in allem eigentlich, und das bringt extrem viele Probleme mit sich. Es ist ein Fluch in meinem Leben.»

«Ich verstehe.» Ramesh schaukelt wieder. «Also, Tim, ich denke, daß es so etwas gibt. Es gibt Menschen, die sich nicht entscheiden können. Und wenn das bei dir so ist, Tim, dann ist das dein Weg. Dann ist das so von Gott gewollt, oder vom Urknall, oder wie immer du die Quelle von allem Existierenden nennen willst. Weißt du, was ich an deiner Stelle tun würde, Tim?» Ramesh unterbricht wieder sein Schaukeln und richtet sich auf. Er macht eine Handbewegung, die mir bekannt vorkommt. «Wenn ich mich nicht entscheiden könnte, Tim, würde ich eine Münze werfen. Denn niemand kann behaupten, daß Menschen, die es mit einer Münze tun, weniger erfolgreich sind als Menschen, die sich auf traditionelle Weise entscheiden.»

Im Raum explodiert das Lachen aus drei Dutzend Kehlen. Diesmal lache ich nicht halbherzig mit, auch nicht aus vollem Herzen. Ich lache überhaupt nicht. Ich starre Ramesh an und fasse es nicht. Er hat mit ein paar Sätzen so etwas wie ein Wunder vollbracht. Es hat dreimal klick gemacht. Dreimal schlossen sich Gedankenkarawanen zu einem Kreis. Ich fange mal mit dem letzten an. Wenn irgendein Vogel zu mir sagt, daß Leute, die Münzen werfen, genauso erfolgreich sind wie jene, die sich rational, emotional und mit der Kraft ihres Willens entscheiden, dann hört sich das vielleicht witzig an –

aber wenn das die Erfahrungen eines ehemaligen Bankdirektors sind, bekommt der Rat natürlich Gewicht. Mehr als jede Statistik. Auch die Logik stimmt. Die Tatsache, daß ich mich zwischen zwei Möglichkeiten nicht entscheiden kann, besagt, daß diese beiden Möglichkeiten für mich gleichwertig sind. Dann ist es egal, welche Möglichkeit ich wähle, Hauptsache, ich wähle. Nehmen wir an, zwei Frauen, eine blond, eine schwarzhaarig, beide bildschön, steinreich und rattenscharf, wollen mir ihre Liebe, ihren Körper und ihr Geld schenken, dann wäre es doch blöd, ich würde statt einer keine von ihnen nehmen, nur weil ich mich nicht für eine Haarfarbe entscheiden kann. Das kann man doch umfärben.

Soviel zu dem, was Ramesh über Münzen meinte, jetzt zu Wichtigerem, jetzt zu dem, was er vorher sagte und was mich gerade wirklich packt und diesen Morgen in Bombay zu dem entscheidenden Morgen meiner letzten zwei Jahre macht. Was hat Ramesh in einem Satz mit drei verschieden Begriffen benannt? «Dann ist das so von GOTT gewollt, oder vom URKNALL, oder wie immer du die QUELLE von allem Existierenden nennen willst.» Eine Menge Fragen der letzten zwei Jahre haben bei diesem Satz klick gemacht, und mir wurde etwas zurückgebracht, das ich verloren hatte. Auch in Indien. Vor zwei Jahren kam mir in dem Heimatland der Spiritualität Gott abhanden. Einfach so. Ich wußte plötzlich nicht mehr, was das soll. Die Gefühle, die Riten, die Märchen von einem allwissenden und alles durchdringenden Wesen, das uns schafft, beschützt und wieder zu sich nimmt. Das man anbeten kann, dem man vertrauen kann, das einen trägt, das vor allem Sinn gibt und das Leben erklärt sowie das Sterben. Wenn dieses Wesen plötzlich nicht mehr existiert, dann gibt es alles andere auch nicht mehr. Karma, Schicksal, DEINEN Weg. Dann ist alles Zufall, und Zufall ist nur ein anderes Wort für das Chaos nach dem Urknall. Und jetzt, nein, nicht jetzt, sondern gerade eben, sagte dieser kleine, alte, mir höchst sympathische Ex-Banker, daß Urknall dasselbe sei wie Gott, und ich verstand sofort, wie er es meinte. Daß ich so bin, wie ich bin, habe ich meinen Eltern zu verdanken, die von ihren Eltern geprägt worden sind und die von ihren. Die Kette reicht elend weit zurück, nicht nur bis zu den Wurzeln unseres Stammbaums, nicht nur bis zum ersten Menschen, ersten Säugetier, ersten Einzeller, sie reicht auch weiter zurück als bis zum Geburtsjahr der Erde. Daß dieser Planet so ist, wie er ist, und da ist, wo er ist, an dieser Stelle der Milchstraße, an diesem Punkt des Universums, hat seine Ursache in einer Bewegung, die vor so langer Zeit begann, daß wir sie Ewigkeit nennen, obwohl es keine Ewigkeit ist, denn irgendwann muß sie angefangen haben.

Gott, Urknall oder wie immer du die Quelle allen Seins nennen willst, hatte Ramesh eben gesagt, und verstanden habe ich, daß in diesem Anfang alles programmiert ist. Beim Urknall knallen Trilliarden mal Trilliarden Teile und Teilchen auseinander, und jedes Teil und Teilchen hat seine Richtung, seine Entwicklung, seinen Weg, und wenn dann, nicht am Ende, aber doch reichlich später, jemand dabei herauskommt, der unfähig ist, sich zu entscheiden, bin ich doch der Letzte, der was dafür kann. Und da was machen kann. Und wenn ich doch was machen kann, dann nur, weil auch das vorprogrammiert ist. Devotional läßt mich diese Erkenntnis im Regen stehen: Diesen Gott kann ich nicht lieben, anbeten und besingen, ich kann ihm nicht mal danken. Aber er schenkt mir Frieden. Schlagartig verläßt mich jede Art von schlechtem Gewissen, Minderwertigkeitsgefühl, Reue sowie die Angst, irgend etwas nicht zu schaffen, was ich eigentlich schaffen könnte und dann doch nicht hinkriege. Das gibt es nicht. Ich kann, was ich kann und tue, was ich tun muß, alles andere ist nicht in meiner Hand, ist nicht mein Programm. So habe ich Ramesh eben verstanden, und so meint er es auch.

Er spricht gerade wieder darüber. Er sagt, das Schönste, was er in allen Religionen gefunden habe und was in allen Religionen gleich sei, ist folgender Satz, und weil Ramesh keine Zähne mehr hat, sehr undeutlich spricht und ich schwerhörig bin, verstehe ich den Satz nicht und frage dreimal nach, und als ich ihn auch beim dritten Mal nicht verstehe, ruft irgend jemand, der hinter mir sitzt, so laut wie er kann:

«DEIN WILLE GESCHEHE!»

«Ja», sagt Ramesh, «dein Wille geschehe. Und das ist es, was Tim vergessen hat. Und deshalb ist Tim unglücklich.»

Er wiederholt dies noch viele Male während der geschlagenen siebzig Minuten, die seine Antwort auf meine Frage währt, er kommt richtig in Fahrt, erzählt von seinem Leben. Bis Mitte Fünfzig etwa habe er versucht, das Glück zu mehren und das Leid zu mindern, ab Mitte Fünfzig habe er es seinlassen. Weil es nicht geht. Nicht nur, weil Glück und Leid kommen, wie sie wollen, nein, selbst das Glück von heute wandelt sich in das Leid von morgen und umgekehrt. Nachdem er nun weitere dreißig Jahre darüber nachgedacht und nachgedacht und nachgedacht habe, habe er den Trick gefunden, damit umzugehen. Und dieser Trick sei auch das einzige, was er anzubieten habe, seine Botschaft, sein System. Wie der Trick geht?

«Ich versuche, das Leid zu akzeptieren. Und wenn ich feststelle, daß ich es nicht akzeptieren kann, akzeptiere ich das. Alles klar, Tim?»

Und wie. Ich kam mit einer Frage und gehe mit mindestens drei Antworten. Und egal, was ich an diesem Tag noch mache und sehe und sage, im Taxi, auf der Straße, im Hotel, ich höre dauernd diese drei Sätze in mir, wie ein Mantra, wie einen Ohr-, nein, wie einen Gehirn-, nein, wie einen Seelenwurm:

1. «Dein Wille geschehe!»
2. «Das ist es, was Tim vergessen hat.»
3. «Und deshalb ist Tim unglücklich.»

Ich höre es nicht wie eine Endlosschleife in mir. Es gibt Pausen, es hat Rhythmen, und jedesmal verstehe ich ein bißchen mehr, warum in meinem Leben soviel schiefgelaufen ist und schieflaufen mußte und daß es an diesem Morgen wieder zurechtgerückt wird, weil auch das sein muß, und jedesmal entspanne ich ein bißchen mehr.

Selbst die Frage, wie es nun weitergeht, löse ich mit Gelassenheit. Ich sitze in einem winzigen Reisebüro einem jungen, höchst professionellen Inder gegenüber, der nicht glauben kann, daß ich die Entscheidung zwischen einem Zug- oder einem Flugticket nach Kalkutta mit der Münze treffen will. Er scheint mir darüber sogar verärgert zu sein. Wie bescheuert seid ihr verfickten Europäer eigentlich, so etwas steht in seinen Augen geschrieben, während die Rupie in die Luft fliegt, sich dort mehrmals dreht und auf meinem Handrücken landet. Ich weiß nicht wirklich warum, ist es die Begeisterung für mein neues Werkzeug, meine neue Waffe im Kampf des Lebens und des Reisens, die mich fahrlässig werden läßt, oder irritiert mich einfach nur die Haßfresse mir gegenüber? Jedenfalls habe ich vergessen, wofür Kopf und Zahl eigentlich stehen sollen. Ich sehe auf Kopf, auf Gandhi, aber weiß nicht mehr, ob das mit dem Zug nach Kalkutta oder mit dem Flugzeug nach Kalkutta bedeutet.

Um den Inder nicht völlig ausrasten zu lassen, werfe ich die Münze nicht ein zweites Mal, sondern nehme den nächsten Flieger nach Bangkok.

10. Kapitel **Bangkok**

Crack und Hegel

Die Soi Cowboy hieß früher wahrscheinlich mal anders, denn sie liegt im Herzen von Bangkok, und das ist eine Stadt in Thailand. Zu dem neuen Namen kam es erst während des Vietnamkriegs, als GIs ihren Urlaub in dieser Gasse verbrachten. Wie sich halt Soldaten Urlaub vorstellen. Die Thailänder hatten Verständnis dafür. Wer sich vom Dschungelkampf erholen will, schaut sich keine Kulturdenkmäler und schwimmenden Märkte an, sondern will saufen, Drogen, Weiber. Von allem gab es genug im schönen Siam. Das Heroin kam aus den Bergen, Thai-Gras wuchs überall, und die Prostitution hat in Südostasien eine ähnlich tief verwurzelte Tradition wie der Buddhismus und das Reisessen. Das hat mit den Beziehungskonzepten in dieser Gegend zu tun. In der Ehe ist man vernünftig, bei der Geliebten romantisch, bei der Hure ehrlich. Es war also alles da, nur die Musik brachten die GIs mit. Hendrix, Iron Butterfly, Steppenwolf, und aus Gründen, über die ich hier nicht spekulieren will, ist es in der Soi Cowboy dabei geblieben. Das finde ich sympathisch. Techno, Trance und Rap sind okay, aber so richtig auf geht mein armes Herz nur bei Rock 'n' Roll. Ich habe keinen blassen Schimmer, wie viele Bars es in der Soi Cowboy gibt, ich komme ja auch auf einem Waldweg nicht auf den Gedanken, die Bäume zu zählen. Ich weiß nur, daß aus jeder meine Lieblingsmusik dröhnt.

Die Mädchen drinnen sowie die Mädchen draußen begeistern mich dagegen nicht so sehr. Sie sind zu klein. Ich will das nicht verallgemeinern. Andere Hochgewachsene haben anscheinend keine Probleme damit, und das macht mich in diesem Umfeld zu einem Heiligen. Ich genieße einfach nur die Musik und das Ambiente. Ich mag's, wenn überall, wohin das Auge fällt, die Lichter blinken und die High Heels im kniehohen Wasser versinken, weil's gerade wieder mal geregnet hat.

Wir sitzen auf den Outdoor-Barhockern des «Shark» und trinken, was uns gefällt. Ich bin wahrscheinlich der einzige Nichtakademiker der Runde. Albert ist ein Kunsthändler aus Wien, dem Wien nicht gefällt und der deshalb seit elf Jahren in Thailand lebt. Dave ist Kunstfotograf und schwerer Aristokrat, also schwerer Alkoholiker und schwer durchgeknallt. In England ist er zu schüchtern, einer Frau in die Augen zu sehen, hier macht er JEDE an. Von Werner, dem Ex-Regisseur aus Frankfurt und jetzigen Inhaber mehrerer Schwulenbars in Bangkok, weiß ich derzeit nur zu berichten, daß er über die geschlechtsumwandelnden Operationen seiner Angestellten wie über das Tieferlegen und Aufmotzen von BMWs spricht und («unter uns») auch als Frau ganz gut aussieht. Ja, und dann sitzt da noch mit uns und schaut in den Regen der Barockmusiker Paco aus Barcelona, ein Mann von barocker Statur. Deswegen ist er dem Gastgeberland ein wenig gram. Er hat sich in einer Bangkoker Schönheitsklinik einer preiswerten Fettabsaugung unterzogen, und sie haben ihm erst kurz vor der Narkose gesagt, daß sie ihm nicht alles absaugen könnten, das sei zu gefährlich. Paco ist sauer, denn er ist heute genauso fett wie vorgestern. Schwamm drüber, morgen wird er in einem Konzert ein barockes Spinett spielen, dafür ist er nach Bangkok gereist. Ein Musiker hat einen Gig. Und Mischa, ein beleibter, langhaariger Neurologe aus Amsterdam, ist in der Stadt, um auf einem wissenschaftlichen Kongreß einen Vortrag zu halten. Jetzt zischen wir noch einen, weil das a) in Künstlerkreisen am Vorabend der Premiere so üblich ist, b) in Neurologenkreisen sowieso immer üblich ist und c) wir in Bangkok sind, wo das Reinzischen von alkoholischen Getränken so wunderbar zur Luftfeuchtigkeit paßt und schmerzunempfindlich für Moskitos macht.

Das Gespräch dazu dreht sich derweil um den Einfluß der Syphilis auf die Kunst des 19. Jahrhunderts. Mischa warf die These in die Runde, ein gewisses Stadium der syphilitischen Gehirnerweichung habe einige der größten Kunstwerke der Menschheit hervorgebracht. Musikwissenschaftler, Kunsthistoriker und Neurologen seien sich da bei Schubert und Beethoven ziemlich sicher, bei Mozart sei es noch nicht ganz klar. Aber man arbeite dran.

«Interessante Theorie», sage ich, «und wie fand man das heraus?»

«Man schaut auf die Parallelen zwischen Krankheitsverlauf und Werkentwicklung. Das Progressive, also die Auflösung traditioneller Formen und Regeln, hängt mit den Auflösungserscheinungen im Gehirn zusammen. Außerdem bewirkt die Syphilis eine Übersensibilisierung des Gehörs, und die wiederum führte zu einer Verfeinerung der Instrumentalisierung.»

«Von welchen Werken reden wir hier?» frage ich.

«Ganz sicher syphilitisch, was Beethoven angeht, ist die letzte Klaviersonate Opus 111. Und bei Schubert ist es die späte Kammermusik, vor allem das Streichquintett Opus 163, wahrscheinlich auch ‹Der Tod und das Mädchen›. Fest steht jedenfalls, daß es seit der Erfindung des Kondoms keine wirklich große Kunst mehr gibt.»

«Du meinst, seit der Erfindung des Penizillins.»

Mischa lacht.

Auf der Soi Cowboy ist immer noch alles beim alten. Ladies und Ladyboys klackern durch das Wasser, das in alle Richtungen gleichzeitig strömt, um Abflüsse zu finden, Touristen und Touristinnen, lauter leichtbekleidete Menschen, Tuk-Tuks pflügen durch die Fluten, bunte Birnen blinken, Neonröhren winden sich zu Schriften, alles leuchtet, alles strahlt unter den zuckenden Rhythmen jeder Art von Rock 'n' Roll. Bei uns ist es gerade Santana, und Carlos Santana ist Mexikaner, was dazu führt, daß in mir die Lust auf Tequila erwacht. Mischa macht mit.

Er ist ganz überrascht von dieser Idee, weil er so lange keinen Tequila mehr getrunken hat. «Kein Problem, Mischa. Ich sag dir, wie es geht. Der erste kickt nur ein bißchen und macht wach, der zweite ist auch noch okay, ab dem vierten muß ich aufpassen, dann schwirre ich ab.» Weil irgendwer auf den Gedanken kommt, endlich mal reinzugehen, beginnen wir die Tequilasession im Innern des Lokals.

Alle Thai-Bars sehen gleich aus. In der Mitte ist der Laufsteg mit den Go-go-Stangen, an den Wänden sind die Sitzbänke mit den kleinen Tischen, der Rest erinnert an eine völlig überfüllte Badeanstalt. Die Go-go-Tänzerinnen oben auf dem Steg tanzen nicht, weil ihnen der Platz dafür fehlt, und unten muß man sich seinen Weg durch die Mädchen mit Armbewegungen bahnen, die ans Schwimmen erinnern. Sobald man sich gesetzt hat, schlägt das Ganze über einem zusammen. «Hello!» von rechts, «What's your name?» von halb rechts, «You like lady?» von vorn, «Where you come from?» von hinten, «Give me drink!» von links, und das mit Körperkontakt. Die Kunst ist es, sich jetzt nicht verschlucken zu lassen. Die Kunst ist es, Haut an Haut Grenzen zwischen zwei Erlebniswelten zu ziehen, die zwar ähnlich aussehen, inhaltlich aber ganz und gar verschieden sind. Worin liegt der Unterschied zwischen einem *dirty old man* und einem väterlichen Freund?

«Der *dirty old man* will Sex von den armen Mädchen, der väterliche Freund nur Drogen», sagt Mischa.

Wir kennen uns seit zwei Stunden, aber es ist jetzt schon klar, daß wir mit dem ersten Tequila auf den Beginn einer langen Nacht anstoßen. Mischa ist mein Jahrgang, also Mitte Fünfzig, was wohltuend auf einen wirkt, dessen Freundeskreis fast ausschließlich aus mindestens zehn Jahre Jüngeren besteht. Mittvierziger oder die, die gerade vierzig geworden sind oder demnächst vierzig werden, konfrontieren mich mit ihrem unbändigen Willen, nicht mehr der zu sein, der sie sind. Eine irritierende Konfrontation, weil sie ansteckend wirkt. Soll ich auch wieder mit dem Quatsch anfangen? Laster aufgeben, gegen Abhängigkeiten angehen, Verantwortung übernehmen, endlich erwachsen werden?

In der Gesellschaft Gleichaltriger frage ich mich so etwas nicht. Wer über fünfzig geworden ist, hat den Kampf gegen sich bereits verloren. Wir sind entspannt. Mischa und ich. Dazu kommt, daß uns das Testosteron ausdünnt. Wir wollen feiern, nicht ficken. Da haben wir ihn wieder, den Unterschied zwischen dem dreckigen alten Mann und dem netten. Die Mädchen erkennen das sofort. Einerseits ist es für sie enttäuschend, denn es beschneidet ihre Verdienstmöglichkeiten, andererseits entspannen sie sich mit, denn sie verdienen ja auch an jedem Getränk, das wir ihnen spendieren. Ladydrink. Zweifelhafter Inhalt, immer farbig. Wenn alle Mäuler im Umkreis von zweieinhalb Metern gestopft sind, kann's deshalb sein, daß eine gewisse familiäre Geselligkeit aufkommt. Mag die Welt da draußen oder auch nur die Welt, die zweieinhalb Meter weiter beginnt, wie gehabt böse sein – in unserem Kreis ist sie es nicht, in unserem Kreis siegen Höflichkeit und Respekt. Für die Mädchen bedeutet das, nicht ungefragt die Geschlechtsteile ihrer Gäste zu streicheln, für die Gäste, niemandem Zungenküsse aufzudrängen. Zum Beispiel. Es gibt noch mehr Höflichkeitsregeln. Buddhisten sollte man, auch wenn es Prostituierte sind, nicht auf den Kopf fassen, weil ihr Glaube den Kopf des Menschen als Wohnstatt Buddhas versteht; ebenfalls aus religiösen Gründen verbietet es sich, ihnen die Fußsohlen entgegenzustrecken. Und immer lächeln, denn wir sind im Land des Lächelns, und da herrscht Nichtlächelverbot. Wer das kritisiert, weil für dieses landesweite Dauerlächeln nichts spreche außer dem reinen Diktat der Tradition, versteht nichts vom Lächeln. Es gibt kein falsches. Es gibt nur den Ausstoß von Glückshormonen. Wenn sie fließen, lächeln wir. Und wenn wir lächeln, fließen sie. Man kann nichts dagegen machen. Beim Lächeln verzieht sich das Gesicht mit seinen Muskeln und Sehnen auf eine Art und Weise, die dem Gehirn grünes Licht für Neurotransmitter signalisiert. Auch wenn das ein Trick ist, es funktioniert. Was kam zuerst? Das Huhn oder das Ei? Das Glück oder das Lächeln? Diese Frage muß erlaubt sein, selbst wenn es eine rein theoretische ist. Für die Praxis brauchen wir sie nicht. Die Praxis ist Genuß. Lächeln tut gut. Lächeln beschwingt. Lächeln kostet nichts. Weder den Reichen noch den Armen. Es ist ein Gottesgeschenk.

Man kann übrigens den Mädchen lächelnd auch einen

zweiten Drink anbieten, bevor es sie danach zu fragen drängt. Dann geht die Party los, dann werden Fäuste, Arme, spitze Schreie in die Luft geworfen, und es wird im Sitzen getanzt. Und wenn sie merken – jetzt kommt das Wichtigste –, daß du tanzen kannst, daß du den Rhythmus hast, daß der Fluß durch dich fließt, dann fließen sie mit. Weil es ein sauberer Fluß ist, der zum sauberen Meer will. Im Grunde geht's um Gott. Um Wärme, um Fülle, um synchrone Gefühle, nicht um Ego. Feiertourismus ist das Gegenteil von Sextourismus. Und immer schön sitzenbleiben, denn dem Sitzenden erscheint niemand zu klein.

Als ich wieder zu mir komme, stelle ich fest, daß es nicht mein Hotelzimmer ist. Drei der Mädchen und Mischa sind bei mir, den Rest der Gruppe hat das schwarze Loch verschluckt. Ich sitze vornübergebeugt auf einem Stuhl und atme etwas Qualm aus. Vornübergebeugt, weil die Kleine, die mir den Joint (oder ist es eine Pfeife?) hinhält, am Boden hockt. Sie ist recht stämmig, wie ein Bauernmädchen, ihr Gesicht ist rund. «Come on», sagt sie, «smoke!», und ich denke, sie hat recht, denn es war wirklich wenig Rauch, den ich ausgeatmet habe. Ich nehme einen zweiten, stärkeren Zug aus der Pfeife (oder ist es ein Röhrchen?), aber es kommt wieder zuwenig raus. Das Mädchen reagiert ein bißchen ungehalten, doch nicht ernsthaft böse. Eher wie eine Mutter, deren Kind nicht richtig essen will. Ich muß ein drittes Mal ans Röhrchen, und sie ist endlich zufrieden.

Und ich endlich richtig wach. Alles klar, ich hab's ja gewußt.

«Wieviel Tequila habe ich getrunken?» frage ich Mischa.

«Deutlich mehr als vier», sagt er.

«Wie sind wir hergekommen?»

«Mit dem Taxi.»

«Und wo sind wir hier?»

«In meinem Hotel.»

Ich kann mich also glücklich schätzen. Das Tequila-Loch zählt zur Familie der Totalblackouts. Wäre ich irgendwo allein erwacht, würden mich lange Zeit Fragen quälen. Was habe ich gemacht? Gutes? Böses? Dämliches? Alkohol gebiert hin und wieder auch Dämonen, und Rausch schaltet sie auf Autopilot. Am Ende ist einer tot. Oder ausgeraubt. Oder sonstwie tief in der Scheiße. Und wenn ich tief sage, dann meine ich bis zu den Ohren. Dann hat dich ein Taxi- oder Tuk-Tuk-Fahrer nicht zu der von dir gewünschten Adresse, sondern zu einer von ihm favorisierten gebracht. Ein dunkler Hinterhof, in dem Mülltonnen überquellen, Ratten huschen und Macheten auf dich warten, an denen das Blut deiner Vorgänger klebt. Gott sei Dank ist Gott mit uns in dieser Nacht. Er hat uns heil in Mischas Zimmer gebracht, der im übrigen dasselbe wie ich macht, mit dem Unterschied, daß ihm dabei zwei Mädchen zur Hand gehen. Eine Häßliche mit Brille und hoher Stirn und eine, die in diesen Breitengraden als Schönheit gilt. Die Häßliche hält ihm das Röhrchen, die Schöne erhitzt das Silberpapier, über dem das Röhrchen leicht vibriert.

«Sag mal, Mischa, was rauchen wir hier eigentlich?»

«Crack wahrscheinlich. Schockiert dich das?»

«Keine Ahnung. Woher soll ich das wissen. Selbst wenn es so wäre, wie soll ich den Schock jetzt noch mitkriegen? Vielleicht bin ich auch nicht schockiert. Weil das schlechte Gewissen fehlt und die Selbstverachtung und der Haß auf die eigene Schwäche. Es ist das erste Mal, und ich bin unfallartig in die Premiere geraten, ich mache mich keiner Todsünde schuldig. Ich will mich weder selbst zerstören, noch bin ich gierig. Wenn das nicht genug gute Gründe sind, das Beste aus der am schlechtesten beleumundeten Droge aller Zeiten zu machen, dann weiß ich nicht, was gute Gründe sind. Was ist das Beste am Crack, Mischa?»

«In deinem Fall, wie's aussieht, der Mut zu langen Monologen.»

Bad drugs, good company. Wer ist Mischa? Ein guter Freund von Albert, unserem Mann aus Wien. Ich bin auch ein guter Freund von Albert, der anscheinend einen Freundeskreis hat, der alle Extreme abdeckt, auch die entgegengesetztesten: Ich habe mit Mühe und Not die Mittlere Reife geschafft, obwohl ich nicht weiß, ob es wirklich Mühe und Not war, was mein Vater im Bett der Schuldirektorin dafür tat, um sie alle Gesetze der Zeugnisgebung vergessen zu lassen. Mit drei Fünfen, ich spreche hier von Mathematik, Englisch und Physik, besteht man normalerweise diese Prüfung nicht, auch nicht, wenn man mit drei Einsen – in Geschichte, Erdkunde und Religion – dagegenhalten kann, und leider gab's außerdem noch eine Fünf in Biologie, eine Fünf in Kunst, eine Fünf in Sport sowie eine Sechs in Französisch. Aber die Direktorin wurde, wie gesagt, bestochen und am Ende alles gut.

Und wie sieht es bei Mischa aus? Albert hat mir gestern das Wesentliche über ihn erzählt, bevor er uns heute miteinander bekannt machte. Mischa hat Neurologie, Musik und Philosophie studiert. Er ist Arzt, Komponist und Hegelianer. Mischa ist Elite. Mischa ist die Spitze einer Pyramide, deren breiter Mittelbau das Bildungsbürgertum ist. Außerdem ist er furchtbar nett. Und die Mädchen sind auch nett, besonders meine, was heißt meine? Ich meine die, die neben mir sitzt und das nächste Crackröhrchen klarmacht. Sie ist mütterlich, korrekt und von gutem Charakter. Ich denke das nicht, ich sage das laut, was dazu führt, daß sie mich fassungslos anstarrt.

«You really think I'm good?» fragt sie.

«Yes», sage ich, «very good.»

Sie schüttelt fassungslos den Kopf.

«But I'm very dangerous.»

Mischa gibt ihr recht. Und will wissen, wie ich auf so etwas komme. Eigentlich sei er der Meinung gewesen, daß ich Bangkok ein bißchen kenne.

«Ich kenne Bangkok ganz gut», sage ich, «und ich sehe natürlich, daß diese Frau saugefährlich ist, aber ich sehe auch im Zentrum ihrer Gefährlichkeit die Sehnsucht danach, sich nicht mehr länger selbst beschützen zu müssen. Wenn du verstehst, was ich meine.»

Er versteht mich. Ich sehe es an seinem Blick. Es sind Überraschung, Freude, Neugierde und etwas Spott darin. «Du hast es mit Gurus und so, ne?»

«Hat dir Albert das erzählt?»

«Hmm.»

Ich weiß, was Mischa gerade denkt. Ein intellektueller Phantomas wie er kann einfach keine Gurus akzeptieren. Andererseits kann er aber auch nicht akzeptieren, daß ihm möglicherweise eine Erfahrung fehlt. Ich erzähle ihm also von Ramesh. Als Mischa mitbekommt, daß dieser Guru mal Bankdirektor gewesen ist, beginnt er zuzuhören.

«Was hat er gesagt?»

«Also, ich habe ihn gefragt, was einer machen soll, der sich nicht entscheiden kann. Nie. Schon sein ganzes Leben. Er kann's nicht und leidet darunter wie ein Hund, und er hat gesagt, daß so was vorkommt. Es gibt Menschen, die sich einfach nicht entscheiden können, und das können sie auch nicht ändern. Weil es Gottes Wille ist oder des Urknalls Wille oder wie immer ich die Quelle und den Anfang aller Dinge benennen möchte.»

«Das ist nicht Ramesh, Helge, das ist Schopenhauer.»

«Was?»

«Schopenhauer hat das gleiche gesagt. Der Mensch kann seinen Charakter nicht ändern. Er kann eigentlich fast nichts ändern. Er hat zwar einen freien Willen, aber er ist nicht frei in dem, was er will. Alles ist vorgeprägt.

Alles ist seit endlos vielen Milliarden Jahren auf Schiene. Die einzige Freiheit, die Schopenhauer sieht, liegt in der Entsagung. Was hat Ramesh empfohlen?»

«Ramesh meinte, Leute wie ich sollten Münzen werfen.»

«Damit kann ich was anfangen.»

Ich auch. Und ich freue mich, daß es Mischa beeindruckt hat. Die nächste Crackpfeife lehne ich ab. Das gefällt meiner kleinen Freundin nicht, aber es zeigt sich schnell, daß es ihr nur deshalb nicht gefällt, weil sie dann nichts mehr zu tun hat. Sobald sie etwas anderes findet, was sie mit ihren Händen machen kann, ist sie zufrieden. Sie findet eine Nagelschere, sie findet meine Zehen. Sie schneidet meine Nägel. Sie schneidet sie so kurz, daß ich automatisch zurückzucke, aber sie hält meinen Fuß fest. Bei der Gelegenheit bekomme ich mit, wie stark sie ist. Sie schneidet haarscharf vor den Nerven. Meine Gefühle währenddessen sind gemischt. Auf der einen Seite Panik. Auf der anderen Vertrauen. Sie ist ein Profi. Frauen ihrer Szene schaffen in Go-go-Bars an, können aber auch mit Maniküre Geld verdienen oder mit Massagen. Manche Mädchen haben mehrere Jobs, manche machen erst das eine und dann das andere. Auch Bee, um endlich mal ihren Namen zu sagen, scheint zwei Standbeine zu haben. Trotzdem geht sie mir total auf die Nerven, denn sie ist einfach zu nah dran. Ich komme ins Schwitzen. Und mehr gibt's beim rechten Fuß nicht zu berichten. Beim linken werde ich ruhiger. Weil es nicht weh tut, egal, was sie da macht.

Leider – ich hatte es befürchtet, und meine Befürchtung wird wahr – holt sie, nachdem auch alle Nägel des linken Fußes geschnitten sind, aus ihrer Handtasche die Nagelfeile heraus. Ich drehe durch unter einer Nagelfeile, nein, das will ich nicht! Nein gibt's aber nicht bei ihrem Griff. Sie feilt. Nervöse allergische Schauer, vergleichbar mit denen, die das Fußsohlenkitzeln auslöst, durchfahren mich. Nachdem sie mich drei-, viermal durchfahren haben, werden sie schwächer und hören schließlich ganz auf. Ist es das? Ist das Beste am Crack, daß es schmerzunempfindlich macht?

Dein Wille geschehe, hatte Ramesh gesagt, und ähnliches sagte anscheinend auch Schopenhauer. Nur sagte Schopenhauer es mit einer negativen Grundnote, während Ramesh es positiv anging. Und was sagte Hegel dazu? Mischa kann's kaum glauben. Aber ich bestärke ihn ein bißchen darin, mir Unterricht zu geben: «Albert hat mir erzählt, du hättest unter Hegelianern einen Namen. War das nicht der mit These, Antithese und diesem Kram? Nee wirklich, Mischa, grins jetzt nicht. Was sagt Hegel dazu, ob es einen Gott gibt oder nicht?»

Mischa befreit sich rechts und links ein bißchen, geht zum Schreibtisch und schreibt etwas aufs Hotel-Briefpapier. Er gibt es mir. «Wie sieht's damit aus? Das ist Hegel, sinngemäß.»

Es ist nur ein Satz. Und Mischa hat ihn sehr leserlich und in Blockbuchstaben geschrieben. Ich werde trotzdem nicht schlau aus ihm. Egal, wie oft ich ihn lese.

WENN ICH SAGE: DAS WIRKLICHE IST DAS ALLGEMEINE, DANN VERGEHT DAS WIRKLICHE ALS SUBJEKT IM PRÄDIKAT.

«Mischa, du wirst es vielleicht nicht glauben, aber ich weiß es nicht. Wirklich nicht. Ich hab's noch nie gewußt, oder wenn ich es gewußt habe, dann habe ich es vergessen. Was ist noch mal ein Subjekt? Und was ein Prädikat?»

Mischa schaut mich an, als ob er sich nicht ganz sicher ist. Will ich ihn verarschen, oder meine ich das ernst? «Kokettierst du jetzt?»

«Nein, Mischa, wirklich nicht.»

Er nimmt mir das Papier aus der Hand und schreibt wieder was auf.

PRÄDIKAT = TUWORT
SUBJEKT = HAUPTWORT

Um ehrlich zu sein, und warum sollte ich lügen, verstehe ich Hegel jetzt ein bißchen mehr. Wenn das Wirkliche das Allgemeine ist, vergeht das Hauptwort im Tuwort, und das ist Mist. Das gehört sich nicht. Das tut man dem Hauptwort nicht an.

Ansonsten haben wir zu beklagen, daß die Drogen ausgegangen sind. Die Schöne, die, wie ich meine, Mischas Favoritin ist, geht los, um neue zu besorgen. Ich gehe auf den Balkon. Der Morgen beginnt zu grauen. Es wird hell. Die Wirkung, die Tageslicht auf mich hatte, wenn ich unter dem Einfluß harter Drogen stand, war immer dieselbe. Ich konnte nichts dagegen machen. Nur aufhören. Das tat ich vor sieben Jahren. Jetzt finde ich es wieder, dieses tief beschämende Gefühl. Wie ein Dieb. Wie ein Glückshormonverschwender. Aber nicht wie der Titan, der seinen Stab in die Sonne hält, um den Göttern das Feuer zu stehlen, dafür ist die Scham ein zu jämmerliches Gefühl. Gleichzeitig kündigen sich durch ein Zerren am Solarplexus die ersten Entzugserscheinungen an. Nur die Vorboten, aber ihre Botschaft ist deutlich: Entweder du wartest darauf, daß die Schöne wiederkommt und trinkst in der Wartezeit soviel Bier wie möglich, oder du fährst, so schnell dich die Tuk-Tuks tragen, in dein fabelhaftes Hotel und sitzt da die Sache aus. Ich kehre in das Zimmer zurück und rauche noch eine Zigarette, um es zu überdenken. Es lohnt sich. Ich habe eine Erkenntnis. Eine, die mit dieser Nacht eigentlich nichts zu tun hat, aber mich umhaut. Ich stehe auf, um mich von Mischa und den Mädchen zu verabschieden. Wir umarmen uns. Nichts steht zwischen uns. Wir haben eine schlechte Sache gut hingekriegt. Niemand wurde hier gefickt.

11. Kapitel **Bangkok II**

Der fabelhafte Doc Henn

Als ich Doc Henn zum ersten Mal traf, war er vierundachtzig Jahre alt und hatte eine frische Schußwunde über der Nasenwurzel. Ein Streifschuß, Gott sei Dank, der Mann war wohlauf und sogar gut drauf, obwohl sie ihm nach dem Mordversuch sein Hotel weggenommen hatten. Das «Atlanta» gehörte nun seiner thailändischen Frau und deren thailändischem Liebhaber. Nur das Reisebüro im Foyer durfte der Doc behalten. «Western Union Travel», ein stolzer Name für das atmosphärischste Reisebüro der Milchstraße. Auf einem großen Schreibtisch standen ein klobiges Telefon und eine kleine weiße Pyramide; die Wände waren tapeziert mit alten Landkarten, Schwarzweißfotografien, Zeugnissen, Emblemen; mehrere Ventilatoren, an der Decke wie am Boden, schaufelten feuchte heiße Luft, Staub tanzte in den Sonnenstrahlen, die durch die Holzjalousien fielen und ein goldenes Gitter über den riesigen Safe legten, der wie ein Monument hinter dem Schreibtisch stand.

Dazwischen saß Doc Henn. Mit Streifschuß. Und Hornbrille. «Was kann ich für Sie tun, junger Mann?» fragte er mich, und ich bat ihn um seine Lebensgeschichte. Ich war sicher, vor mir sitzt einer der interessantesten Opas der Welt. Das Abenteuer klebte an ihm wie eine zweite Haut. Er rückte auch nicht ungern mit seiner Geschichte heraus, trotzdem war es nicht ganz leicht, ihm zu folgen. Der Doc sprang durch Zeit und Raum, was eine altersbedingte Schwäche ansonsten guter Erzähler ist. Aus demselben Grund schwieg er auch öfters, machte Pausen, war einfach weg, und dann hörte ich den Ventilatoren zu oder dem Regen, der inzwischen eingesetzt hatte und mit den Fingern eines Pianisten an die Fenster trommelte.

Doc Henn bemühte sich übrigens, seine Geschichten zu beweisen. Jede Etappe, jede Sternstunde seines Lebens belegte er mit irgendwelchen Papieren, Verträgen, Zeitungsartikeln. Er war kein Spinner. Und er war auch nicht senil. Ein alter Mann versuchte die Fäden seines Lebens zu ordnen, und ich half ihm dabei. Warum? Vielleicht, um einen Film daraus zu machen. Ich war Mitte Dreißig damals, und viele Schreiber in diesem Alter halten Film für etwas Besseres als ein Buch. Heute bin ich anderer Meinung, heute finde ich es erniedrigend, Bücher auf ihre Verfilmung hin zu schreiben, und bemühe mich, das Gegenteil zu tun. Außerdem: Der Film wäre zu teuer. Viel zu teuer. Docs Leben verschlänge Hollywood in einem gewaltigen Strudel.

Los geht's schon mal mit dem Berlin der dreißiger Jahre. Henn war Jude. Kurz vor der Machtergreifung brach er sein Chemiestudium ab und floh vor den Nazis durch Belgien, Frankreich und Spanien bis nach Marokko. In Tanger kaufte er sich ein Auto. Ein großes amerikanisches Auto, dessen Motor mit der Kurbel angeworfen werden mußte. Er kurbelte die Karre durch Nordafrika, Arabien, Persien und Pakistan bis nach Indien, wo sie dann den Geist aufgab und ein Maharadscha aus Rajasthan die Gelegenheit nutzte, den Doc zu behalten. Henn führte ein paar Jahre die Geschäfte des Inders, und zwar so erfolgreich, daß der Maharadscha ihn schließlich darum bat, nach Jamaika zu fliegen, um auf seinen Tabakplantagen nach dem Rechten zu sehen. Der Flug machte einen Zwischenstopp in Bangkok, und das war's dann.

Das Bangkok der vierziger Jahre konnte einen Mann wie Henn gut gebrauchen. Es gab noch keine asphaltierte Straße, noch kein westliches Hotel, noch keinen Swimmingpool. Eine Straße hat er nicht gebaut, aber das Hotel und den Pool sofort. Weil es wirklich der erste in ganz Thailand gewesen ist, kamen sogar Mitglieder der Königsfamilie, um in ihm zu planschen, zu prusten, schwimmen zu lernen. Das europäische Gästeprofil der ersten Jahre war ebenso elitär. Konsuln, Attachés, Großindustrielle weilten nebst Gattinnen im «Atlanta» und genossen das Berliner Ambiente des Hotels. Henn hatte eine Schwäche für die Formen, Farben und Materialien der zwanziger Jahre. Viel rotes Leder und schwungvolle Wendeltreppen, und Jazz gab es auch. Der Doc spielte oft selber auf. Klarinette.

Zu diesem Zeitpunkt stand das Hotel noch in der Mitte eines großen, grünen Parks. Später kamen die Amerikaner, und General Westmoreland wurde Stammgast im «Atlanta», was dazu führte, daß der Doc Flußschiffe für den Vietnamkrieg zu bauen begann, Jane Fonda kennenlernte und ein bißchen Spionage betrieb. Mit dem General zogen aber auch der einfache GI und dessen Lebensstil im «Atlanta» ein, also Highlife auf allen Etagen, und nach dem Krieg machten die Hippies damit weiter und dann die Rucksacktraveller, und Mitte der achtziger Jahre kam ich. Zu diesem Zeitpunkt stand das «Atlanta» nicht mehr in der Mitte eines großen, grünen Parks. Thailand feierte gerade sein Wirtschaftswunder, wurde ein Tigerstaat. Eine Wachstumsrate von um die zehn Prozent führte zu euphorischen Bautätigkeiten. Das zweistöckige «Atlanta» stand nun zwischen futuristisch illuminierten Wolkenkratzern und einer Stadtautobahn. Den Doc kratzte das nicht sonderlich, denn mit Vierundachtzig hat man genug Grün gesehen. Und genug Geschäfte gemacht.

Unvollendet war für ihn nur noch ein Projekt. Es hatte mit der kleinen weißen Pyramide zu tun, die auf seinem Schreibtisch stand. «Wissen Sie, was das ist?» fragte er mich. «Eine Pyramide», sagte ich. «Ja, aber es ist eine Pyramide der Isis.» Und? Auf seinem Weg von Berlin nach Bangkok ist er einige Male länger hängengeblieben, zum Beispiel in Kairo. Dort konvertierte er zur Isis. Ich wußte, daß der Kult eine altägyptische Religion ist, aber mehr nicht. Es folgte die mehrstündige Analyse einer Dollarnote: das dritte Auge, die Pyramide (!) und all die anderen geheimen Freimaurerzeichen auf dem Geldschein, und nachdem er glaubte, daß ich alles verstanden hatte, rückte Doc Henn mit seinem letzten Plan heraus. Eine Pyramide wie die auf seinem Schreibtisch wollte er in den Bergen von Nordthailand bauen. Das Land dafür hatte er bereits gekauft, nur die Baugenehmigung ließ auf sich warten. «Und in der Pyramide, junger Mann, werde ich mich begraben lassen, wenn es soweit ist.» Aber es war noch lange nicht soweit. Ich sah den Doc noch viele Jahre und vertraute noch viele Male mein Geld und meine Papiere seinem Monstersafe an. Er hatte auch recht bald eine neue thailändische Freundin, vierzig Jahre jünger als er und sehr lieb, und das Hotel gehörte ihm ebenfalls wieder.

Fast hätte der Doc die Hundert geschafft. Fast. Im Alter von sechsundneunzig Jahren starb er. «Ein herber Verlust, ein Farang der alten Schule», schrieb die «Bangkok Times» in ihrem Nachruf. Und auch mir fehlt seitdem in Bangkok etwas. Das «Atlanta» gibt es noch, und auch sein roter 56er Chevrolet steht noch vor dem Hotel, aber alles andere ist nicht mehr dasselbe. Sein Sohn führt es weiter, und sein Sohn ist ganz anders drauf. Rauchverbot in Foyer, Restaurant und Reisebüro, und überhaupt ist das «Atlanta» zum Wohnen zu steril geworden. Ich komme nur, um in Erinnerungen zu schwelgen und um das aufzufrischen, was ich vom Doc gelernt habe. Oder hätte lernen können, wenn ich ihn früher getroffen hätte. Daß er zum Beispiel nie geraucht und nie einen Tropfen Alkohol angerührt hat, kam für mich zu spät, um darin ein Vorbild zu sehen. Seine Toleranz gegenüber Rauchern, Alkoholikern und anderen

Süchtigen dagegen war vorbildlich. Ich glaube, Toleranz hat viel mit Selbstbewußtsein zu tun, wozu auch das Wissen um die eigenen Schwächen gehört und die Fehler, die man macht. Sein größter Fehler sei gewesen, nach dem Zweiten Weltkrieg nicht nach Berlin zurückzukehren, hat mir der Doc kurz vor seinem Tod gesagt. Am Ende seines Lebens ist er schwer enttäuscht von den Thailändern gewesen. Von ihrem Rassismus, von ihrem Nationalismus, von ihrem Buddhismus. Sein Sohn, der in Oxford studiert und es zum Juraprofessor gebracht hatte, wurde von den Thailändern nie akzeptiert, weil er ein Eurasier ist. Das Hotel haben sie Doc immer und immer wieder abzunehmen versucht, weil sie der Meinung sind, daß in Thailand nur Thailänder etwas besitzen dürfen, und für seine Pyramide hat er keine Bauerlaubnis bekommen, weil die Buddhisten was gegen Isis hatten. Das waren in etwa seine Worte, und ich habe sie mir gut gemerkt. Außerdem werde ich nie vergessen, wie er auf meine Probleme mit dem Altwerden reagierte. Bei unserem letzten Treffen stöhnte ich darüber, bald fünfzig zu sein, und der Neunzigjährige hat sich einfach nur kaputtgelacht.

Ach ja, noch etwas lernte ich von dem alten Juden, weniger fürs Leben als fürs Reisen. Und das könnte ich jetzt vielleicht gebrauchen, denn ich habe eine neue Idee. Ich habe mir Docs alte Karten angesehen. In seinem alten Reisebüro. Das «Western Union Travel» wirkt wie ein Museum in dem Foyer. Alles steht da wie zu seinen Lebzeiten, nur sauber ist es drum herum. Und die Karten stecken in Plastikhüllen. Riesige Karten, von allen Regionen Südostasiens, auch Fliegerkarten und Karten mit eingezeichneten Dschungelpfaden, erstklassiges Material. Und die neue Idee ist, von Bangkok nach Shanghai mit dem Bus zu fahren, und sie beginnt mir zu gefallen. Geile Route. Erst geht's in den Norden, in die Berge, ins Goldene Dreieck, und nach der Überquerung der laotischen Grenze muß ich dann die Leute fragen, wo die Busse nach China abfahren. Ich spüre es auf der Haut, das Kribbeln, das leichte Vibrieren, die Härchen stehen Gewehr bei Fuß. Zeit fürs Stirnband, Zeit fürs Abenteuer, Zeit, mal wieder über zweitausend Kilometer entweder keinen Menschen zu verstehen oder es wie der Doc zu machen. Als er mit dem Auto von Marokko nach Indien unterwegs gewesen ist, hat er in jedem Land eine Frau mitgenommen, die ihn führte, für ihn übersetzte und ihn auch ein bißchen liebhatte. Der Doc hat gewußt, wie es geht, und wenn er es mal nicht wußte, legte er sich auf den Rücken. Und das war eigentlich sein bester Tip. Möglicherweise sein einziger und DAS Geheimnis seines Erfolgs. Wie bei Ramesh, der im Grunde auch nur eine Technik anzubieten hatte, aber die bringt es dann total. Weil sie so einfach ist.

«Wenn ich ein Problem habe, junger Mann», sagte der Doc einmal zu mir, «dann lege ich mich aufs Bett und sehe so lange an die Decke, bis mir die Lösung einfällt. Vorher stehe ich nicht auf.»

Und was hätte der Doc zu meinem Problem gesagt?

12. Kapitel **Pattaya**

Die Rippe Gottes

«Was für ein Problem?» fragt Albert. Wir sitzen auf seinem Balkon in Pattaya. Und sehen nur Schönheit. Drei kleine Inseln liegen zwischen uns und dem Horizont, eine Dschunke zieht langsam vor ihnen her, die Sonne küßt bereits das Meer, und weil das Meer schüchtern ist, errötet es.

«Es hat mit einer Erkenntnis zu tun, die ich in Mischas Hotel hatte», sage ich.

«Mit den Cracknutten?!»

Albert geht in das Apartment, um Tee zu kochen. Seine thailändische Frau Bei Mai sitzt im Schneidersitz auf dem Boden und malt. Sie hat sich spezialisiert. Ihr Lieblingsmotiv ist Bambus, genauer: ein Bambus, der wie ein Mensch wirkt. Der in Bambusfamilien zusammensteht, sich zu Bambuskindern hinunterbeugt oder Bambusträume träumt. Sie kommt aus einem Dorf und ist zwischen Reisfeldern aufgewachsen. Als sie vor elf Jahren Albert kennenlernte und der ihr sagte, daß ihre Bambusmenschen Weltklasse sind, glaubte sie ihm nicht. Heute stellt sie ihre Arbeiten nicht nur in Bangkok aus, sondern auch in Venedig und New York. Eine naive Malerin aus der thailändischen Provinz trifft auf einen Kunsthändler aus Wien, und so kann es dann gehen. Es geht auch anders. Ihre beste Freundin, die in dem Apartment über ihnen wohnt, kommt aus demselben Dorf wie sie und malt ebenfalls. Und sie hat sich ebenfalls spezialisiert. Sie malt nur Hunde. Der Unterschied zwischen den Freundinnen ist, daß die Hundemalerin an einen französischen Frührentner geriet, der ihre Bilder aus dem Fenster wirft. Albert kommt mit dem Tee und ein paar Früchten auf den Balkon zurück.

«Es war kein Crack, Albert. Es war Yaba. Mischa hat noch mal nachgefragt. Amphetamine, also das Zeugs, was hier Lkw- und Busfahrer nehmen, um die Straße mit Tunnelblick zu überleben, natürlich auch die Taxifahrer, Mafiosi, Jugendbanden und fast alle Angestellten des Gastronomiegewerbes.»

«Worauf in Thailand auch nur die Todesstrafe steht», antwortet er.

«Ja, aber ich lebe noch.»

Das Meer hat inzwischen die Sonne verschluckt, ein süffiger Mond hängt über der Bucht, und ich schweige noch ein wenig. Einerseits, weil ich noch immer nicht weiß, ob ich ihm diesen Scheiß wirklich erzählen soll, und andererseits, um dem Fluß zu lauschen, der unsichtbar zwischen uns rauscht. Wir lernten uns im Himalaya kennen, als wir siebzehn waren. Oder achtzehn. Man verliert den Überblick. Man geht von Jahr zu Jahr und durch tausend Welten, bis sich wieder einmal die Wege kreuzen, und jedesmal ist er da, der Fluß, an dem wir damals saßen. Eine Freundschaft, die am Ganges beginnt, hat gute Karten. Und hält auch einiges aus.

Also erzähle ich Albert, was mir am Ende der Nacht in Mischas Hotelzimmer klargeworden ist, und damit er das verstehen kann, muß ich ihm auch von allem anderen erzählen: von den merkwürdigen Gefühlen, die ich bei meiner Abreise in Berlin hatte, von den Vorahnungen, den Visionen, den Träumen, und welche Macht sie über mich besaßen und wie ich versuchte herauszufinden, woher sie kamen, und es nicht schaffte, nicht zu Hause und nicht auf Kreta. Erst in Bangkok schaffte ich es. Dies ist das auch für mich Neue an der Geschichte. In Mischas Hotel hat sich der Hausgeist enttarnt. Als die Schöne weg war, um noch mal Drogen zu holen, und ich mir überlegte, ob ich auf sie warten soll oder nicht, genau da hat es klick gemacht. Und ich wußte plötzlich, woher ich sie kannte, diese warnenden Bilder von einem Gefängnis in Ägypten und einem Bus in den Bergen.

An der Stelle unterbricht mich Albert, weil er, bevor ich fortfahre, wissen möchte, ob ich wirklich einer Drogenerfahrung soviel Gewicht einräumen will. Nein, das würde ich nicht wollen, wenn es sich hier um, sagen wir, eine Drogenvision gehandelt hätte oder um eine drogeninitiierte Idee, aber das war keine Phantasie, das war kein kreativer Schub, es war nicht einmal ein Geistesblitz. Nein, es war ein Erinnerungsblitz. Ein Stück Vergangenheit tat sich auf, das Stück, das ich in Berlin und Chania vergeblich gesucht hatte. Vielleicht habe ich es dort nicht gefunden, weil ich auf der Suche nach meiner inneren Stimme war statt auf der Suche nach meinem inneren Archiv. Vielleicht lag es aber auch nur daran, daß ich zu verkrampft unterwegs gewesen bin, denn meistens findet man nebenbei. Wenn man schon lange nicht mehr daran denkt und viele tausend Kilometer weiter ist. Im Flieger, im Taxi oder in einem Zimmer, in dem man Yaba raucht. So etwas gibt's. Und es hat mit Yaba wenig zu tun. Der Droge kann ich nicht trauen, aber der Erinnerung traue ich hundert Prozent.

«Glaubst du an Astrologie, Albert?»

Angesichts des Sternenhimmels, der sich funkelnd über der Bucht von Pattaya spannt, lächelt Albert über diese Frage, verneint sie aber trotzdem.

«Dann bist du zu beneiden», sage ich.

Ich hatte mich in Mischas Hotel an ein Horoskop erinnert, das mir Anfang der achtziger Jahre ein Astrologe in Südindien gestellt hatte. Zu der Zeit durchlitt ich eine schwer esoterische Phase, außerdem war der Mann exzellent. Was sein Horoskop über meine Vergangenheit sagte, stimmte zu achtzig Prozent, und die Zukunft sah gut aus. Dann fragte er mich, ob ich auch eine Aussage über das Ende haben wolle. Das stünde ebenso in den Sternen geschrieben, aber ein Todeshoroskop erstelle er nur, wenn es der Kunde ausdrücklich wünsche.

«Und natürlich hast du es dir gewünscht.»

«Natürlich.»

Den Todeszeitpunkt datierte das Horoskop auf die Phase in meinem Leben, in der ich weder alt noch jung bin, und das ist jetzt. Was en détail geschieht, konnte der südindische Astrologe nicht vorhersagen, aber er hatte noch zwei Hinweise: Kurz vorher werde ich in einem Gefängnis sitzen, und dann explodiert ein Bus in den Bergen eines sehr heißen Landes. Kein schlechter Tod, weil schnell, wie der Astrologe meinte. Anschließend würde ich die Sache von oben betrachten und alles verstehen.

Was ich zumindest jetzt schon verstehe, ist, warum ich auf die Bilder, die mir vor der Abreise und vor Ägypten kamen, so stark reagiert habe. Und das ist die eine Hälfte des Problems. Die andere Hälfte hat damit zu tun, daß ich nicht immer an Astrologie glaube und in meinen ungläubigen Phasen genau die Dinge plane, vor denen die Sterne so eindrücklich warnen. Nur zwei Tage nachdem ich mich in Mischas Hotel an das alte Horoskop erinnert hatte und damit astrologische Rückendeckung für die Vorahnungen von Bus und Gefängnis erlangte, verliebte ich mich über den alten Karten von Doc Henn in eine Busroute durch ein bergiges, sehr heißes Land namens Laos.

«Das ist das Problem, Albert. Wenn ich an Astrologie und Vorahnungen glaube, bin ich im Begriff, in meinen Tod zu reisen, sobald ich dich verlasse. In den Phasen, in denen ich nicht dran glaube, ist das natürlich alles nur Quatsch.»

«Und in welcher Phase bist du jetzt?»

«In der gläubigen.»

Ich bleibe deshalb ein paar Tage länger als geplant bei Albert, obwohl mir Pattaya selbst nicht sonderlich gefällt. Die Stadt gilt als Thailands größter Puff am Meer. Auch hier haben die Amerikaner damit angefangen. Die US-Marine und die US-Luftwaffe haben seit dem Vietnamkrieg Stützpunkte in unmittelbarer Nähe. Sobald eines der großen Kriegsschiffe vor Pattaya ankerte, standen am Strand die Thaimädchen ebenfalls in Bataillonsstärke. Daraus ist eine Infrastruktur erwachsen, in der sich zunächst alles um die Liebe der Matrosen drehte. Inzwischen sind auf der rauhen See der Liebe auch viele andere zu Matrosen geworden, selbst der bürgerliche Massentourismus hat seine Distanz zur offenen Prostitution aufgegeben. Dazu kommt eine internationale Gemeinschaft von Thailandresidenzlern, die die Nähe zu Bangkok schätzt, die Stadt der Engel ist nur zwei Autostunden entfernt. Dort arbeitet Albert, hier entspannt er sich, und weil seine Wohnung ganz am Ende der Bucht von Pattaya liegt, kann man das verstehen. Da ist es ruhig, da hält man es aus; am Strand, auf seinem Balkon und im Swimmingpool des Apartmenthauses. Ein großer Pool und fast immer leer, das ist ein Geschenk für mich. Ich schwimme gern, aber ich habe auch mal den «Weißen Hai» gesehen, das hat mir die Lust aufs offene Meer vergällt, und seitdem mir ein Surfer erzählt hat, daß Haie sogar in nur kniehohem Wasser angreifen, gehe ich überhaupt nicht mehr rein. Leider sind für mich Badeanstalten und Hotelpools keine Alternative, weil ich da das Gefühl habe, nicht in Wasser, sondern in den

Körperflüssigkeiten vor allem von Kindern zu baden. Die Kleinen pissen in die Pools, die Großen schnäuzen sich in ihnen, das schränkt die Möglichkeiten, meinem Hobby zu frönen, ziemlich ein. Aber der Pool unter Alberts Balkon ist immer leer und so groß, daß ich rückenschwimmend in die Sterne blicken kann, ohne ständig darauf achten zu müssen, daß mein Kopf nicht am Beckenrand anschlägt.

Ja, die Sterne. Wenn ich nicht an sie glaube, sind sie nur schön. In den gläubigen Phasen dagegen werden sie zu Schicksalslichtern. Die Phasen wechseln mehrmals täglich. Wenn ich cool bin, freue ich mich auf die Tour nach China und benutze den Pool, um Muskeln und Sehnen geschmeidig zu machen, damit ich auch mal auf fahrende Busse aufspringen kann. Uncool dagegen neige ich mehr zum antriebsschwachen Rückenschwimmen, um den Sternen Thailands eine Antwort auf meine Frage abzuringen. Eine Frage, die sich gewandelt hat. Inzwischen geht es nicht mehr darum, wie ich dem Schicksal entkommen kann; es geht darum, ob es sich lohnt, ihm zu entkommen. Denn was passiert nachher? Wenn SEIN WILLE nicht geschah, weil man vorgewarnt gewesen ist und ihn ausgetrickst hat? Geht das überhaupt? Den Urknall austricksen? Ich glaube, das geht nicht. Und so wird im Herzen der Uncoolness eine Gewißheit wach, die cooler ist als die Nüchternheit der Ungläubigen. Ich kann meinen Tod nicht überleben, und, um es aktiv zu formulieren, ich will es auch nicht. Denn selbst wenn ich es könnte, will ich nicht anschließend nach Geisterart durch ein Leben wehen, das mir nicht mehr gehört. Das ist Voodoo. Und Voodoo ist keine gute Magie. Ist der Astrologe aus Indien ein Schwarzmagier gewesen? Oder nur ein Spinner, der nicht weiß, was er tut? Möglicherweise war er aber auch der Meinung, daß es gut ist, zu wissen, wie und wann man stirbt, damit man sich seelisch ein bißchen darauf vorbereiten kann? Das sind viele Fragen, und eine Antwort auf sie alle setzt sich langsam durch. Es bleibt dabei.

Ich will meinen Tod nicht überleben.

«Wie schön, mein Lieber», sagt Albert, «dann haben wir ja Planungssicherheit.»

Die Vorbereitungen beginnen. So viele sind es nicht. Ich brauche ein Busticket und ein paar Visa. Alberts Reisebüro will mir beides besorgen, wenn ich wieder in Bangkok bin. Und was ist mit den Sprachbarrieren unterwegs? Ich erzähle Albert, wie der gute alte Doc Henn es gemacht hat, und auch er findet das ein prima System, aber er kennt keine Chinesin, die Englisch spricht und Zeit hätte, mit mir nach Shanghai zu fahren. Er ruft seine Freunde an, ob die eine kennen, doch die Antwort ist durchweg negativ. Am Ende finden wir so etwas wie einen Kompromiß. Einer seiner Thaikünstler kann Chinesisch und bietet mir an, ihm die zehn wichtigsten On-the-road-Standardfragen auf Englisch zu mailen, und er mailt sie mir auf Chinesisch zurück. Das drucke ich aus, und so könnte es gehen. Was sind die wichtigsten Fragen? Ich stelle mit Albert eine Liste zusammen.

1. Wo geht's nach Shanghai?
2. Wo kann ich schlafen?
3. Wo kann ich essen?
4. Haben Sie etwas für Vegetarier?
5. Sie wissen nicht, was ein Vegetarier ist?
6. Ich esse kein Fleisch und keinen Fisch.
7. Nein, Huhn esse ich auch nicht!
8. Ich esse nichts, was Augen hat.
9. Darf ich rauchen?
10. Darf ich Sie küssen?

Und während in Bangkoks Chinatown an der Übersetzung gearbeitet wird, schaue ich weiter vom Balkon auf den Sonnenuntergang oder vom Pool in die Sterne oder über die Schulter von Bei Mai in die Bambus-Menschenwelt und kratze zwischendurch weiter an den Restbeständen der Astrologiegläubigkeit. Wie wird es sein, wenn in den Bergen von Laos tatsächlich der Tod vor mir steht und sagt: «Hey, beklag dich nicht. Du warst gewarnt.» Werde ich ihm dann wie ein Mann ins Auge sehen, der sich entschieden hat? Oder wie? So ist die Astrologie. Erst befriedigt sie deine Neugierde, dann nagelt sie dich fest. Und natürlich sitzt weit, weit hinten im Hinterstübchen auch noch immer jemand, der meint, daß Reisepläne jederzeit änderbar sind. Bis Bangkok kannst du es dir noch überlegen, im Grunde bis zum Busterminal, eigentlich bis zur Abfahrt. Solange du nicht im Bus sitzt, ist nichts amtlich. Der alte Subversive, er ist nicht unterzukriegen, aber noch bevor er sein Haupt erheben kann, um mich erneut in Schlachten zu führen, die ich längst entschieden wähnte, löst eine Massage alle Probleme. Und zwar eine absolut seriöse, kompetente, von klassisch ausgebildeten Profis durchgeführte. Alberts Masseuse ist schön, meine ist kräftig.

Ich liege auf dem Bauch und stöhne, weil sie mir weh tut. «Alles in Ordnung bei dir?» fragt Albert hinter dem Bambusvorhang. Als Antwort hört er einen gellenden Schrei. Was ist passiert? Ich kann es nicht erklären, ohne weit auszuholen. Vor etwa sieben Jahren schob ich in Berlin das Auto einer Freundin aus einer Parklücke, und weil ich es gegen eine leichte Steigung anschieben mußte, schaffte ich es so gerade eben. Die Frau am Steuer hatte aber leider falsch gelenkt, und ich mußte den Wagen noch mal zurückrollen lassen und dann noch mal anschieben, und ich habe mich wie ein Tier dagegen gestemmt. Plötzlich machte es knack, und ein Wirbel war ausgerenkt. Danach gab es das Übliche. Spritzen, Wärme, Bewegungstherapie.

Nach vier Wochen konnte ich wieder wie ein Besenstiel durch die Gegend ziehen und mich aus Autositzen quälen, um irgendwie meiner Arbeit nachzugehen. Der chinesische Staatszirkus war damals gerade mit «Ying & Yang» in der Stadt. Ich wollte eine Reportage darüber machen. Backstage fiel mir ein alter Mann auf, der den Artisten zwischen ihren Auftritten die Wirbel wieder einrenkte. Man sagte mir, der Alte sei eine Koryphäe, der beste Chiropraktiker Chinas, im Grunde ein Wundermann. Ich bat ihn deshalb, sich mal meine Wirbelsäule anzusehen. Was er tat. Danach erklärte er mir mit Hilfe eines Übersetzers und ein paar einfachen Handbewegungen, was los war. «Normalerweise sieht eine Wirbelsäule so aus», sagte der Alte und zog einen geraden, senkrechten Strich durch die Luft. Der aktuelle Zustand meiner Wirbelsäule erinnerte ihn dagegen an eine Banane. Doch kein Problem, er könne das wieder hinkriegen.

Ich legte mich auf seinen Behandlungstisch, und er rief vier seiner stärksten Artisten, die mich an Armen und Beinen festhielten, während sich der Alte mit seinem Ellbogen an meinem Rückgrat zu schaffen machte. Ich wollte um mich schlagen, aber konnte es nicht. Bei den vieren, die mich festhielten, handelte es sich um die untersten Mitglieder der großen «Ying & Yang»-Menschenpyramide, also um jene, die immer alles tragen. Da war nichts zu machen. Ich konnte nur schreien und Wasser aus den Augen spritzen lassen, aber danach war das Rückgrat wieder gerade. Fast gerade, sagte der alte Chinese, eine winzige Krümmung sei noch drin. An die wolle er sich jedoch nicht wagen. Zu schmerzhaft. Und auch unnötig. Ich hatte von Stund an nie wieder Rückenprobleme.

Bis jetzt. Bis Pattaya. Bis die kräftige thailändische Masseuse so beherzt wie punktgenau auf diese Restkrümmung drückt. Ich schreie nicht nur auf, der Schmerz reißt mich von der Liege. Und bei dem Sturz habe ich mir dann eine Rippe gebrochen. Was macht man mit einer gebrochenen Rippe? Zweitausend Kilometer über miese Straßen in nicht oder fast nicht stoßgedämpften Bussen fahren? Man könnte statt dessen auch gleich mit einem Hammer auf die kaputte Rippe eindreschen. Das macht weniger Umstände.

Sein Wille geschehe. Und er hat entschieden.

13. Kapitel **Hongkong**

Und ewig grüßt das Murmeltier

Für Hongkong habe ich einen guten Rat. Allerdings ist er nur sinnvoll, wenn das Wetter mitspielt. Falls die Sonne strahlt, der Himmel blau ist und weit und breit keine Wolken zu sehen sind, kann man ihn vergessen. Bei der genau gegenteiligen Wetterlage auch. Was wir brauchen, ist die goldene Mitte. Bißchen Wolken, bißchen Sonne, bißchen Wind. Dann sollte man auf die größte der Hongkong vorgelagerten Inseln fahren. Sie heißt Lantau. Früher kam man nur mit der Fähre hin, heute fahren Züge. Auf Lantau angekommen, empfiehlt sich ein Taxi zum Kloster Po Lin. Es ist kein Wolkenkratzer, aber weil es auf dem höchsten Berg der Insel steht, kratzt es die Wolken trotzdem oft.

Das Kloster hat einen kleinen Teegarten. Bevor man ihn betritt, wird noch mal schnell nach oben geblickt. Falls jetzt direkt über dem Gotteshaus keine Wolke ist, die von einem leichten Wind bewegt wird, sollte man ein wenig warten, denn erst, wenn sie da ist, bietet sich dem glücklichen Reisenden folgendes Bild: Der Teegarten liegt hinter dem Kloster, und dahinter steigt der Berg weiter an, doch von dem ist nichts zu sehen, weil die Wolke ihn verhüllt. Was ist so toll daran, aus wenigen

Metern Distanz in eine Wolke zu blicken? Abwarten und Tee trinken. Denn nun kommt der Wind ins Spiel, ein leichter Wind, wie schon erwähnt, der die Wolke ganz sanft bewegt. Und wenn es so wie bei mir weitergeht, kommt aus der Wolke zuerst eine Hand, zum Gruß erhoben, die Handfläche nach außen. Diese Geste signalisiert Zuversicht und Gelingen. Man wird es vollbringen. Nach einer Weile gibt das Spiel von Wind und Wolke eine zweite Hand preis. Sie grüßt nicht, sondern ruht liegend. Das bedeutet Frieden. Die Hände sind übrigens größer als ich. Entweder wird die Wolke sie nun erneut verhüllen, oder es bleibt dabei, die Hände bleiben frei. Bei mir war es so, daß sie wieder verschwanden, aber zehn oder fünfzehn oder zwanzig Meter darüber die Wolke zu lächeln begann. Das war natürlich nur eine optische Täuschung. Richtig ist, daß eine Wolke nicht lächeln kann. Es wurde in ihr gelächelt, und das kam zum Vorschein, langsam, so wie der Wind es wollte. Es gibt viele Arten des Lächelns. Das müde. Das belustigte. Das verlogene. Das flirtende. Das verlegene. Das schüchterne. Das grenzgrinsende. Aber jenes Lächeln, das ich in der weißen Wolke über dem Kloster Po Lin Gestalt annehmen sah, hatte mit dem obengenannten Lächeln soviel zu tun wie Michelangelo mit der Höhlenmalerei. Es ist jetzt über fünfzehn Jahre her, aber noch immer dringt dieses Lächeln hin und wieder durch zu mir, heute durch die Wolken der Zeit. Das hat verschiedene Gründe. Einer davon ist: Das Lächeln des größten sitzenden Buddhas der Welt ist gut und gerne sieben Meter breit.

Als ich in Hongkong lande, weiß ich, daß ich dieses Mal nicht nach Lantau fahren werde. Es regnet. Flächendeckend und volle Kanne. Seit Tagen schon, wie ich höre, und als ich in dem Flughafenexpreß sitze, hat sich daran noch immer nichts geändert. Der Zug fährt mal am Meer entlang und mal über Brücken, ich sehe Tanker und Kräne unter einem grauen Himmel, und fast kommt mir das hier wie Hamburg vor. Der Unterschied liegt in dem technischen Niveau, das mich in diesem Zug umgibt. Die digitalen Anzeigen informieren mich nicht nur über die nächsten Stationen, sondern auch darüber, wie weit ich von ihnen entfernt bin. Eigentlich ganz einfach: Auf den Monitoren verändert eine Linie ihre Farbe. Wo wir waren und wo wir sind, ist sie rot. Vor uns ist sie blau. Wenn alles rot geworden ist, sind wir da.

Kowloon Central. Leere Rolltreppen empfangen mich, geschlossene Geschäfte, eigentlich zählt Hongkong zu den Städten mit der höchsten Bevölkerungsdichte der Welt, aber hier ist davon nichts zu sehen. Wie Wien an einem Sonntag wirkt die Station auf mich. Doch es ist Samstag, wie kann das gehen? Und ich finde den Ausgang nicht. Bin plötzlich in der Parkgarage. Gehe wieder zurück. Irgendwo dahinten ist Tageslicht. So irre exotisch scheint mir die Atmosphäre hier nicht. Freddy, was hast du mir angetan? Auf dem Sofa stehend habe ich damals dein Lied mitgesungen, eine Haarbürste als Mikrophon. «Fährt ein weißes Schiff nach Hongkong.» Und nun bin ich da. Alles klar?

Kurz vor dem Tageslicht stehen Taxis. Zum «Shangri-

La», sage ich. Ich hatte im Flughafenexpreß ein Stadtmagazin nach Hotelanzeigen durchgesehen und Gefallen an dem Namen gefunden. Die fünf Sterne stören mich nicht. Ich bin lange in Thailand klebengeblieben und will jetzt ein wenig Tempo machen. Und mit den Spesen bin ich im Lot. Bangkok war billig, Indien war billig, Griechenland war billig, nur Venedig lag über dem Schnitt. Ich habe mir eine Nacht in Saus und Braus verdient. «Shangri-La» ist die Verheißung von Saus und Braus schlechthin. Das geheime Paradies, das Stück Himmel auf Erden, irgendwo in den Bergen, keiner hat's bisher gesehen, außer den Spinnern und denen, die sehen, was sie sehen wollen, und denen, die es zwar tatsächlich gesehen haben, aber es überall woanders auch gesehen hätten, weil sie Bürgerrechte im Paradies genießen. Himmel und Hölle existieren. Aber hier. Auf dieser Erde. Auch in Hongkong kann ich mich für das eine oder für das andere entscheiden. Also fünf Sterne. Und der Taxifahrer nickt es ab. Das Hotelfoyer empfängt mich nach der schweigenden Fahrt durch den Regen mit sanften Lichtern und einem saalhohen Gemälde vom Original: Shangri-La, das sagenumwobene Lama-Kloster in den himmlischen Bergen, mit zarten chinesischen Farben ausgeführt. Ein Lotusbrunnen in der Mitte des Foyers ist von Blumenkolonnen umrahmt, ansonsten fließt der Marmorboden frei, soweit das Auge reicht. An der Rezeption treffe ich auf eine junge Chinesin, der offensichtlich meine Nase gefällt, denn sie gibt mir eine Executive Suite für den Preis eines Superior Room. Das hört sich gut an. Das sieht gut aus. Als ich die Tür zu meiner Suite aufmache, empfangen mich dreiundachtzig Quadratmeter sandfarbener Teppichboden und Edelhölzer. Leider hat die Schönheit meiner Nase nicht ganz für ein Panoramafenster zum Victoria Harbour gereicht, sondern nur für den Blick auf eine verregnete Straße und nasse Lichter, denn es dunkelt bereits.

Hongkong, Stadt des Tai-Pan, auf Opium gebaut, Sonderhandelszone im «Ein Land, zwei Systeme»-Modell der Volksrepublik China, dem Drachen von morgen, der den Adler der Amerikaner in seinem brennenden Atem grillen wird, wenn nichts dazwischenkommt. Der Weltuntergang zum Beispiel, die große Flut. Wie funktioniert die Börse unter Wasser? Das sind Fragen, die man sich hier nicht stellt.

Ich habe Hunger. Am liebsten wäre mir ein kleiner, mit Hongkong-Pop beschallter Imbiß, weil ich keine Lust habe, allein in einem großen Restaurant zu sitzen. Ich gehe raus, um die Umgebung des «Shangri-La» zu inspizieren, aber werde nur naß. Alles hat geschlossen in dieser Gegend, bis auf die Zeitungskioske, die auch Regenschirme verkaufen. Vor einem Schaufenster bleibe ich stehen. Fasziniert, verblüfft und verärgert zugleich. Die Faszination gilt einem Kunstwerk aus Jade, etwa zwei mal zwei Meter. Es zeigt, wie ich annehme, den chinesischen Götterhimmel oder schon wieder Shangri-La, mit einer Unmenge feingeschnitzter Mönche und Mädchen, Drachen und Tiger, Weisen und Krieger. Man würde Stunden brauchen, jedes Detail zu studieren, und es ist wunderschön. Verblüfft bin ich über das Schild, das davorsteht. Fotografieren verboten. Was soll das? Stiehlt ein Foto dem Kunstwerk die Seele? Sprengt das Blitzlicht Stückchen aus der Jade? Oder sind die Besitzer des Geschäfts so geldgierig, daß es einer Geisteskrankheit gleichkommt? Ich tippe auf letzteres, daher der Ärger.

Ich gehe zurück ins «Shangri-La», um nun doch in einem der Hotelrestaurants zu essen. Die spanische Tapasbar ist überfüllt, das chinesische Restaurant nicht, aber mir ist gerade nicht nach Sojasprossen, sondern nach Pasta oder Pizza und heimatlichen Gefühlen, also Italiener. Im «Angelini» führt mich ein sehr viel besser als ich gekleideter Kellner sofort in die letzte Ecke und zu dem kleinsten Tisch des Lokals, an dem nur ein Stuhl steht, weil kein Platz für einen zweiten ist. Zu dicht ist die Wand. Ich hasse es, mit dem Rücken zum gesamten Lokal zu sitzen und auf nichts als eine Tapete zu blikken. Auf der anderen Seite des Raums sind die Panoramafenster zum Hafen, und die Tische davor sind frei. Nein, sagt der Mann, da lassen sie keine Einzelpersonen dran. Und reicht mir die Karte. Nachdem ich eine Pasta Angelini und ein Glas Weißwein bestellt habe, reicht er mir eine Auswahl von Zeitungen. Ich greife zu einer, deren Layout mir gefällt. Als ich sie aufschlage, stelle ich fest, daß sie mich nicht sonderlich unterhalten wird. Es ist ein reines Finanzblatt. Und plötzlich macht es klick, und ich muß lachen. Der Kellner fragt, ob alles in Ordnung ist, weil ich einfach nicht aufhören kann zu lachen.

Alles in Ordnung? Aber wie! Mir ist gerade klargeworden, daß ich vor fünfzehn Jahren schon mal an diesem Tisch gesessen habe, an genau diesem, und ich habe auch dasselbe bestellt und zur gleichen Zeitung gegriffen und vorher nach einem der Tische am Fenster gefragt. Nach fünfzehn Jahren oder nach 5475 Tagen oder 131 400 Stunden oder 7 Millionen 884 000 Minuten oder einer knappen halben Milliarde Sekunden bin ich wieder in genau derselben Schleife unterwegs. Angefangen hat es damit, daß mir der Hotelname gefiel, dann setzte der Autopilot ein. Nach eineinhalb Jahrzehnten. Was würden die Neurologen dazu sagen? Gibt es Straßen im Gehirn, Tunnel, Gleise, Rutschbahnen? Bewegen sich Gedanken auf Rolltreppen und in Fahrstühlen auf und ab? Oder in ewigen Kreisen? Ist das die Hölle? Immer wieder am selben Tisch in Hongkong zu sitzen und dasselbe zu fragen, mit demselben Resultat? Ich weiß nicht, was die Neurologen dazu sagen, ich esse, trinke und zahle, so schnell ich kann, und gehe zurück auf mein Zimmer, wo ich dem Kühlschrank ein Bier entreiße und den Pornokanal aktiviere, um auf andere Gedanken zu kommen. Aber wer sagt denn, daß ich es vor fünfzehn Jahren nicht auch so gemacht habe? Und ewig grüßen das Murmeltier und die «All Californian Girls», ein Softporno, in dem die Darsteller zwar hardcore unterwegs sind, aber man sieht es nicht. Erst denke ich, das ist mir lieber. Der Sex ist ohnehin nur im Gesicht. Die kleinere der beiden Lesben greift sich derweil die Brustwarzen von der größeren und schüttelt sie. Die Große mag das nicht. Alles ist im Gesicht, und obwohl ich denke, daß mir das lieber ist, schalte ich von Porno auf Clint Eastwood um. Sein Gesicht ist ergiebiger und der beste Grund, alt werden zu wollen. «Million Dollar Baby» erzählt die Geschichte eines Boxtrainers, der sich gegen den Rat seiner inneren Stimme einer Boxerin annimmt. Er führt sie von Sieg zu Sieg, aber bei ihrem ersten Kampf um die Weltmeisterschaft wird sie so schwer gefoult, daß sie für immer gelähmt aus dem K.o. erwacht. Der alte Trainer gibt sich die Schuld dafür. Seine innere Stimme hatte ihn gewarnt, er hörte nicht auf sie. Er versucht alles, um Ärzte zu finden, die sein «Million Dollar Baby» heilen können. Doch sie ist nicht zu heilen, im Gegenteil, er sieht Tag für Tag ihren Verfall, die Druckgeschwüre, die sie vom Liegen hat, ein Bein muß amputiert werden. Sie kann nicht selber atmen, eine Maschine pumpt die Luft ein und aus; zu sprechen ist ihr möglich, aber auch nur so lange, bis sie sich die Zunge zerbeißt, weil sie sterben will. Die Zunge wird genäht, sie beißt die Nähte wieder auf. Die Zunge wird fixiert, jetzt ist es auch mit dem Sprechen aus. Am Ende hilft ihr der Trainer mit einer Überdosis Adrenalin, obwohl er tief gläubig ist und seinem Glauben gemäß nach der Sterbehilfe zu den Verdammten gehört.

Der Film hat vier Oscars gewonnen, und mir hat er etwas geschenkt. Ich war mir anfangs nicht sicher, ob ich in nur einer Nacht etwas finden würde, für das es sich gelohnt hat, in Hongkong zwischenzulanden. Aber es hat geklappt. Ich stehe am Fenster, trinke Bier und schaue auf die Stadt im Regen. So fühlt sich ein erfolgreicher Tag an. Ein Tag mit reicher Beute. Die Beute sind zwei Sätze. Sie kamen mir, nachdem ich dem letzten Drittel des Films abwärts und abwärts und abwärts bis zum bitteren Ende gefolgt bin. Sie lauten: Eine gute Geschichte braucht kein Happy-End. Auch Buddha wird naß.

14. Kapitel **Shanghai**

Vely intelesting

Autobahnwelten in der Zwischenzeit von Tag und Nacht inspirieren Reisende zur stillen Andacht. Die Dämmerung wirkt wie Nebel. Wie ein Schleier, ja, fast wie eine Fruchtblase. Die Asphaltbahnen, mal schnurgerade, mal ineinander verschlungen, und das konturlose Grau darüber sind nicht unwirklich, sondern vorwirklich. Etwas ist im Werden, oder, einfacher gesagt, da wird etwas. Das schöne daran ist, daß ich derzeit keine großen Ansprüche habe. Ich erwarte nichts. Das letzte Glied einer Kette, deren erstes Marco Polo hieß, reist mit außerordentlich entspanntem Entdeckertrieb in das Reich der Mitte. Das übrigens auch die Mitte meiner Reise ist. Vierzig Tage liegen hinter mir, und die Dinge haben sich gedreht. Was mir am Anfang schwerfiel, macht nun die Reise leicht. Die Einsamkeit hat sich in Konzentration gewandelt. Ich bin ein autonomes, sich emotional selbst versorgendes und hin und wieder arg beschleunigtes Teilchen geworden, das entweder in seinem Atem zu Hause ist oder nirgendwo. Na schön, ein Bier gehört auch dazu. Und zum Bier ein Rum. Und zum Rum Musik, Frauen und ... Das Grau verändert sich. Weit vor uns ist Außerirdisches zu sehen. Immobile Ufos oder Ufohaltestellen ragen in den Himmel, illuminiert wie chinesische Puffs. Die sagenhaften Höheralshochhäuser von Shanghai ersetzen Mond und Sterne, und Schnellstraßen lösen die Autobahn ab, trotzdem platzt sie nicht, die Fruchtblase, in der ich mich befinde. Das hat verschiedene Gründe. Der erste hat damit zu tun, daß die Perry-Rhodan-Architektur weit, weit oben ist und Shanghai am Boden eher Schwellenlandarchitektur bietet: billig, schmutzig und gerade mal ausreichend beleuchtet, damit sich die Wege von Menschen und Ratten nicht ständig kreuzen. Der zweite Grund für das Nebulöse mag der Smog sein, der die Lichter der Stadt auf ihren unteren Etagen verschleiert, und der dritte hat wahrscheinlich mit meiner Gemütsverfassung zu tun. Ich bin auf der anderen Seite der Welt, aber statt darüber in einen Freudentaumel zu fallen, freue ich mich eigentlich nur, daß ich endlich wieder im Taxi rauchen kann. Eine lange Kurve, ein großer Bogen, und wir sind im kolonialen Teil der Stadt und vor meinem Hotel. Wie sich herausstellt, ist es seit vielen Jahren wegen Baufälligkeit geschlossen.

Ein Wort, nee, mit einem komme ich nicht aus, ein paar Wörter also zu einem Streit, der seit Jahren unter Reisenden tobt. Die Fundamentalisten sagen, eine Reise ist nur dann gut, wenn sie über Land geht, am besten zu Fuß. Als Gründe werden Indianersprüche zitiert. Wörtlich kriege ich sie nicht mehr auf die Reihe, aber inhaltlich bin ich in puncto Winnetou-Weisheiten sattelfest. Bei jeder Art von Fortbewegung, die schneller als ein

Pferd ist, kommt die Seele nicht mehr mit. Die kann nur Schritt für Schritt, Duft für Duft, Dialekt für Dialekt in die Reise hineinwachsen. Ein Fahrrad ist für Indianer noch okay, aber beim Moped sieht die Sache schon definitiv anders aus.

Die zweite Fraktion unter den Reisenden ist eher märchenhaft unterwegs. Ihre Seele ersehnt die schlagartige Totalveränderung aller Lebensumstände. Aus der Kälte in die Hitze, aus der Langeweile ins Tohuwabohu, aus dem Ehebett an die Strände Brasiliens, aus der Routine ins Abenteuer. Und das ruck, zuck. Am besten beamen. Dazu brauchen diese Leute nicht Wanderstab und gute Schuhe, sondern eigentlich nur Aladins Wunderlampe. «Welchen Wunsch darf ich dir erfüllen?» fragte der Geist seinen Befreier. «Bring mich an einen Ort, an dem ich von Milliarden Menschen umgeben bin, die ich nicht verstehe und deren Schrift für mich Malerei ist», lautete die Antwort, und der Wunsch wurde erfüllt. Ich stehe mit meinem Rucksack vor dem geschlossenen «Peace Hotel» auf der Nanjing Road, der geschäftigsten Einkaufsstraße von Shanghai, und es ist Ladenschluß. Chinesen flitzen an mir vorbei, die Schaufensterpuppen haben Mandelaugen, rote Strichmännchen oder Strichmännchengruppen zieren anstelle von Buchstaben alle Preistafeln, Straßenschilder und Plakate. Ich bleibe stehen, wo ich stehe, und zünde mir eine Zigarette an. Ich weiß, Zigaretten sind ungesund, aber sie sind auch das internationale Längenmaß für den erhabenen Moment. Ich komme mir gerade wie ein Außerirdischer vor.

Dreißig Minuten später habe ich ein Hotelzimmer. Ich bin einem jungen Mann mit Brille gefolgt, zu Fuß und zweimal unter Hochstraßen hindurch, und bereue es nur halb. Alles in dem Raum ist weiß. Die Wände, die Möbel, die Aufbauten und auch die Materialien und Formen vermitteln Leichtigkeit, aber der Kühlschrank ist leer, und es gibt keinen Roomservice. Es ist ein Apartmenthotel, im siebten Stock eines Hochhauses, die Rezeption ist drei Stockwerke tiefer und mit einem unfreundlichen alten Mann besetzt. Es gibt auch keine Lobby, keine Hotelbar, keinen Platz, wo man unter Leuten sein und Stimmen hören kann. Es ist mir ein bißchen zu isoliert, doch für die erste Nacht mag's gehen. Morgen werde ich weitersehen.

Und jetzt? Ich gehe zum Fenster und stelle fest, daß es dunkler geworden ist. Die meisten von Shanghais Wolkenkratzern haben das Licht ausgemacht. Auch Autoscheinwerfer huschen nur noch vereinzelt umher. Ich habe Hunger, ich habe Durst. Als ich wieder draußen bin, gehe ich nach rechts, weil rechts ein paar bunte Lampen blinken. Die Straße führt mich durch ein Viertel, in dem nur zweistöckige Häuser Wand an Wand kleben, die Geschäfte und kleinen Restaurants haben geschlossen, ein paar Massagesalons sind noch offen, grellgeschminkte, fette Huren locken vergeblich, dann fällt mich eine alte Bettlerin an. Ich gebe ihr einen Zwanzig-Yuan-Schein, das ist zwanzigmal mehr als das Übliche, aber alle anderen Scheine, die ich bei mir habe, wären hundertmal zuviel, außerdem will ich sie so schnell wie möglich loswerden. Sie sieht ein bißchen wie eine Hexe aus, und es ist mir unangenehm, wie sich ihre Hand in meinen Arm krallt. Nachdem sie den Schein hat, will sie noch einen. Ich reiße mich los und beschleunige meine Schritte, aber das bringt natürlich nichts. «Falang! Falang!», ruft sie und zerrt an meinem Ärmel. Was soll ich machen? Sie niederschlagen? Wie ein altes Ehepaar ziehen wir weiter durch die Straße, bis uns endlich ein Taxi entgegenkommt. Ich winke, es hält, ich reiße mich wieder los und steige ein. Sie kreischt: «Falang! Falang!» und greift ins Taxi. Ich schiebe ihren Arm zurück, jetzt hält sie sich an der Tür fest. Ich kriege sie nicht zu. Der Fahrer steigt aus und versucht die Alte von seinem Taxi zu lösen. Es dauert eine Weile, bis er es schafft. Mein Gott, denke ich, als wir endlich losfahren, was bedeutet das? Ich kenne marokkanische Bettler, indische Bettler, rumänische Bettler, aber so was habe ich noch nicht erlebt. Ist die Armut in China ungleich brutaler als im Rest der mir bekannten Welt, oder war das gerade ganz normale chinesische Geschäftstüchtigkeit auf ihrem untersten Niveau? Wenn das zweite stimmen sollte, dann gnade Gott uns Langnasen.

Der Taxifahrer hat auch schlechte Laune und kann natürlich kein Wort Englisch. Mit schauspielerischen Mitteln bringe ich ihm bei, daß ich irgendwo essen und Alkohol konsumieren will. Er schüttelt den Kopf. Ich lasse die Pantomime fürs Essen weg, und er nickt. Wir fahren eine Weile durch fast leere Straßen, dabei reagiert der Mann für mich ungewohnt auf Ampeln:

Solange sie grün sind, schleicht er immer langsamer werdend auf sie zu, bei Gelb gibt er Gas. Und wenn kurz vor der Kreuzung die Ampel immer noch grün ist, bremst er ab. Farbenblind reicht als Erklärung dafür nicht. Kein Führerschein? Durchgeknallt? Langweilt er sich? Oder bin ich der Idiot, der nicht weiß, daß in China die Farbe Rot nicht für Anhalten, sondern für Fortschritt steht? Der Osten ist rot, und die Farbe der Umweltschützer ist der Stopper schlechthin. Also bremst der bei Grün, ist das denn so schwer zu verstehen? Trotzdem ärgere ich mich, schlimmer noch, ich ärgere mich darüber, daß ich mich ärgere. Was ist bloß los mit mir? Der Mann ist unhöflich, kann nicht Auto fahren und stinkt ein bißchen. Also ein ganz normaler Taxifahrer. Fluchend entläßt er mich endlich auf einer Straße, an der vier oder fünf Bars nebeneinander sind. Ich nehme gleich die erste.

Das Personal der «Chicago Bar» hat zwar denselben Drive wie die Bettlerin vorhin, aber hier empfinde ich das nicht als unangenehm. Helen, eigentlich Hai Lun, und Bonnie, eigentlich Bao Ni, wollen immer wieder und so schnell einen neuen Drink, daß mir die Topfpflanzen des Lokals anfangen leid zu tun. Natürlich auch die Kleinstlebewesen, die auf und in ihnen wohnen. So werden Blattläuse zu Alkoholikern erzogen. Was meinen Hunger angeht, gibt's auch Erfreuliches zu berichten. Die Mädchen rufen den Pizzaservice für mich. Als die Pizza da ist, sehr groß und in viele Happen vorgeschnitten, frage ich Hai Lun, ob sie auch ein Stückchen will.

Die Sonne geht auf in ihrem Gesicht. Sie ißt eins, sie ißt zwei, sie ißt drei, und dann kommt Bao Ni und ißt auch drei, aber nimmt noch zwei Stücke für eine Kollegin mit. Danach bestellen wir noch eine Pizza, mit der ähnliches geschieht, und ich fühle mich wie Angelina Jolie im Flüchtlingscamp. Endlich glücklich.

Was ist Glück? Buddha sagt, Glück ist etwas sehr Seltenes und etwas, das schnell wieder vergeht. Vielleicht sieben Prozent oder vielleicht sogar noch weniger unserer Zeit sind wir glücklich. Der Rest des Lebens ist Leid. Früher war ich der Meinung, daß sich Buddha hier irrt, ich ging von fifty-fifty aus. Inzwischen bin ich mir da nicht mehr so sicher. Wenn ich an all die Stunden, Tage, Monate und Jahre denke, in denen ich meinem Glück hinterhergelaufen bin, und dazu noch die Stunden, Tage, Monate und Jahre rechne, in denen ich mich ängstigte, es wieder zu verlieren, muß ich ihm recht geben. Und wenn Buddha recht hat, bedeutet ein bißchen Glück um Mitternacht: Das war ein guter Tag.

Am nächsten Morgen wache ich auf und weiß nicht, wo ich bin. Das geht mir öfter so in letzter Zeit, und es ist ein sehr unangenehmes Gefühl. Ähnlich dem des freien Falls. Oder dem des Komapatienten, der nach sieben Jahren plötzlich die Augen aufmacht. Bin ich in Brindisi? Bangkok? Bombay? Berlin? Es dauert ein paar Takte, bis Shanghai einrastet. Erleichtert atme ich weiter. Ein knallweißes Zimmer, milchiges Licht und nicht wissen, wo man ist, da kommt man auf komische Gedanken.

Nachdem ich wieder in der Spur bin, gehe ich raus. Die Gegend um mein Hotel ist jetzt nicht mehr gespenstisch, sondern normal. Wie alle Chinatowns, die man so kennt, nur eben im Original. Manchmal kann ich hinsehen, manchmal nicht. Die nackten, toten Gänse, die mit gebrochenem Genick überall an den Haken hängen, sind nicht mein Ding. Den kleinen Haifischen in den Aquarien der Fischrestaurants dagegen gönne ich von ganzem Herzen ihr Schicksal. Badehäuser, vor denen Bademädchen in geschlitzten Seidenkleidern stehen, Schraubenhändler, Handyshops, Apotheken mit chinesischer Medizin, alle zehn Meter scheint die Welt nur noch aus Obst zu bestehen. Und die Menschen haben zu tun. Ich nicht. Glücklicherweise ist das kein Problem mehr für mich. Irgendwo auf dieser Reise, ich glaube, es war in Bangkok, verließ mich der Workaholic in mir wie ein beleidigter Dämon. Was genau da geschehen ist, weiß ich nicht. Arbeit ist eine Droge, und jede Droge braucht ihre Zeit beim Entzug. Vorher konnte ich nicht spazierengehen oder Kaffee trinken, ohne in Krisen zu geraten, nachher ging's ganz gut. Fleißiges China, fauler Helge, und statt Kaffee Smog. Ich bin erst seit einer halben Stunde unterwegs und habe schon eine Bleizunge. Es dauert eine Weile, bis ich den Geschmack identifiziert habe, und danach weiß ich auch, warum ich bei aller Buntheit von Mensch, Lebensmittel und Ware hier etwas vermißt habe. Der Glanz fehlt. Es ist zwar Licht da, aber keines, das den Farben und Formen den letzten Schliff gibt. Die Sonne verliert im Smog ihre magischen

Eigenschaften. Graue Exotik, Shanghai ohne Zauber, wie schön, daß ich nicht Werbetexter für Reiseveranstalter bin.

Ich verlasse das Viertel der gehenkten Gänse und komme auf andere Gedanken, weil mein Weg entlang breiter Straßen und langer Brücken jetzt die Faszination bietet, die archaischen Erlebnissen eigen ist. Hier ist es das Erlebnis, Teil einer Völkerwanderung zu sein. Ein winziges, verschwindend kleines, unbedeutendes Teilchen mit Beinen zwischen ich weiß nicht wie vielen anderen winzigen, verschwindend kleinen, unbedeutenden Teilchen mit Beinen, die alle in dieselbe Richtung gehen oder in die entgegengesetzte. Vielleicht ist das der Grund, warum in China die Idee des Individuellen nie wirklich populär werden konnte. Zu viele Individuen sind unterwegs, als daß dafür Raum wäre. Mir gefällt das. Es entspannt die Frage aller Fragen: Wer bin ich? Ich bin einer unter Milliarden. In China spazierenzugehen und das anders zu sehen wäre größenwahnsinnig.

Leider verhindert der Smog, tiefer in dieses Gefühl einzudringen. Man will das einfach nicht tief atmen, was sie hier zur Zeit Luft nennen. Wer nicht tief atmet, kann nicht tief fühlen, wer nicht tief fühlt, kann nicht tief denken, wer nicht tief denkt, kann nicht tief schreiben. Das ist das Problem. Man wird sich fragen, warum ich keinen Smog, aber Zigaretten mag. Die Antwort: Hier ist Rauchen ganz klar genauso schädlich wie Atmen, jedoch anregender. Darum rauchen alle. Nicht nur überall, sondern sogar in Fahrstühlen, was wirklich hardcore ist.

Aber trotz der vitalisierenden Wirkung des Nervengifts Nikotin bin ich bereits müde, schlapp und irgendwie blöde, als ich von der Brücke wieder runterkomme und das Viertel betrete, in dem ich gestern von dem Flughafentaxi ausgesetzt wurde. Mein Gehirn, von Abgasen durchflutet, scheint Zelle um Zelle das Licht auszumachen, in meinen Augen steht «office closed» geschrieben, mein Gesicht verwandelt sich in das eines Depressiven, meine Lunge atmet mit Abscheu und Widerwillen, meine Beine werden schwer und weich zugleich. Die Chinesen wollen während der Olympischen Spiele den Kraftfahrzeugverkehr auf ihren Straßen verbieten. Sollten sie das nicht tun, wird es Tote geben. Ich bleibe stehen, um neue Pläne zu schmieden. Zurück ins Hotel? Ins Bett? Zum Flughafen? Einfach weg? Aber selbst zur Flucht fehlt mir die Kraft. Also bleibe ich, wo ich bin, und schaue bescheuert aus der Wäsche. Und plötzlich strahlt mich aus der Menge, die, vom kleinen und großen Sterben unberührt, an mir vorübereilt, eine junge Frau an. Ein rettender Engel? Sie hat Flügel im Gesicht, man nennt es hohe Wangenknochen, und das Helfersyndrom in ihren Mandelaugen.

«Ich heiße Lisa», sagt sie.

«Ich heiße Tim», antworte ich.

Ich muß hier mal was erklären. Ich heiße Helge. Aber ich habe die Erfahrung gemacht, daß Orientalen, Asiaten und Latinos mich penetrant Helga nennen. Es ist nicht rauszukriegen. Namen sind Kombinationen von Lauten, und die haben große Wirkung auf die Persönlichkeitsentwicklung eines Menschen, wenn sie oft genug wiederholt werden. Die Macht der Mantras und die Wirkung von Tönen und deren Schwingungen auf das Gehirn, das Gemüt und das Geschlecht sind längst bewiesen, und weil ich fürchte, durch den Wandel des E zu einem A am Ende meines Vornamens könnte es zu einer schleichenden Geschlechtsumwandlung kommen, heiße ich auf Reisen Tim, wie Tim von Tim und Struppi, denn den kennen sie alle, den lieben sie alle, mit dem kommen alle klar. Lisa heißt wahrscheinlich auch anders. Li-Za. Sie fragt, ob sie mich zu einer Tasse Tee einladen darf, und ich sage natürlich nein. Ich lade dich ein.

Auf dem Weg zu einem Teehaus ihrer Wahl erfahre ich, daß Li-Za ebenfalls zu Besuch in Shanghai ist. Sie kommt aus der Provinz und arbeitet dort als hochqualifizierte Bürokraft im Im- und Export. Daher ihr gutes Englisch. Das Teehaus liegt nicht gerade um die Ecke. Wir gehen durch Straßen voller Markengeschäfte, durch Einkaufspassagen und Konsumtempel, und ich frage mich zum x-ten Mal, welche Weisheit hinter den Fenstern dieser Welten verborgen ist. In jedem noch so sinnlosen Produkt steckt als Kern der Sinn, den Arbeitsplätze ergeben. Das stimmt auch für die Pornographie und die Waffenindustrie. Was wohl Li-Za dazu meint? Hör mal, du Blume des Wissens, was soll der Scheiß? «Oh», würde Li-Za darauf sagen, diese Frage sei aber «vely intelesting». Das sind ihre beiden Lieblingswörter.

Oder auch «how intelesting» oder «too much intelesting», und jedesmal, wenn sie es sagt, macht sie dabei ein lundlum ellegtes Gesicht. Intelesting, intelesting, dieses gute Kind.

Das Teehaus ist im dritten Stock eines der schäbigeren Hochhäuser am Rande der Prachtstraßen, ein verschlissener kleiner Fahrstuhl bringt uns rauf, eine rotgekleidete Teezeremonienmeisterin empfängt uns. Sie ist noch hübscher als Li-Za. Und so Mitte Zwanzig. Zu meinem Mißvergnügen führt sie uns nicht in einen Teesalon mit vielen Tischen und plaudernden Gästen, sondern in einen kleinen Raum mit roten Tapeten. Tee im Séparée?

Li-Za und ich sitzen, die Zeremonienmeisterin bleibt stehen. Sie beginnt mit einer schlechten Nachricht. Rauchen verboten. Was soll's. Trinken wir ein Täßchen, und dann raus hier. Allerdings stellt sich heraus, bis zu dem Täßchen ist es ein beachtlicher Weg. Zunächst wird mir ein Fotoalbum präsentiert: Teeplantagen in nebelverhangenen Bergen. Frauen mit spitzen Hüten, Maultiere, Esel, Pferde auf schmalen Pfaden, die sich entlang tiefer Schluchten winden. Der Treck des Tees, zwei Monate dauert er, dann sehe ich Fotos von Peking, von Großmärkten, vom Platz des Himmlischen Friedens, und jedes Foto wird erklärt und jedes, aber wirklich jedes einzelne fucking Mal sagt Li-Za: «how intelesting».

Nach dem Vortrag über den Weg des Tees durch die Berge folgt ein Bericht über seinen Weg durch die Jahrtausende. Jetzt werden mir keine Fotos präsentiert, sondern Zeichnungen. Die erste zeigt einen gewissen Shen Nong Shi, den Vater der chinesischen Medizin, der dreitausend vor Christus durch die Wälder streifte, um Kräuter und Sträucher auf ihre Heilkraft hin zu prüfen. Seine Prüfkriterien: Was angenehm duftet, ist nicht giftig; was stinkt und auf der Zunge brennt, gehört sofort ausgespuckt; und alles Saure und Süße ist genießbar. Auf diese Weise vergiftete sich der Meister Shen Nong Shi an einem einzigen Tag zweiundsiebzigmal. Aber das dreiundsiebzigste Pflänzchen war der Tee, mit seinen insgesamt und inzwischen nachgewiesenen vierhundert heilenden und anregenden Substanzen, hilfreich gegen so ziemlich jede Krankheit, von Mundgeruch, Blähungen, Allergien und Blutgefäßschwäche über Diabetes, Dickdarmprobleme und Entzündungen bis zu Fußpilz, Gallensteinen und Hepatitis. Selbst gegen die Pest der Neuzeit wird grüner Tee gereicht, seit 1985 Dr. Fujiki aus Japan in der Pflanze die Substanz Epigallocatechingallat (EGCG) isolieren konnte, die seitdem als Antikrebsmittel gilt. Nebenbei hilft Tee auch noch gegen Karies, gegen Nierensteine, gegen Leberzirrhose und gegen Depressionen. Sogar Strahlenschäden können mit grünem Tee gelindert werden, weil seine Tannin-Substanzen mit radioaktiven Stoffen wie Strontium 90 eine chemische Verbindung eingehen, die für den Körper harmlos ist. Noch eine sensationelle Nachricht: Raucher, die täglich fünf, sechs Tassen grünen Tee trinken, können rauchen, soviel sie wollen. Und was ist mit dem Smog? Bekommen wir dessen Gifte auch mit einem

Täßchen Tee vom Tisch? «Nein», sagt die Zeremonienmeisterin, «aber mit zehn.» Die Tasse für achtzig Yuan. Und sie behält recht.

Als Li-Za und ich zwei Stunden später wieder auf der Straße sind, fühle ich mich wie ausgewechselt. Alle Abgase prallen an der Überdosis Tee wie an einem Schutzschild ab. Ich bin bester Laune und knallwach. Li-Za will zum Bund, dem kolonialen Boulevard am Ufer des Huangpu. Ganz Shanghai ist auf der Uferpromenade, abends um acht, um sich an den Hochhäusern zu erfreuen, die auf der anderen Seite des Flusses wie ein Wald gigantischer Weihnachtsbäume funkeln. Ein schönes Bild, leider stimmt es nicht. Wie Tannen sehen die Gebäude nicht aus. Es sind Säulen mit Planetenringen und gläsernen Kuppeln, durch die Flashlights wie Akrobaten schwingen. Es sind Pyramiden, Türme, Lightshow-Obelisken mit fließenden, fallenden, rotierenden Lichtern in den Farben aller Regenbögen aller Welten. Die Botschaft ist klar. Das Reich der Mitte ist wieder da. Freut euch, ihr Chinesen. Und wie sie sich freuen. Zu Fuß oder mit beleuchteten Rollschuhen bewegen sie sich auf der Promenade. Kinder lassen Drachen steigen, Paare halten Händchen, Familien genießen Kaltgetränke. Ein warmer Smog weht leicht durch unsere Haare, und Li-Za will mit mir ein Lied singen. Das berührt mich, weil wir uns erst seit drei Stunden kennen. Und uns nie wiedersehen werden, wenn wir uns gleich trennen. Aber welches Lied? Es gibt nicht viele, die Langnasen und Mandelaugen im Duett über die erste

Strophe bringen. Darum wähle ich ein Stück aus der ewigen Top ten, von den Mozarts der Neuzeit geschrieben, und weiß selber nicht, warum ich «Yesterday» plötzlich mit soviel Inbrunst singe.

«Yesterday, all my trouble seemed so far away» – wenn ich auf Reisen war und keine Grenzen sah. Kein Ende von Raum und Zeit. Unendlich viele Straßen führten in die Unendlichkeit. Und das waren die Werte: Neu war gut, alt war schlecht. Bewegung bringt Heil. Eigentlich zu einfach. Eigentlich ein Kinderleben. Aber schön.

«Yesterday, all my trouble seemed so far away» – wenn ich auf die Weltkarte sah, weil in den Namen der Städte und Länder noch ein Mythos lag, ein Zauber, ein Versprechen. Das Leben war ein Reiseroman. Wenn ich reiste, las ich ihn. Vierundzwanzig Seiten pro Tag. Er handelte von Liebe, Geld und Tod am Wegesrand. Vom Suchen und Finden, vom Weitergehen. Und überall wartete eine Berührung. Ein Lachen. Ein göttlicher Hauch.

«Yesterday, all my trouble seemed so far away» – wenn der Himmel voller Zeichen war und die Sterne sich zu Pfeilen formierten, um die Richtung anzugeben. Ich sah nach oben und ging nach vorn. Ich träumte im Kreis. Vorbei. Das Spiel ist aus. Eine einfache Wahrheit hat Schluß damit gemacht. Reise ist Leben. Und Leben ist Leiden. Es macht keinen Unterschied. Gehen oder bleiben.

«Yesterday, all my trouble seemed so far away» – weil ich so unbuddhistisch war.

Wer war der große Spielverderber eigentlich? Die Legende sagt, daß der Vater von Buddha ein König in Indien gewesen ist, dem eine Prophezeiung im Magen lag. Sein Sohn würde den Thron nicht besteigen, sondern statt dessen als Bettelmönch nach der Wahrheit suchen. Um dem entgegenzusteuern, wies der König seine Leute an, daß der Prinz niemals Elend, Krankheit, Alter und Tod sehen dürfe. Eine Weile ging das gut, aber dann sah er es doch, weil er mal ausriß. Sofort begann er die Leute zu nerven. Kann ich auch krank und alt werden, muß ich auch sterben? Die Antwort lautete, leider ja. Und warum ist das so? Jetzt war die Antwort leider vage. Als er alle im Palast durchgefragt hatte und keiner ihm weiterhelfen konnte, suchte er außerhalb des Palastes so lange nach einer Antwort auf die Frage nach dem Sinn des Lebens und des Leidens, bis er sie fand. Soweit die Legende.

Die andere Geschichte um Buddha unterscheidet sich von dieser Legende nicht grundsätzlich. Sie ist nur differenzierter. Buddhas Vater war kein König, sondern ein Provinzgouverneur, dem niemand was prophezeit hatte. Als sein Sohn sechzehn wurde, verheiratete er ihn mit einer Kusine gleichen Alters, mit achtundzwanzig bekam das Paar ein Kind. Und Buddha ging. Lieber Bettelmönch als Vater? Lieber Wahrheit als Verantwortung? Lieber ohne Macht als ohne Bewußtsein? Über seine Beweggründe, das Königreich und die Prinzessin zu verlassen, kann man spekulieren, über seine Entschlossenheit nicht. Zuerst suchte Buddha zwei berühmte

Gurus auf, der eine predigte Yoga, der andere Philosophie. Beide enttäuschten ihn so sehr, daß er niemals wieder einen anderen nach der Wahrheit befragte als sich selbst. Er ging in den Wald und betrieb eine Askese, die an Suizid grenzte. Extremes Fasten, gefährliche Atemübungen, sowenig Schlaf wie möglich. Der Legende nach schlossen sich seine Augenlider immer wieder gegen seinen Willen, deshalb schnitt er sie ab. Glücklicherweise stimmt das nicht. Buddha war kein spiritueller van Gogh, aber ein spiritueller Napoleon. Er wollte alles oder nichts. Am Ende fand er im Nichts alles, aber soweit sind wir in seiner Biographie noch nicht. Fünf andere Asketen schlossen sich ihm an und sahen einen Führer in ihm, weil er sich konsequenter quälte als sie. Um so enttäuschter wandten sie sich von ihm ab, als Buddha wieder zu essen begann, denn er hatte auch im Hunger keine Antwort gefunden. Im Gegenteil: schwacher Körper, schwacher Geist.

Sein neuer Weg: ab durch die spirituelle Mitte. Keine Askese, aber Entsagung, kein Nagelbrett, aber Meditation. Nach neunhundert Tagen der Versenkung unterm Bodhi-Baum war es dann soweit. Erleuchtet für immer stand Buddha auf und ging seiner Wege. Das Überzeugende an diesem Mann war, daß er jeden überzeugte. Seine fünf Asketenkumpel aus dem Wald sahen schon, während er auf sie zugeschritten kam, daß er es geschafft hatte und sich ihnen als Erlöster näherte. Sie nahmen sofort seine Lehre an. Ähnlich erging es zwei wichtigen Königen der Region, das brachte

Schutz und Landschenkungen, damit sein Orden eine Heimat bekam. Berühmte Ärzte, mächtige Kaufleute, große Yogis, der kleine Mann – alle verfielen Buddhas Ausstrahlung, noch bevor ein Wort über seine Lippen drang. Darin unterscheidet sich Buddha wesentlich von Schopenhauer, der theoretisch und zweieinhalb Jahrtausende später zu ähnlichen Einsichten kam. Auch Schopenhauer sah das Leben als Jammertal und den Verzicht als die einzige Möglichkeit, frei zu sein; auch er bot, wie Buddha, das Mitleid als höchste und (wahrscheinlich einzige) Form der Liebe an. Nur lebte er nicht danach. Schopenhauer hatte nur Mitleid mit sich selbst und mit seinem Pudel. Alle anderen verachtete er. Der Philosoph soll sogar mal eine Gemüsefrau zu Boden geschlagen haben, die ihm mit ihrem Geschwätz auf den Keks gegangen war. Die Diskrepanz zwischen Lehre und Leben gilt im Westen als normal. Im Osten dagegen will man niemanden hören, der mit hungrigem Gesicht «Ich bin satt geworden» sagt. Buddhas Worte, Buddhas Taten, Buddhas Lächeln waren synchron geschaltet, anders ist seine Wirkung auf Zeitgenossen schwer zu verstehen. Trotzdem gab es ernstzunehmende Kritiker.

Kollege Konfuzius aus China konnte mit der Formel sieben Prozent Glück, dreiundneunzig Prozent Leid nichts anfangen, er tippte eher, wie ich, auf halbe-halbe. Grundlage seiner Rechnung war die Beobachtung der Natur. In ihr war auch alles halbe-halbe, egal, wohin er blickte. Tag und Nacht, Himmel und Erde, Feuer und

Wasser, Jugend und Alter, Geburt und Tod, Mann und Frau, oben und unten – alles halbe-halbe. Er nannte das Gegensätze, und ihr ständiges Kommen und Gehen nannte er nicht, wie Buddha, Täuschung oder Unbeständigkeit, sondern Wandlung. Konfuzius fand es Quatsch, sich aus Furcht vor dem Leiden das Glück zu versagen. Hat die Welle Angst vor dem Tal? Alles wandelt sich beständig, und wie langweilig wäre das Gegenteil? Wie langweilig ist der Tod? Aus konfuzianischer Sicht ist der Buddhismus deshalb ein bißchen feige. Hat das eigentlich wirklich alles Konfuzius gesagt? Oder war es Laotse? Die beiden mochten sich nicht und würden es mir persönlich übelnehmen, wenn ich sie hier miteinander verwechselte. Aber meines Wissens waren sie beide große Freunde der Natur und des Studiums ihrer Gesetze. Und beider Frieden war die Harmonie der Gegensätze. Verschiedener Meinung waren sie allerdings in der Frage, wie die Harmonie zu finden oder herzustellen sei. Laotse empfahl, alles fließen zu lassen, dann schließe sich der Kreis von selbst; Konfuzius wollte hier und da auch mal eingreifen. Dazu brauchte er sittliche Werte. Laotse war das Genie, Konfuzius der Edle. So bezeichnete er den moralisch einwandfreien Menschen. Der Edle fürchtet sich nicht. Der Edle betrügt nicht. Der Edle pißt nicht im Stehen. Und, bevor ich es vergesse, der Edle jammert auch nicht, wenn er die Lust am Reisen verloren hat. Vielleicht findet er sie wieder. Vielleicht auch nicht. Alles wandelt sich. Und es gibt immer einen neuen Anfang. Der Edle glaubt nicht an Yesterday.

So wandelt der Edle zurück zum Hotel, um sich an den Gaben der Gegenwart zu ergötzen. An der «Lautensaite» zum Beispiel, in zweieinhalb Zentimeter Tiefe, oder an den «Wassernußzähnen», fünf Zentimeter tief, und wenn wenn man schon mal dabei ist, warum nicht gleich den «kleinen Bach» (siebeneinhalb Zentimeter) entlang, vorbei an der «schwarzen Perle» (zehn Zentimeter), der «Talmitte» (zwölfeinhalb Zentimeter), der «tiefen Kammer» (fünfzehn Zentimeter) und der «inneren Tür» (siebzehneinhalb Zentimeter) bis zum «Pol» vordringen, der in zwanzig Zentimeter Tiefe liegt. So nennt das «Tao der Liebe», zweitausendfünfhundert Jahre vor Oswalt Kolle, die acht Täler der Vagina, und es empfiehlt dem «einäugigen Mönch», dort neunmal flach und einmal tief vorzusprechen. Und in jedem, aber wirklich in jedem einzelnen dieser fucking Täler ruft Li-Za: «how intelesting!»

Nee, das heißt, ich weiß es nicht. Obwohl ich mich durchaus hätte schlau machen können. Li-Za deutete bereits im Teehaus ihre Bereitschaft an. Aber so etwas entspricht nicht meinem aktuellen inneren Auftrag. Das war definitiv Yesterday, präziser 1986, als ich Reporter bei der Zeitschrift «Tempo» war. In diesen Tagen gab sich China noch sehr kommunistisch und verschlossen, und mein Chefredakteur fragte sich zu Recht, wie Volkschinesinnen eigentlich im Bett sind. Eine Wissenslücke. Das Sexualverhalten von Thailänderinnen, Brasilianerinnen, Senegalesinnen und Eskimofrauen lag in tausend Geschichten auf dem Tisch. Aber über das Intimleben von Maos Enkelinnen gab es praktisch nichts. Pionierarbeit war mein Auftrag, und damit nichts schiefgehen konnte, gab man mir als Fotografen einen Wiener mit, einen Pracht-Wiener, einen Charmebolzen der k.u.k. Klasse. Ich würde ihn gern hier beim Namen nennen, weiß aber nicht, wie er dazu steht. Obwohl, Pauli kann ja nichts dafür. Ich auch nicht. Das waren die achtziger Jahre. Außerdem flogen wir First class, dank einer späten Rache der Chefsekretärin an unserem Chefredakteur. Er war im Urlaub, sie hatte gekündigt, und es war ihr letzter Tag, als sie unsere Reise buchte. Erste Klasse bis Peking, nur Luxushotels, sie wußte genau, wie sie ihren Ex-Chef zum Abkotzen bringen konnte, und uns war's recht.

In Peking trafen wir die Korrespondenten von ARD und ZDF. Das waren seriöse Kollegen, in journalistischen Ehren ergraut, wir fürchteten, sie würden uns rauswerfen, wenn wir ihnen sagen, was das Thema unserer Reportage ist. Darum sagte es Pauli auf Wienerisch: «Geschätzte Kollegen, unseren Cheeeeeef sowie unsere werte Leserschaft verlangt es danach, zu erfahren, was hier so a Haserl mit dem Ascherl macht, wenn Amore angesagt ist, verstehen's mi?»

Wir wurden nicht hinausgeworfen. Im Gegenteil. Man bat uns eindringlich darum, die Ergebnisse unserer Recherchen mitzuteilen, denn das herauszufinden versuchten sie seit Jahren und schafften es nicht. Aus folgenden Gründen:

1. Sex vor der Ehe war konterrevolutionär.
2. Die Mädchen lebten bis zur Heirat bei ihren Eltern.
3. Es gab keine Cafés, Restaurants, Bars, Clubs oder Diskotheken, wo man sich kennenlernen konnte.
4. Kein Mädchen sprach Englisch.
5. Wenn man Chinesisch konnte, sprach keine Chinesisch.
6. In den Hotels saß auf jeder Etage ein Sittensheriff.
7. Es ging nicht.

Auch nicht für junge Chinesen. Auch nicht für die Mädchen. Es gab Mitte der achtziger Jahre in China keinen Sex vor und keinen Sex neben der Ehe, und in der Ehe nur schlechten, weil für guten Sex alle Beteiligten zu doof waren. Unaufgeklärt, verklemmt, aber Überdruck. Das tut weh. Nee, unsere Kollegen, die seit zwei, drei, fünf Jahren in China lebten, hatten noch nie eine Chance gehabt. Nur eine Hoffnung. Einen Namen. Er stand plötzlich wie ein Fanal im Raum, weil alle ihn mit Ehrfurcht aussprachen:

Nutten-Harry!

«Er lebt in Shanghai. Fragt an der Bar vom ‹Peace Hotel› nach ihm. Und, wie gesagt, unbedingt Rückmeldung, wenn was klappt.»

Wir flogen nach Shanghai, aber Nutten-Harry war nicht da. End of the story, eigentlich, denn bei unseren eigenen Feldversuchen bestätigten sich die Erfahrungen der Kollegen zu hundert Prozent. Es gab nur zwei Reaktionen auf unser «Hello, do you speak English, my dear?». Entweder sprangen sie erschrocken ein gutes Stück zurück, um dann wegzulaufen, oder sie begannen zu kichern, und die Umstehenden kicherten mit, und weil sie sich auch nicht fotografieren lassen wollten, kam Pauli mit einer Menge Fotos von Chinesinnen zurück, die in Schönheitssalons unter den Trockenhauben saßen, denn da konnten sie nicht weglaufen. Der Redaktion verkaufte er es als Konzeptfotografie. Soviel zu Yesterday.

Heute sieht es so aus: Heute wollte mir Li-Za nach dem zehnten Tee einen blasen. Die Zeremonienmeisterin ließ uns eigens dafür ein paar Minuten allein. Als ich das Angebot ablehnte, hat mir Li-Za statt dessen eine Teekanne geschenkt. Hai Lun und Bao Ni aus der «Chicago Bar» wären übrigens für ein paar Pizzen mehr auch sofort mit mir zum Hotel gekommen. Aber wer nimmt den Sand mit an den Strand? Mein Hotel, vier Sterne und edel, ist voll mit Huren. Sie stehen an den Fahrstühlen und bieten den Gästen Roomservice an, und wer sich nicht sofort entscheiden kann, bekommt die Visitenkarte. Für Sex gibt es viele Namen, in China heißt es zur Zeit «Massage». Heute wäre das eine ziemlich leichte Reportage, aber leider interessiert mich das Thema nicht mehr so sehr. Denn ich bin inzwischen im Feng-Shui-Alter und dem Ch'i auf der Spur. Das Ch'i ist ein geheimnisvoller Fluß, eine magische Energie, deren Existenz von der Wissenschaft bisher zwar noch nicht nachgewiesen werden konnte, aber die trotzdem die Quelle aller chinesischen Künste ist. Tai-Chi, Kung-Fu, Schwertkampf und Tischtennis wären ohne das Ch'i nicht der Tanz des Todes, sondern Hampelei. Auch in jeder chinesischen Medizin ist Ch'i dabei, in jeder Zeremonie, in jeder Tasse, in jedem Tee, sogar im Namen. In Chi-na ist das Ch'i überall und in allem, das heißt, ich muß mein Hotelzimmer nicht verlassen, um es suchen zu gehen.

Feng-Shui. Es gibt gutes Ch'i und böses Ch'i. Es gibt Ch'i-Stauungen, Ch'i-Blockaden, Ch'i-Löcher. So sollte man zum Beispiel bei offenstehenden Fenstern und Türen nicht arbeiten, weil das Arbeits-Ch'i sich dann nicht mehr in Kreisen um den Schreibtisch dreht, sondern hinausweht. Das ist Feng-Shui für den Anfänger. Komplizierter wird es bei den Neutralisierungsmaßnahmen für das schlechte Ch'i von Elektrogeräten und der Frage, wie breit ein erfolgreicher Schreibtisch sein darf. 115 bis 117 Zentimeter verheißen Wohlstand, aber schon 122 Zentimeter bedeuten: «Räuberischer Überfall. Hilfe! Haltet den Dieb!» Man stelle ein paar Bücher auf die Außenkante des Schreibtischs, um die gerade Linie wieder auf die 117 Zentimeter des Wohlstands runterzukürzen. Das geht. Das ist Feng-Shui fürs Büro. Feng-Shui im Schlafzimmer verbietet Handschellen (weil Metall), und mehr weiß ich nicht darüber.

Ich weiß mehr über die Wirkung. Von allen Hotelzimmern dieser Reise, bis einschließlich Indien, konnte ich von Glück sagen, wenn sie auszuhalten waren, ab Bangkok ging es besser, ab Hongkong wurden sie perfekt. In

Shanghai wechsle ich immerhin dreimal das Hotel, und jedesmal ist es dasselbe: Ich komme in mein Zimmer und fühle mich wohl. Es gibt nichts, was stört. Keine Farbe, keine Kante, kein Material verbreitet Disharmonie. Das Feng-Shui stimmt, das Ch'i fließt, im Bett ist Harmonie. Ich habe schon lange nicht mehr so gut geschlafen und so gut geträumt wie in Shanghai. Ich habe auch schon lange nicht mehr einfach nur so auf dem Bett rumgelegen wie hier. Und dabei das Gefühl gehabt, absolut nichts zu verpassen, weil alles, was ich verpassen könnte, in seiner Essenz derzeit in meinem Bauch zugegen ist. Im Bauch ist Kraft. Beim Einatmen kommt Kraft hinzu. Beim Ausatmen gibt er Kraft ab. Viel mehr gibt es nicht zu tun. Atmen und aus dem Fenster schauen.

Das dritte Hotel ist das schönste. «Rui Jin». Ein Ensemble alter Villen mit parkähnlichem Garten und einem künstlichen Bach, über den die kleinen Holzbrücken führen, die man von chinesischen Fächern kennt. Ich sehe davon nicht viel, wenn ich vom Bett aus draufschaue, nur einen Baum, in der Mitte von mehr oder weniger nichts, weil der Smog schon wieder wie Nebel wirkt. Ein Baum im Nebel, eine Komposition von Wurzeln, Stamm und Ästen, möglicherweise uralt, aber ganz sicher nicht jünger als ich. Auf 'ne Art sind wir Freunde. Brüder im Ch'i. Ich atme, er wächst. Und wenn ihn das ähnlich sättigen sollte wie mich, muß Baumsein eigentlich ein Traum sein.

So genießt der Edle das exzellente Feng-Shui im Bett der Mitte, um sich erst dann wieder zu erheben, wenn die Hotelbar aufmacht. «Face Bar», die beste Bar Shanghais, in der sich die Ethik und Ästhetik der konfuzianischen Zeit mit der des kolonialen China und dem panasiatischen Ambiente moderner Chill-out-Gastronomie mischen. Musik: Buddha Bar. Gepflegte Alkoholika, Edelhölzer, Antiquitäten, Sitzgruppen wie Oasen, und der Hit ist das original altchinesische Opiumbett, auf dem gerade vier Seidenmädchen einen Ausländer mit Champagner zuschütten. Und sich selbst natürlich auch. Im Garten leuchten Lampions, Enten schlafen auf künstlichen Gewässern, Abschied schwimmt in meinem Glas. Im nächsten schwimmt Aufbruch.

Morgen fliege ich zu den Samurai.

15. Kapitel **Tokio**

Die Bar der Zen-coholics

Der höflichste Zollbeamte, den ich je auf Reisen traf, bittet mich mit einer Verbeugung und einem bezaubernden Lächeln, doch mal kurz den rechten Schuh auszuziehen. Ich erfülle ihm den Wunsch nur ungern, denn ich befürchte das Heraufziehen von Unannehmlichkeiten. «Bitte verzeihen Sie, wenn es ein bißchen stinkt», sage ich, während er den seit meiner Abreise nicht gewechselten Joggingschuh inspiziert, und er sagt, weiterhin lächelnd, «no problem», verzichtet aber trotzdem auf die Untersuchung des zweiten Schuhs. Ich muß an meinen alten Freund Howie denken. Der war einst Steward bei der Lufthansa und hatte es sich zur Gewohnheit gemacht, bei seinen Tokio-Flügen, die via Bombay gingen, ein, zwei Kilo Haschisch von Indien nach Japan zu bringen. Die Bordcrews in ihren hübschen Uniformen wurden nur lasch kontrolliert. Einmal ging es schief, weil Howie etwas vergessen hatte. Der Zoll wollte zwar nicht in seinen Koffer sehen, nur in seine Aktentasche, aber da fanden sie Zigarettenpapier. Wie blöd. In Japan raucht niemand selbstgedrehte Zigaretten, es sei denn, er hat sie «aktiviert». Deshalb gilt hier der Erwerb von Zigarettenpapier als erster Schritt in die Drogenkarriere.

Nachdem sie dann auch in seinen Koffer geschaut hatten, war für lange Zeit keiner mehr höflich zu dem Steward. Zehn Jahre lang wurde er nur noch angeschrien, plus Zwangsarbeit und ungeheizte Gefängnisse. Howie hat sehr gefroren, denn Japan ist so weit weg von Deutschland, daß es schon wieder fast dasselbe Klima hat.

Tatsächlich fühle ich mich, als ich vor den Flughafen trete, wie ich mich immer gefühlt habe, wenn ich aus fernen Ländern zurück nach Hause kam. Es regnet, es ist kalt, und man wartet auf den Bus. Im Bus ist für kurze Zeit Schluß mit der heimischen Anmutung, denn der Mann, der beim Einsteigen die Fahrscheine kontrolliert und das Gepäck der Gäste verstaut hat, verabschiedet sich von uns mit einer kleinen Rede und einer tiefen Verbeugung. Das gefällt mir. Das ist mehr als Höflichkeit. Das ist Respekt und besagt: Wer sich einen Flug leisten kann, ist ein ehrenwerter Mann. Auf der Autobahn dann kommt Deutschland wieder zurück, präziser: der Ruhrpott, und diesem Eindruck widerspricht eigentlich nur, daß im Bus ungewohnt viele Japaner sitzen. Mehr, als weltweit in den Flughafenbussen üblich. Ein maues Gefühl beschleicht mich. Bin ich in der Heimat der Samurai gelandet? Oder in der Heimat von denen, die überall nur nerven?

In Tokio angekommen, entläßt mich der Bus vor einer fünfzigstöckigen Herberge namens «Tokyo Prince Hotel». Die Lobby ist etwa so groß wie die Hälfte eines Fußballplatzes, die Rezeption etwa doppelt so lang wie eine Bowlingbahn, und die Schlüsselkästen dahinter muten wie ein Gebirge an. Ich bekomme ein Zimmer im sechsunddreißigsten Stock. Die Anweisungen für das Verhalten bei Erdbeben, die ich neben meinem Bett finde, sind mehrere Seiten lang. Zuerst werde ich beruhigt: Das Hotel steht auf Rollen und rollt mit, wenn die Erde wackelt. Die Konstruktion verkraftet selbst ein Beben, das viermal stärker ist als das schlimmste, das Tokio je heimgesucht hat und im Jahr 1923 die Stadt in Schutt und Asche legte. Trotzdem soll man sich, falls es zu wackeln beginnt, auf keinen Fall ruhig verhalten, sondern laut schreien, vor allem dann, wenn gleichzeitig ein Feuer ausbricht. Auf den Fluren, an den Notausgängen, gern auch ins Telefon. Hilfe! Erdbeben! Hilfe! Feuer! Damit es wirklich jeder mitkriegt. Und nicht versuchen, irgendwelche persönlichen Dinge mitzunehmen. Einfach nur laufen. Einfach nur schreien. Und nach der Lektüre dieser Broschüre soll man auch noch mal auf den Flur hinausgehen und sich die Lage der Notausgänge GENAU einprägen. Das beruhigt natürlich enorm, so etwas im sechsunddreißigsten Stock zu lesen, noch bevor man sich die Schuhe ausgezogen hat. Dann will man sie nicht mehr ausziehen, zumal man schon ein Erdbeben mitgemacht hat. In Manila hat es mich zwar nur im vierzehnten Stock erwischt, trotzdem kann ich gern für alle Zeiten auf Erdbeben verzichten. Ich wollte damals arbeiten, bis zum Morgengrauen mußte ich eine Geschichte runtergeklopft haben, und zuerst fiel mir auf, daß meine Reiseschreibmaschine wackelte. Komisch. Wie kommt das? Ach so, der Schreibtisch wackelt. Und warum wackelt der Kleiderschrank ebenfalls? Scheiße! Weil das ganze Zimmer wackelt! Und dann bin ich raus. Auf dem Flur rannten Männer in Pyjamas und Morgenmänteln umher, auf der Treppe überholte ich einen überforderten Herzschrittmacher, im Foyer waren zehn Meter hohe Risse im Mauerwerk zu sehen. Keine Naturkatastrophe ist angenehm, aber eine, die dir den Boden unter den Füßen wegzieht, hat neben allen anderen Schrecken auch noch den des Irrealen. Wirbelstürme, brechende Deiche, Waldbrände und Sintfluten hat man als Mitteleuropäer entweder schon erlebt oder irgendwie genetisch drauf, da weiß man, was man tut, oder glaubt es zu wissen. Doch wenn die Plattform unseres Daseins aus den Fugen gerät, fällt einem nichts Hilfreiches mehr ein. Darum steht es hier geschrieben: schreien und laufen, und wenn ein Feuer den Weg nach unten abgeschnitten hat, soll man halt so lange weiterschreien, bis die hoteleigene Feuerwehr zugegen ist, und ich denke, das reicht mir jetzt fürs erste, und ich gehe besser mal unverbindlich nach draußen, ein Bier trinken, denn der Kühlschrank im Zimmer ist leer.

Der Plan läuft allerdings ebenfalls ins Leere, weil es draußen mittlerweile Bindfäden regnet. Im Hotel hat alles geschlossen. Es ist Mitternacht, das Gute schläft, das Böse wacht, aber wo? Das «Tokyo Prince Hotel» ist Teil des Einkaufs- und Wohlfühlzentrums Sunshine City, man kommt von der Lobby aus rein, und als ich drin bin, sehe ich, wie mir scheint, kilometerweit in eine Geschäftspassage mit Abzweigungen hier und da, und immer, wenn ich an den Abzweigungen stehe, sehe ich wieder, wie mir scheint, kilometerweit nach rechts und links in Passagen, und nach unten kann ich auch sehen, da zähle ich drei Etagen, die Sunshine-City-Passagen nach oben aber will ich gar nicht zählen, denn es sind zu viele, obwohl mir auch nicht einfällt, was ich statt dessen machen könnte. Alle Boutiquen haben geschlossen, alle Cafés sind zu, ich bin total allein. Hier ist außer mir kein Schwein. Menschenleer, und im Licht der tausend Neonröhren wirkt die sterile Perfektion und Sauberkeit des Ganzen einen Tick zu inhuman. Ich war schon immer der Meinung, daß ein Blick nach Tokio ein Blick in die Zukunft ist. Im Guten wie im Bösen. Und das hier ist wahrscheinlich Düsseldorf nach der Vogelgrippe.

Leider verlaufe ich mich auf dem Weg zurück ins Hotel, und das bekommt mir nicht. Etwas in mir erwartet den Angriff einer Bestie oder eines Rudels Dobermänner, und was passiert eigentlich, wenn nach Mitternacht sämtliche Schaufensterpuppen zum Leben erwachen, also Untote, modisch topgekleidete Vampire sind? Es gäbe kein Entkommen. Anschließend wäre ich auch ein Schaufensterpuppen-Vampir im Herzen von Tokio und würde in alles hineinbeißen, was doof genug ist, sich um diese Zeit in die Sunshine City zu verirren. Und zu erledigen wäre ich nur mit einer silbernen Kleiderstange mitten durchs Herz.

Obwohl am nächsten Tag Sunshine City und der Rest von Tokio natürlich wieder voller Menschen sind, vergeht das Gefühl, mutterseelenallein zu sein, überhaupt nicht. Im Gegenteil. Es wird stärker. Und ist bald das alles dominierende Reiseerlebnis. Niemand auf der Straße nimmt Notiz von mir, niemand will mich ansehen, und wenn sich trotzdem zufällig mal die Blicke kreuzen, erschrecken die Leute sich. Ich komme mir vor wie ein Virus in ihrem Programm. Was ist hier los? Die Chinesen würden sagen, das ist allerfeinstes Yin-Yang; im Zentrum der japanischen Höflichkeit lauere eiskalte Ignoranz. Aber die Chinesen sind parteiisch. Japan hat sie zweimal überfallen und unvorstellbare Kriegsverbrechen begangen. Ich glaube nicht, daß es Ignoranz ist; ich glaube, sie haben einfach nur Angst, angesprochen zu werden und ihr Gesicht zu verlieren, weil sie kein Englisch sprechen. Jeder, den ich nach dem Weg zur U-Bahn fragen will, schüttelt den Kopf, sagt «hihi» und beschleunigt seine Schritte. Hinzu kommt, daß sie mich auch nicht sonderlich interessieren. Nichts an ihnen scheint echt zu sein. Alles ist Kopie, trotz ihrer Markentreue. Sie tragen Louis Vuitton, Boss und Armani wie eine Verkleidung und haben über die Jahre vergessen, wen sie verkleiden. Wer sie sind. So kommt's mir vor, aber ich weiß noch nicht, ob es stimmt. Merkwürdig ist auch, daß jeder zweite Jugendliche wie eine fleischgewordene Comicfigur aussieht: grüne Vogelkämme statt Frisuren, totgeschminkte Augen und Kettenkrawatten. Die Bühnengarderobe von Tokio Hotel ist in Tokio die Straßenuniform derer, die der Uniformität entgehen wollen. Klar, daß mich das traurig macht. Fast wütend dagegen macht mich die Schulmädchenmode. Die Zöpfe sind niedlich, aber schwarze, von überlangen Strapsen gehaltene Nylonkniestrümpfe an kreideweißen X-Beinchen sind so häßlich, daß einer, der bis ins hohe Alter potent bleiben will, da auf gar keinen Fall hinsehen sollte. Doch wohin sieht man statt dessen, in dieser Welt ohne Baum und Strauch und Blume? Ich gehe durch eine Fußgängerzone, die kommerziell überaus simpel gemischt ist: Kleider, Schuhe, Computerspiele, Schnellgastronomie, Elektronikwaren, Daddelhallen, und an den Fassaden der vielstöckigen Häuser kleben digitale Leinwände, über die nervös geschnittene Werbespots und Videoclips dahinrasen, überall flimmert's, überall Werbung, überall die Furcht der Konzerne vor einem Aufmerksamkeitsdefizit.

Ich gehe diese Straßen nicht auf und ab, sondern immer geradeaus, aber als sich auch nach einer Stunde rechts und links noch nichts Wesentliches verändert hat, gebe ich auf und kehre zurück ins Hotel. Die Lobby, die bei Tag wie eine Flughafen-Transithalle wirkt und in der Rauchen verboten ist, hält mich nicht lange, und in meinem Zimmer komme ich mir vor wie eine isolierte Fremdameise in ihrer Höhle. Oder spricht man im Ameisenbau von Kammern?

Also wieder auf die Straße, mit der Ausrede, was Nützliches zu tun, Geld zu ziehen, was zu essen, die U-Bahn zu checken. Die Bank finde ich nicht, das Essen schmeckt mir nicht, in der U-Bahn versage ich total. Mein Ziel ist der Hauptbahnhof, von dort fahren die Schnellzüge nach Kioto, zu den Kirschblüten und den

Tempeln. Ich könnte morgen schon einen Abstecher ins alte Japan machen und jetzt mal herausbekommen, wie es geht. Aber es geht nicht. Überhaupt nicht. Ich stehe vor einer Wand von Fahrkartenautomaten wie vor einer Schalttafel in einem außerirdischen Flugobjekt, die Beschriftung ist strikt japanisch, und niemand hilft mir. Ich frage drei, vier Leute, aber es ist bei allen dasselbe: «hihi» oder «no English» und ab durch die Mitte. So geht das im Prinzip zwei Tage. Abgesehen von ein paar Taxifahrten in andere Stadtteile, die ganz ähnlich aussehen wie dieser hier, erkunde ich in meinem Hotel und um mein Hotel herum die Leere der gegenwärtigen japanischen Kultur. Wo verdammt noch mal ist ihre Seele? Und wo ist meine? Und gerade letztere Frage stellt sich mit einem Leidensdruck, der bereits grenzdepressiv ist oder schon darüber. Was zur Hölle ist hier los? Was ist das für eine Reise? Was tue ich nur?

Die Frage ist nicht ganz neu. Im Grunde reise ich ziemlich Jules-Verne-getreu. Auch er hat seinen Helden mit einem immer wiederkehrenden Problem gequält, nur war es bei ihm ein beknackter Detektiv, der den Weltreisenden einbuchten wollte. Verglichen mit meinem «Polizisten» war der Vernesche Detektiv ein Amateur, aber die Realität ist ja immer professioneller als die Literatur. Mein Störenfried läuft nicht hinter mir her oder lauert mir auf, meiner ist in mir und, wie ich meine, ziemlich tief. Er flüstert mir von meinem Bauch aus seine subversiven Texte zu: «Hör auf. Für dich ist das Reisen vorbei. Du hast genug gesehen.» Und dann sage ich: «Nee, nee, mein Freund, so ist das nicht. Es gibt durchaus noch Unbekanntes auf der Welt für mich.» Woraufhin er sich plötzlich weise gibt und mich darauf hinweist, daß irgendwann auch die ewige Suche nach dem Neuen alt wird.

Und dann bin ich still. Dann fällt mir erst mal nichts mehr ein. Der Ablauf der Reise bestätigt ihn. Von Venedig bis Shanghai fragte ich mich, wo eigentlich mein Traum geblieben ist. Habe ich ihn verloren? Wurde er geklaut? Hatte er ein Verfallsdatum? Der Traum, daß Reisen die Hintertür des Schicksals ist. Der Notausgang. Und eigentlich die Lösung für jedes Problem. Jetzt löst Reisen gar nichts mehr. Warum auch? Was hat Reisen mit dem Lösen von Problemen zu tun? Sagen wir mal, mir fielen die Haare aus, würden sie durch eine Reise wieder wachsen? Und was, nebenbei, ist mit dem anderen Traum geschehen? Dem von der Freiheit? Ich will jetzt nicht wieder mit Schopenhauer kommen. Aber meine Erfahrung ist: In einer Falle sitzt man immer. Wirklich frei bin ich nie. Auch auf Reisen nicht. Das ist pure Illusion. Reisen ist nicht Freiheit. Auch nicht Unfreiheit. Es ist beides. Da ist kein Unterschied. Das Grauen unterwegs und das Grauen zu Hause. Die Schönheit in den Tropen und das Schöne auf der Couch. Ich habe es meinem Freund Albert erklärt, als wir auf seinem Balkon in Pattaya saßen und auf das Südchinesische Meer schauten. Diese drei kleinen Inseln am Horizont, mit dem Nebel und der Dschunke davor. Wenn ich früher so etwas sah, verknüpften sich mit dem Anblick sämtliche Romane von Alice Ekert-Rotholz, der Gattin eines in Bangkok praktizierenden Zahnarztes, die in den fünfziger Jahren sehr populär gewesen ist und deren Bücher im Regal meiner Mutter standen. «Mohn in den Bergen» oder «Mohn ist auch nur eine Blume». Ich weiß es nicht mehr so genau. Es kann auch sein, daß der eine oder andere James-Bond-Film mit in diesen Anblick hineinschlabberte. Auf alle Fälle sah ich früher in drei Inseln am Horizont alles mögliche: Opiumhöhlen, geschlitzte Seidenkleider, gefährliche Mandelaugen and so on. Alle Geheimnisse Südostasiens waren darin verborgen und große Gefühle. Heute fühle ich beim Blick über die exotischen Weltmeere in etwa dasselbe wie beim Betrachten der Hamburger Innenalster bei schönem Wetter. Und Dschunken sind auch keine mit Abenteuer beladenen Segelboote mehr, sondern die gebräuchlichen Wasserfahrzeuge dieser Region. Albert hatte übrigens eine ganz gute Antwort darauf. Er empfahl mir, nicht mehr «Ich kenne alles» zu sagen, sondern: «Ich bin überall zu Hause». Er hat recht, so geht man es positiver an. Aber es ändert nicht wirklich etwas an meinem Problem. Wenn man überall zu Hause ist, hört auch die Reise auf. Klar, das sind alles Kinkerlitzchen für den aufrechten Sportsmann, aber was ist mit dem Traum, mit dem alles angefangen hat? Mit dem Start, mit dem Kick, mit der Initialzündung, damals in Kairo? Als ich im Hof einer Moschee saß und auf meine nackten Füße schaute. Sie waren staubig, die Sandalen auch, und diese Kombination aus Haut, Leder und dem Dreck der Gassen faszinierte mich. Das Licht der Nachmittagssonne, das wie Blattgold auf den Mosaiken der Kacheln lag, mag ein übriges dazugetan haben, und dann waren da noch Tauben, weiße Tauben, die durch den Hof der Moschee stolzierten und die jedesmal, wenn sie gurrten, den Namen Gottes riefen. Aber das Zentrum meiner Wahrnehmung war und blieb der Staub auf meinen Füßen; ich war nicht nur stolz auf sie, so stolz, wie man sonst vielleicht auf einen Ferrari ist oder auf einen Jaguar, ich hörte ihnen auch zu. Meine Füße hatten eine Verheißung. Eine Botschaft. Eine Erkenntnis. Ich fühlte in diesem Moment, daß ich zum Wanderer geboren war. Zum Wanderer zwischen den Welten. Dann stand ich auf und ging raus, und im Gegenlicht kamen Geschichten auf mich zu. So fing es an.

Und wie hört es auf?

Peinliche Frage. Ein Reisender kann nicht mehr reisen. Das spricht nicht gegen das Reisen. So einfach ist es nicht. Man könnte sagen, Reisen ist immer Illusion, oder Reisen in den Zeiten der Globalisierung macht keinen Spaß mehr, weil alles gleichgeschaltet ist. Aber das stimmt ja nicht. Es gibt Millionen privater Ecken und Millionen sehr unterschiedlicher Mischungen von globaler Moderne und regionaler Kultur. Der Zauber der Wüste vergeht nicht, wenn Nomaden am Feuer ihr Handy dabeihaben. Das ist kein Bruch. Das ist eine

Schnittstelle. In ihr liegt der neue Zauber, die neue Geschichte. Wer sagt, daß Reisen zu Jules Vernes Zeiten abenteuerlicher gewesen ist als heute, vergißt, daß Jules Verne dasselbe von den Reisen im Mittelalter gedacht hat. Und im Jahr 2107 wird man wahrscheinlich davon schwärmen, wie abenteuerlich und romantisch es sich 2007 noch reisen ließ. Im Zeitalter der Globalisierungspioniere. Als man noch flog, wenn man wohin wollte. Und nicht beamte. Nein, die Reise wird nie sterben und immer Sinn ergeben. Darum geht es hier nicht. Es geht darum, daß sie für mich nicht mehr funktioniert. Nur für mich. Und? Ist das schlimm? Fällt jetzt in China ein Ast ab? Nein, wenn man es akzeptiert, nicht. Aber ich habe es nicht akzeptiert.

Ich wußte es, ich hab's gefühlt, noch bevor ich von meinem Schreibtisch aufgestanden bin, um den Rucksack zu schultern. Kinski, die Tapete, die innere Stimme, der Bauch: Alle haben mich gewarnt. Ich habe möglicherweise nur nicht richtig hingehört. Ich habe geglaubt, die Warnung beziehe sich auf was Schlimmes. Ableben, Unfall, Gefängnis, Folter, irgendwas in dieser Art. Aber der Chor der Warnenden hat vielleicht einfach nur gesagt: Reise nicht, wenn du nicht reisen magst. Ich bin trotzdem losgefahren. Es geht hier also um einen Mann, der gegen seine innere Stimme handelt, und es geht um das, was dann mit ihm passiert.

Hin und wieder gibt es Wolke sieben, wie in Bombay, oder Wolke selig, wie in Goa, aber der Touchdown auf das Schlachtfeld meiner inneren Realitäten kommt jedesmal mit einer Rasanz, der ich nicht gewachsen bin. Spirituell gesehen ist das eine gute Sache. Man beginnt, Antworten zu suchen. Und Antworten zu finden. Ramesh hatte welche, Mischa und Schopenhauer auch, und was der Kontakt meines Problems mit den Problemlösern Chinas bewirkte, dem Buddhismus, dem Konfuzianismus, dem grünen Tee, ist auch nicht verkehrt. Aber es hilft letztlich nicht. Weil a) die Erkenntnis von gestern das Konzept von heute ist und es b) immer schlimmer wird. Ich hasse Tokio. Mich nerven die Japaner. Ich sehe keine Samurai. Und jetzt gibt es zwei Möglichkeiten: Entweder ich suche weiter nach den Samurai, oder ich werde selbst einer. Anders gesagt: Entweder ich mache so weiter, oder ich lasse es sein. Ganz. Und dann fällt mir ein, daß es in Japan ein Wort dafür gibt. Drei Buchstaben. Alle groß geschrieben. ZEN. Eine typisch japanische Weiterentwicklung von Erfindungen anderer Leute. Aus Kung-Fu haben sie Karate geschweißt, Zen entwickelten sie aus dem Buddhismus. In beiden Fällen haben sie das Verspielte gestrichen. Im Karate wie beim Zen versteht man keinen Spaß. Glücklicherweise weiß ich, wie das geht. Die Mönche sitzen vor einer weißen Wand und schauen darauf, bis der Putz abfällt. Und genauso mache ich es auch. Ich gehe nicht mehr raus auf diese Straßen. Und ich lasse mich auch nicht mehr von der U-Bahn verarschen. Ich setze mich jetzt mal auf mein Bett und frage den ganzen Tag die Tapete, was man da machen kann. Anders geht's nicht.

Ich schaffe es nicht den ganzen Tag. Ich habe um zehn

Uhr angefangen, und schon um siebzehn Uhr ist das Problem vom Tisch. Eine Sieben-Stunden-Meditation hat alle Fragen plattgemacht. Ich weiß noch nicht, warum. Ich fühle es nur. Ich kann aufstehen und tun, was ich will. Ich ziehe die Vorhänge zur Seite und sehe auf Tokio. Ich habe die ganzen Tage draufgesehen, aber jetzt sehe ich Tokio: ein Imperium aus Stein. Von Menschen gebaute Berge. Auf den Kämmen blinken rote Lichterketten, damit kein Flugzeug dagegenknallt. Eine Power-Station mit den Treibstoffen Angst, Hoffnung, Lust und Gier. Ich sehe auf das gewaltige Meer aus Häusern, wie ich gestern draufgesehen habe; der Unterschied ist, daß mir jetzt egal ist, ob es mir gefällt oder nicht. Es ist mir auch egal, ob ich hiersein will oder nicht. Das einzige, was zählt, ist, daß ich hier bin. Und Tokio so ist, wie Tokio ist. Ich weiß, daß sich Begriffe abnutzen und Wörter durch Wiederholung ihre Kraft verlieren, aber was gibt es Besseres für die Bezeichnung des Wesentlichen als die Wörter HIER und JETZT? Gibt es überhaupt andere Wörter dafür? Mir fallen keine ein. Es gibt keine anderen. Und es gibt auch nichts anderes. Übrigens auch keine Reise. Eine Reise wohin? Von hier nach hier? Von jetzt zu jetzt? Was habe ich für ein Problem? Ich weiß es nicht mehr.

Von allen Zwängen des Reisens befreit, finde ich schon wenig später, was ich nie gesucht habe. Eine neue Lust am Schreiben zum Beispiel. Ich sitze in einem Imbiß und will kurz etwas notieren, und irgendwann wundere ich mich, wie lange ich für einen Buchstaben brauche. Weil ich ihn nicht schreibe, sondern male. Auch Malen ist eigentlich nicht das richtige Wort dafür. Weil, was ich tue, noch langsamer ist. Eine Mischung aus Meditieren und Gravieren. Ich hab's! Kalligraphie. Wollte ich nie lernen. Hat mich nie interessiert. Jetzt kommt sie einfach so daher und bringt Schönheit aufs Papier. Und in den Kopf Frieden. Der Trick ist die Konzentration. Sie ist wie ein Stachelhalsband für die Intelligenzbestie im Menschen. Die Japaner haben eine aufschlußreiche Geschichte für das Phänomen. Darin vergleichen sie das Denken mit einem Teufelchen, das auf dem Markt zum Verkauf angeboten wird. Ein kleiner Mann steht vor dem Käfig und sieht sich das Teufelchen neugierig an. Er will wissen, was es kann. «Oh», sagt der Händler, «der kann alles. Einfach alles. Der macht deine Wohnung sauber, der kocht für dich, bucht deine Reisen, verdient dein Geld. Der ist ein Allroundgenie. Und unheimlich fleißig. Willst du ihn?» Der Mann kauft den Teufel, nimmt den Käfig und will von dannen ziehen, da hält ihn der Händler zurück. «Noch ein Tip, mein Freund: Vergiß niemals, ihm etwas zu tun zu geben.» Kein Problem. Es gibt genug zu tun in des kleinen Mannes Leben, und das Teufelchen erledigt alles mit Bravour. Vierzig Tage lang. Am Abend des einundvierzigsten Tages geht der kleine Mann einen trinken. Er trinkt so viel, daß er erst am nächsten Nachmittag wieder aufwacht. Irgendwo, nur nicht zu Hause. Sofort fällt ihm ein, daß er dem Teufelchen für diesen Tag keine Aufgabe gegeben hat. Er eilt, so schnell er kann, nach Hause, um es nachzuholen, aber schon auf der Treppe bemerkt er, daß es komisch riecht, und als er in seine Wohnung tritt, sieht er, was Sache ist: In der Küche sitzt sein Teufelchen und grillt des Nachbarn Baby am Spieß. Ende der Geschichte.

So, wie ich sie verstehe, warnt die Geschichte vor dem Nichtstun, mehr noch, vor dem Nichtstun im Tun. Wenn man arbeitet, ohne bei der Sache zu sein; redet ohne roten Faden; schreibt, ohne zu verdichten. Kurz: Die Geschichte warnt davor, unkonzentriert zu sein. Konzentration ist das unsichtbare Schwert der Samurai. Kalligraphie als Waffe gegen die Grübelei. Soviel zur Form. Inhaltlich drehen sich meine Notizen um das, was ich gerade von dem Koch hier erfahren habe. Ein Glücksfall: der Koch und der Imbiß «Great India». Weil mir als Vegetarier die von Fisch dominierte japanische Küche nicht zusagt und mir als Sensibelchen die Pommes frites von McDonald's und Burger King ebenfalls nicht behagen und ich außerdem nicht gern allein in Restaurants sitze, ist ein kleiner Imbiß mit ein paar Hockern an der Theke und indischer Küche plus indischem Bier natürlich ideal. Und er ist auch nicht weit vom Hotel entfernt. Zwei Tage bin ich daran vorbeigelaufen und habe ihn nicht gesehen. War ich blind, bevor ich der Zimmertapete das Hier und Jetzt abgerungen habe?

Der Koch kommt aus Nepal. Er ist seit neun Jahren in Tokio. In zwei Jahren will er zurück und in Kathmandu ein Restaurant aufmachen. Das einzige, was ihm an Japan gefällt, sind das Geld und die Ungefährlichkeit der

Straßen. Obwohl er Asiate ist, scheint er Leuten wie mir näher zu stehen als den Japanern. Wir verbrüdern uns im Handumdrehen, und was er mir über seine Gäste sagt, kalligraphiere ich.

1. Ihr Leben: arbeiten und trinken.
2. Ihre Religion: the company.
3. Ihre Frauen: alle geschieden.
4. Ihre Großzügigkeit: Jeder zahlt für sich selbst, auch wenn Familien kommen.
5. Und alle sind unglücklich.

Natürlich verdichtet die Kalligraphie, dagegen kann man sich fast nicht wehren. Der Koch hat es schon ein bißchen ausführlicher erklärt. Zu Punkt 1: Sie arbeiten vierzehn Stunden, trinken drei und schlafen vier. Was sie mit den restlichen drei Stunden machen? U-Bahn fahren. Zur Religion hat er nicht mehr gesagt, aber zum dritten Punkt gab der nepalesische Koch vom «Great India» einen unter den Frauen des Kaiserreichs derzeit sehr beliebten Witz zum besten: «Warum wollen immer mehr Japanerinnen nicht heiraten? Weil sie es nicht mehr einsehen, für das bißchen Soße das ganze Schwein zu kaufen.»

Sex in Japan. Das ist ein ganz eigenes Kapitel. Ich schlage es wenig später im Internetshop «Black Cyber» auf. Auch der ist ein Glücksfall. So einen habe ich lange gesucht. Jeder Computer steht in einer Kabine. Die Kabinen sind schwarz ausgekleidet und so hoch, daß ein Japaner nicht drübergucken kann. Kabine an Kabine, Reihe um Reihe, kleine Flure dazwischen und eine umfassende Auswahl an Computerspielen und Porno-DVDs. Und es gibt Duschen. Man kann zwischen Asian Style und European Style wählen, das bedeutet niedrige Sitzmöbel oder normale Bürostühle, man kann auch Internetkabinen mit Einzel- und Doppelliegen mieten, und alles ist aus blitzblankem schwarzem Leder. Die Computer sind groß und auf dem neuesten Stand, das Licht dezent. Man darf rauchen. Absolute Stille, weil jeder am Kopfhörer hängt, und absolute Klausur, fast außerirdisch; die kleinen Kabinen wirken wie schwarze Zellen in einem Raumschiff.

Aufbruch ins All des World Wide Web, surfen statt reisen, mailen statt reden. Eine gute Freundin hat mir geschrieben. Sie findet es aufregend, daß ich in Tokio bin. Sie will unbedingt auch mal hin. Ich maile zurück und frage, warum? Ihre Antwort braucht keine Zigarettenlänge. Weil die Japaner so ausgeflippten Sex machen. Gebrauchte Höschen aus Automaten und solche Sachen, und ob ich schon von den Bordellen gehört habe, die wie U-Bahn-Waggons gebaut sind und auch so wackeln, und aus den Lautsprechern kommen Fahrgeräusche und Durchsagen. Da würden die Huren in Straßenkleidung an den Stangen stehen und die Fahrgäste anmachen. Nein, maile ich zurück, davon habe ich nichts gehört, aber von was anderem. Die gebrauchten Schlüpfer sind von gestern, der Hit von heute in den Sexshops ist

Schulmädchenspucke. In Fläschchen abgefüllt. Von den Schulmädchen selbst und vor den Augen des Kunden. Stille im Raumschiff. Es braucht ein paar Minuten, bis ihr Ekel bei mir eintrifft. Aber die U-Bahnen bittet sie mich, zu erkunden. Ich verspreche ihr, es zu versuchen. Das Versprechen erschöpft sich in Googeln. Aber ich finde nichts. Mein Repertoire an Stichwörtern (natürlich immer mit Tokio davor) ist offenbar nicht umfangreich genug. «Train-Hookers»? Nichts. «No ticket, no sex»? Nichts. «Bad traffic»? Nichts. Und auf Deutsch? «Scharfe Schaffnerinnen»? Nichts. «Schüttelexpreß»? Nichts. «Blowbahn»? Nichts. «Bumsbahn»? Nichts. «Öffentliche Geschlechts-Verkehrsmittel»? Nichts, nichts, gar nichts. Und japanische Stichwörter habe ich nicht drauf. Ich gebe die Detailsuche auf und stelle mich mal kurz hin, um das Thema allgemeiner zu recherchieren, denn ich bin größer als die Kabinenwände. Vor mir, hinter mir sowie rechts und links sehe ich NUR Sauereien auf den Computerbildschirmen. In Japan hat das Christentum komplett versagt. Nicht eine Missionarsstellung. Dafür jede Menge Quatsch und Qual. Sexualunterricht scheint sich im Reich der aufgehenden Sonne auf die Knüpftechniken von Seemannsknoten und Knebelkunde zu beschränken. Eine andere Fraktion ist mit Gummi unterwegs. Gummifetischisten haben es leichter. Weil Gummi keine Zellulitis bekommt, bleiben sie sexuell attraktiv bis ins Greisenalter. Hängepartien, schlaffe Pos, häßliche Gesichter: Gummi wird's richten. Also Gummi Unser, der Du bist auf Betten und am Körper, unser täglich Gummi gib uns heute, und so weiter. Haushaltsgegenstände im Fegefeuer der Leidenschaften, Windeln als Reizwäsche, Futternäpfchen als Sexspielzeug, Traumberuf Gynäkologe – das gibt es überall auf der Welt, aber in Japan scheint es nur das zu geben.

Warum?

Die Antwort ist für mich so einfach wie erschreckend: Sie haben eine Religion, aber sie haben keinen Gott. Den gibt es im Shintoismus nicht, also hat auch keiner was gegen Sex. Für Japaner ist Sex nicht moralisch besetzt. Sondern pures Entertainment. Wenn keine Scham, keine Sünde und keine Angst vor dem Bösen bei diesem Thema zugegen sind, dann experimentiert man mit den Sexmoden und Sexutensilien so unbelastet und unverfroren, wie man es mit den Innovationen der Elektronikindustrie tut. Das erschreckt mich nicht. Das finde ich gut. Da sind sie einfach freier. Mich erschreckt die Relativität der Werte. Was sind Werte wert, wenn sie für den einen Kulturkreis stimmen und für den anderen nicht? Überhaupt nichts. Das verwirrt doch. Wenn in Japan ein Betrunkener vor dem Bordell in einer Pfütze liegt, ist er für die Vorübergehenden keine Drecksau, sondern ein ehrenwerter Mann, weil man in Japan so etwas nur macht, wenn man am Tag gute Geschäfte abgeschlossen hat. Niemand hier verliert im Puff seine Ehre. Die verliert man woanders. Lokführer nehmen sich das Leben, wenn ihr Zug zehn Minuten Verspätung hat. Spinnen die Japaner? Oder spinnen wir?

Ortswechsel. Nach dem Internet feiere ich Triumphe in der U-Bahn. Ich knacke den Code der Fahrkartenautomaten, verstehe das Labyrinth der Linien, finde Ausgänge, Eingänge, nehme die richtigen Treppen, erfreue mich an der Geschwindigkeit der Bahnen und fahre hierhin und dahin, einfach nur, um zu fahren. Was ist los? Was ist geschehen? Was hat die Brutalmeditation mit mir gemacht? Ich denke, sie hat mich in Form gebracht. Ich bin wieder offen für andere Systeme, kann umschalten, kann mich wandeln, kann das Gute im Bösen sehen. Die Einsamkeit zum Beispiel, die mich wie ein Reisedokument begleitet, ist in einem Land, wo alle einsam zu sein scheinen, plötzlich nur noch halb so schlimm. Vielleicht gar nicht mehr schlimm. In den halogenen Lichterkegeln der «Black Cyber»-Kabinen, in denen sich alle selbst befriedigen, in der U-Bahn, in der alle mit geschlossenen Augen sitzen, in den Straßen, wo alle wegsehen, beginne ich Frieden mit meinem Autismus zu schließen, weil hier die Welt autistisch ist. Plötzlich gehöre ich dazu. Plötzlich bin ich einer von ihnen. Und kein Fremder mehr. Ich bin ein Bürger von Tokio geworden. Ich kaufe einen Schirm, gehe im Regen spazieren und höre auf meine Beine.

Sie bringen mich zur Bar der Zen-coholics. Ich spüre es schon beim Reinkommen: Hier ist was los. Hier geht die Post ab. Hier sitzen ein paar supereinsame Gestalten kerzengerade an der Theke und starren geradeaus. Ein Barhocker zwischen ihnen ist noch frei. Während ich mich setze, überlege ich, ob ich gleich wieder aufstehen soll, denn ich fühle, wie ich in einem depressiven Kraftfeld Platz nehme. Von rechts und links wabert mich Extremautismus an. Das kann ins Auge gehen, aber weil mir einfällt, daß man als Schreiber auch mal was wagen muß, bleibe ich sitzen. Die Bar ist teuer und geschmackvoll, doch sehr streng eingerichtet. Keine Musik. Das Licht ist meditativ. Und die Flaschen stehen wie ein Heer von Samurai vor den Spiegeln. Alle Gäste tragen dunkle Anzüge, nur die Frau neben mir sitzt im Kostüm da. Am besten gebügelt ist der Barkeeper. Hose, Weste, weißes Hemd, Manschetten, dazu ein kurzgestutzter Silberbart und die Aura eines Kriegers. Die Konzentration, mit der er uns abfüllt, ist rituell. Er serviert mir das Getränk mit einer Bewegung, die ich kenne, aber in diesem Umfeld nicht vermutet habe. Zuerst stellt er mein Glas auf seiner Seite der Theke ab. Er atmet ein, baut sich auf, beim Ausatmen schiebt er es mir rüber, stoppt kurz und bringt es dann mit einem finalen Schub in die endgültige Position. Das ist Karate, sage ich. Nein, sagt er, Aikido. Dasselbe macht der Barkeeper mit dem Wasser und dem Aschenbecher. Und natürlich steht die Dreierformation millimetergenau auf Linie, und die Abstände dazwischen scheinen ebenfalls exakt vermessen zu sein. Ich trinke und halte es wie die anderen Gäste: Ich reihe das Glas immer wieder genau in die Formation ein. Wenn ich der Meinung bin, daß sie nicht mehr stimmt, korrigiere ich. Das mache ich automatisch. Und es ergibt automatisch Sinn. Es geht um Harmonie und die ihr innewohnende Kraft, und es geht darum, immer wieder die Balance herzustellen, wenn man alleine trinkt. Darum sitzen hier alle kerzengerade, darum macht hier keiner ein blödes Gesicht, obwohl alle geschieden, überarbeitet und unglücklich sind. Die Frau neben mir, die in dem Busineßkostüm, stöhnt manchmal ganz kurz auf, und wahrscheinlich ist es auch nur ein Seufzen, aber das ist wirklich alles, was hier an Kontrollverlust passiert.

Ich bin zufrieden. Ich habe die Samurai gefunden. Sie lehren mich, dem Unglück aufrecht ins Auge zu sehen und den Blick schweigend zu ertragen. If you stand depression here, you'll stand it anywhere. Jammern tun sie nur beim Karaoke.

NO SMOKING! RAUCHEN KANN TÖDLICH SEIN!
REVOLUCION CUBANA·FIDEL CASTRO

Teil drei

Die Piraten

16. Kapitel Von Tokio bis Tijuana

Die Schwestern der Samurai

«Jetzt fängt die Reise an,
jetzt fängt die Reise an,
jetzt fängt, jetzt fängt, jetzt fängt,
jetzt fängt, jetzt fängt, jetzt fängt,
jetzt fängt, jetzt fängt,
jetzt fängt
die Reiiiiise aaaaaaaaan!»

Ich singe das Lied auf der Terrasse des Restaurants «Gonpachi», während ich auf eine Freundin meiner Tochter warte. Sie heißt Nana und ist Halbjapanerin. In Deutschland aufgewachsen, arbeitet sie seit zwei Jahren in Tokio als Industriedesignerin. Meine Tochter mailte mir, sie sei eine Schönheit. Ich warte und trinke ein Bier. Die Gegend hier ist exklusiver als mein Viertel, noch sauberer, noch teurer, von vielen Ausländern frequentiert. Nana hat mir am Telefon einen Haufen Stationen genannt, an denen ich die U-Bahn wechseln muß, um herzukommen. Vorgestern noch hätte ich den Termin deshalb abgesagt oder wäre zumindest mit dem Taxi gefahren. Jetzt habe ich nur okay gesagt. Und es ging zack, zack. Ich bin echt stolz auf mich.

Nana sagte auch, sie werde noch eine japanische Freundin mitbringen und deren Freund, einen Amerikaner. Ob ich sie erkenne? Und sie mich? Und wie werde ich mit dem Amerikaner klarkommen? Dank der weltpolitischen Ereignisse der letzten Dekade sind mir die Amerikaner ein bißchen fremd geworden. Und seit ich weiß, daß Bruce Willis ein strammer Republikaner ist, boykottiere ich seine Filme und behaupte, er sei Masochist.

Mit Gedanken wie diesen vergeht die Zeit ganz gut, dann kommen sie, und ich erkenne Nana sofort. Ihre Ausstrahlung ist hanseatisch, ihre Augen sind asiatisch, ihre Schönheit kosmopolitisch. Hinter ihr geht der Amerikaner, Mitte Dreißig, gut in Schuß und dynamisch, und dann sehe ich seine Freundin. Und weiß, der Abend wird gut. Wenn nicht gar unvergeßlich. Es scheint solche und solche Japanerinnen zu geben, und letztere kommen kaum vor. Und wenn doch, dann im Kino. Einen Augenblick lang glaube ich sogar, daß sie es ist, denn die Braut des Amerikaners sieht nicht nur genauso aus wie die Hauptdarstellerin im «Letzten Samurai», sie verhält sich auch so. Als ich mehr vor Schreck als aus Unhöflichkeit ihrem Freund zuerst die Hand gebe, blitzt in ihren Augen kurz Zorn auf, der sich aber sofort wieder in Anmut verliert.

Das Restaurant erweist sich als erstaunlich. Zunächst erinnert es mich an eine Arena. Dann an ein Amphitheater. Die Tische in den gestaffelten Rängen wirken wie Logen, und unten, wo bei den alten Griechen die Bühne war, ist die offene Küche. Wüßte man nicht, daß es

Köche sind, die dort mit scharfen Gegenständen Tiere zerteilen, könnte man ihre weiße Dienstkleidung für Karateklamotten halten. Stirnbänder, Kopftücher, schweißglänzende, tätowierte Muskeln, und immer, wenn ein Kellner neue Gäste hereinführt, schreit er etwas nach unten, und alle Köche schreien wie ein Mann etwas zurück, und natürlich wird das «Willkommen!» heißen oder «Guten Appetit!» oder «Wir sind teuer, aber die besten!», doch es hört sich an wie der Kampfruf der Krieger in Tom Cruise' fabelhaftem Film. Ehrlich, ich finde die Scientologen auch scheiße, doch der Film ist gut. Das Kampfgeschrei der Samurai ertönt fast im Minutentakt, denn die Köche schreien nicht nur, wenn Gäste kommen, sondern auch, wenn sie gehen, und hin und wieder vermute ich, daß sie sogar schreien, wenn einer die Toilette aufsucht. Das erzeugt eine Dynamik, die dieses Lokal auf der Stelle zu meinem Lieblingsrestaurant weltweit macht. Die Schreie der Krieger kommen immer aus dem Bauch und tönen gern als Uuuuuuuuuuuuuu oder Aaaaaaaaaaa oder Haiiiiiiiiiiiiiiii. Das ist laut, aber nicht so laut, daß man sein eigenes Wort nicht mehr versteht.

Die Unterhaltung beginnt gut. Neben mir sitzt Nana, mir gegenüber der Amerikaner, mit dem Traumgesicht kommuniziere ich diagonal. Der Amerikaner heißt John. Er ist Investmentbanker, lebt seit sieben Jahren in Tokio und kann kein Wort Japanisch. Seine Firma sieht es nicht gern, wenn ihre Leute auf Japanisch mit den Japanern verhandeln; man ist der Ansicht, daß eine global so aggressiv exportierende Nation verdammt noch mal auch die globale Wirtschaftssprache lernen und mit dem Hokuspokus aufhören soll. Das kommt ziemlich cowboymäßig rüber, und normalerweise würde ich ihm Paroli bieten, aber nach den Kommunikationsdebakeln der vergangenen Tage nicke ich einfach nur. Der Ami hat recht. Und gefällt mir im Laufe des Abends immer besser. Das beschämt mich. Wenn man seit Jahren von Amerika nichts anderes hört als Guantánamo, Irak und Klimaschutzblockaden, vergißt man irgendwann, warum man die Amis früher so liebgehabt hat. Wegen «Lassie», «Fury» und «Bonanza». Und ein bißchen später wegen Humphrey Bogart und Robert Mitchum. Ich habe auch all diese netten Menschen vergessen, die ich Mitte der achtziger Jahre während einer Autofahrt von Miami nach L.A. kennenlernte, und ich vergaß komplett New York. Und selbst so Erzidioten wie John Wayne waren in Wahrheit ganz gut zu ertragen, wegen ihres putzsympathischen Kerns.

Die Amerikaner sind offen, sie sind direkt, und sie sind immer sofort bereit, Freundschaften zu schließen. Außerdem sind sie positiv getunt. Sie glauben, daß es für jedes Problem auch eine Lösung gibt. Das ist möglicherweise eine Illusion, aber im Gegensatz zum Pessimismus, der ebenfalls eine Illusion ist, wirkt Optimismus gesund. Nur Optimisten geben das Rauchen auf, denn nur sie schaffen es. Das Thema ist heikel für mich. Wenn ich Jules Verne auch weiterhin so brav auf seiner Route folgen will, ist Nordamerika die nächste Station. Von Küste zu Küste. Als ich John frage, wo in Kalifornien ich noch rauchen kann, sagt er:

«Denk nicht mal dran.»

«Auch nicht vor den Restaurants?»

«Nicht mal am Strand. Vergiß es einfach.»

«Und was ist mit den Mietwagen? Kann man in denen rauchen?»

«Die Strafe, die du zahlst, wenn sie es riechen, deckt ihre Kosten für die Auswechslung aller Polster im Innenraum. Aber du kannst es ja mit Zitronenspray versuchen.»

Uaaaaaaaaaaaaaaaaaaaaaa!

Themenwechsel. Die Augen seiner Freundin sind wie liegende Halbmonde, ihre Wangenflügel scheinen aus Porzellan gegossen, ihr Lippenstift ist erste Wahl. Sie will wissen, was ich mir vor meiner Weiterreise noch ansehen will. Ich sage, ich sehe es gerade. Außerdem würde ich ganz gern in das Dorf und die Berge, in denen «Der letzte Samurai» gedreht wurde. Alle am Tisch kennen den Film. Die Nebelwälder, die Terrassenfelder, den fabelhaften Regen. «Ich glaube, den haben sie in Neuseeland gedreht», sagt die Freundin des Amerikaners, deren Name Yokama ist, und wieder zerplatzt ein Traum. Aber nur ein halber. Die andere Hälfte, und wie ich meine, die bessere, lächelt mich noch immer diagonal über den Tisch an. Warum fokussiert sich die Schönheit der Schöpfung für einen Mann in der Schönheit der Frau? Warum macht ihn ein original japanischer Sonnenaufgang in Neuseeland nur fast genauso an?

Haiiiiiiiiiiiiiiiiiiiiiiiiiiiiiii!

Um John in Sicherheit zu wiegen und Yokama eifersüchtig zu machen, konzentriere ich mich auf Nana. Sie würde es hassen, wenn sie davon wüßte, aber ich denke, sie kennt das Prinzip. Ich habe es ja von Frauen gelernt. Außerdem ist sie die Freundin meiner Tochter, also Familie. Ich will von Nana wissen, ob sie Hamburg vermißt. Nicht sonderlich. Gar nichts? Fehlt dir gar nichts aus der Heimat deines Vaters? Sie denkt nach. Sie denkt noch mal nach. Dann fällt's ihr ein. Nana vermißt die Bäume.

Aaaaaaaaaaaaaaaaaaaaaaaaaa!

Das Essen ist großartig. Kein verreckter Fisch auf dem Tisch verdirbt mir die Laune, denn alle haben meinetwegen vegetarisch bestellt, Tofu, Gemüse, Salate, der Wein scheint ebenfalls nicht schlecht zu sein, uns geht's nicht nur gut, sondern immer besser, und auch die Samurai in der Küche drücken weiterhin aus dem Bauch raus auf die Tube. Die energetische Grundausstattung hier ist dermaßen phänomenal, daß ich zu halluzinieren beginne. Ich sehe die Stimmen und Gespräche der Gäste wie Schmetterlinge durchs Lokal fliegen. Wo bin ich die vergangenen Tage eigentlich gewesen? Im falschen Tokio? Im falschen Ich? Hier sind wir beide richtig, die Stadt und ich, und dann fallen mir natürlich die Stäbchen in mein Tofu, als John erzählt, daß diese gastronomische Gute-Laune-Maschine das ABSOLUTE Lieblingsrestaurant von George Bush jr. ist. Im Ernst. Ich bin echt perplex. Wenn der schlechteste Präsident, den Amerika je hatte, über einen so guten Geschmack verfügt, was Lokale angeht, sollte ich noch mal über alles nachdenken. Und genau das sage ich. Von nun an habe ich bei John einen Stein im Brett. Er fragt mich, ob ich heute noch was Bestimmtes sehen will. Sie zeigen es mir gern.

«Wie wäre es mit Bushs Lieblingsnachtclub?» sage ich.

John grinst und schaut die Mädchen an.

«Nun ja, das wird vielleicht zu schmutzig.»

«Wie schmutzig?»

«So schmutzig wie 'ne Blowjob-Bar.»

Nana und Yokama verziehen beide auf der Stelle ihren Mund, als hätten sie in eine Zitrone gebissen, und ab sofort weiß ich, daß die Pornoindustrie lügt. Nein, sie wollen tanzen gehen.

«Jetzt fängt die Reise an,
jetzt fängt die Reise an,
jetzt fängt, jetzt fängt, jetzt fängt,
jetzt fängt, jetzt fängt, jetzt fängt,
jetzt fängt die Reise an.»

Wir laufen zu Fuß, denn das zentrale Nachtleben Tokios ist mehr oder weniger um die Ecke von George W. Bushs Lieblingsrestaurant. Wir gehen paarweise, also Mann neben Mann und Frau neben Frau, und die beiden Frauen sind vor uns. «Siehst du», sagt John, «das ist der Grund, warum sie lieber mit Ausländern unterwegs sind. Bei den Japanern müßten sie hinten gehen.» Das verstehe ich nicht. «Haben Japanerinnen keinen Po?» John grinst, ich grinse, und als Nana und Yokama sich umdrehen und uns grinsen sehen, grinsen sie auch. Nana zeigt mit großer Geste die funkelnde Straße hinunter. «Das ist Tokios Reeperbahn», sagt sie, «und ich denke, wir fangen mal mit den Russen an.»

Die Russendisko ist knallvoll. Nur auf der VIP-Balustrade ist Platz. Da sind ein paar Russinnen unter sich. Ich will gleich zu ihnen, aber ein schwarzer Security-Mann im Maßanzug verhindert das. Deshalb frage ich John, ob seine Firma nicht den Schuppen kaufen und den Schwarzen rausschmeißen könne, und John sagt, das sei nur zur Hälfte eine gute Idee. Sie kaufen den Laden, aber den Schwarzen behalten sie.

«Warum?»

«Er hat gerade einen guten Job gemacht.»

Nana und Yokama tanzen, wir setzen uns an die Bar. Lieber entspannt zusehen als verkrampft mitmachen. Es sind recht viele Ausländer hier, wenige einheimische Männer, und an Frauen gibt es, außer den Russinnen vom Dienst, nur Japanerinnen. Alle geschieden, alle gut verdienend, alle wild geworden. Eine lerne ich näher kennen. Weil es so voll ist, tanzt sie so dicht, daß man auch sagen könnte, sie tanzt auf meinem Oberschenkel. Sie hat ihn zwischen ihre Beine genommen und erfreut sich daran. Ich frage sie, was sie sonst noch so macht. Schuhdesignerin. Aha. Mittlerweile will Yokama nicht mehr tanzen, und John bietet ihr seinen Barhocker an. Das hätte er vielleicht nicht machen sollen. Der Inhalt des Gesprächs, das ich nun mit seiner Freundin führe, ist nicht aufregend, aber die Form ist es. Wegen der lauten Musik, aber auch, weil es schön ist, sprechen wir Wange an Wange miteinander, und zum zweiten Mal an diesem Abend frage ich mich, in was für einem Tokio ich neulich gewesen bin. Eine Frau auf dem Oberschenkel, eine an der Wange, Autismus im strengeren Sinne ist das nicht. Wahres Glück wahrscheinlich auch nicht. Aber wenn man aufhört, auf der Reise das Unmögliche zu suchen, findet man das Mögliche. Und warum ist Wange an Wange Smalltalk machen so schön? a) wegen des Hautkontakts, b) wegen des Parfüms, und c) vermischen die Auren sich. Kann es sein, daß vor, während und nach dem Sex dieses Wange-an-Wange das eigentlich Intime ist? Außerdem ist der Mund so nah am Ohr, daß man nur noch flüstern muß.

«Wann fliegst du weiter?» flüstert sie.

«Sobald ich weiß, wohin», flüstere ich zurück.

Die Nacht endet bei Burger King. Wir haben wieder Appetit.

Draußen laufen Menschen, fahren Autos, tanzen

Lichter, und wir werden gleich auseinandergehen. Vorher will ich noch eines von Yokama wissen. «Spielst du Klavier?» Das bringt sie ein wenig aus dem Takt. «Woher weißt du das?» Ich sage ihr, daß ich es mir gut vorstellen könne. In Wahrheit habe ich irgendwo gelesen, daß alle japanischen Mädchen aus gutem Hause Klavierspielen lernen wollen oder müssen. Nana kann es auch. John gefällt das Thema nicht. Yokama will demnächst zu ihm ziehen, und obwohl er mit hundertzwanzig Quadratmetern ein für Tokio sehr großes Apartment hat, ist ihm der Flügel seiner Freundin darin zuviel. Das verstehe ich nicht. Ich bitte John, sich vorzustellen, wie es wäre, wenn ihm Yokama im seidenen Kimono und in seidenen Puschen nach der Arbeit und dem ganzen Streß die Mondscheinsonate vorspielen würde, und sofort beginnen beide Mädchen unisono die Klaviersonate Nr. 14 in cis-Moll zu singen, obwohl man sie eigentlich nicht singen kann, und ich mache mit. John nicht. Im Gegenteil, er versucht uns mit ein paar Rock-'n'-Roll-Sequenzen aus dem Takt zu bringen. Aber er schafft es nicht. Gesungen von den Schwestern der Samurai und einem, der gestern noch glaubte, daß nur der Blues das Ende vom Lied sein kann, übernimmt Beethoven den Burger King an der Reeperbahn von Tokio, und als wir später mit einer letzten Margarita auf diesen klasse Abend anstoßen, fällt es mir endlich ein: So, wie es zwei Tokios und zwei Ichs zu geben scheint, so gibt es auch zwei Amerikas. Ein langweiliges und ein aufregendes. Ein kontrolliertes und ein unkontrolliertes. Ein nicht rauchendes und ein rauchendes. Man kann es auch anders sagen: Es gibt den «American way of life», und es gibt «la vida loca».

«Jetzt fängt die Reise an.
jetzt fängt die Reise an,
jetzt fängt, jetzt fängt, jetzt fängt,
jetzt fängt, jetzt fängt, jetzt fängt,
jetzt fängt die Reise an.»

Ich singe mein Lied übrigens zur Melodie von «Ein Jäger aus Kurpfalz» und zur Zeit in einem Coffeeshop in der Abflughalle vom Narita Airport, Tokio. Ich fülle das Ausreiseformular für die Paßkontrolle aus und freue mir einen Ast ab. Ich verlasse ja nicht nur Japan. Ich verlasse Asien. Nichts gegen die Mandeläugigen, aber als ich beim Einchecken mitbekam, daß nur noch die Hälfte in der Schlange Asiaten und die andere Hälfte Latinos waren, wußte ich, was ich vermißt hatte. Gesichter, in denen man lesen kann, Körper, an denen Blicke Slalom fahren, goldene Kruzifixe auf lebensfrohem Fleisch. In der Tat schicke ich mich an, auch die lebensfeindlichen Philosophien zu verlassen. Hasta la vista, Buddha! Irgendwann muß man auch dich überwinden und deine Strategien gegen das Leid. Nur weil Jugend vergänglich ist, soll man die Früchte der Jugend nicht genießen? Nur weil Liebeskummer keinen Spaß macht, soll man sich nicht verlieben? Nur weil man nicht Manns genug ist, einem Kater die Stirn zu bieten, soll man nicht trinken? Nur weil man am Ende stirbt, soll man vorher nicht leben? Was ist das für eine Erlösung? Und was für ein Quatsch! Hält der Frühling seine Blüten zurück, damit sie im Herbst nicht zu Boden fallen? Und nebenbei, der Herbst ist auch nicht schlecht. Seine Farben sind fabelhaft.

«Jetzt fängt die Reise an,
jetzt fängt die Reise an ...»

Hinter der Paßkontrolle und dem Zoll gehe ich an Gates vorbei, in denen die Reisenden auf ihre Flüge mit United und American Airlines nach Honolulu und L.A. warten, und meine gute Laune verdoppelt sich, weil ich mich von nun an nicht nur darüber freue, daß ich etwas verlasse, sondern auch darüber, wo ich nicht landen werde. John war nett, aber die Johns an den US-Einreiseschaltern sind eine andere Kategorie. Vielleicht ist das eine unzulässige Verallgemeinerung, vielleicht gibt es dort viele wie John oder einige, aber dann liegt der Unterschied zu meinem John darin, daß sie nicht mit mir essen gehen, sondern ihren Job machen. Nein, ich werde nicht vor ihnen auf die Knie fallen und schwören, nie Drogen genommen und nie Kuba besucht zu haben, denn ich fliege mit Aeroméxico zu den Mexikanern, und die fragen so etwas nicht.

Der schmucke Flieger startet pünktlich um 14 Uhr 55 und ist kurz darauf höher als der Fuji. Alles, was ich schon über Latinos gesagt habe, wird von der Bordcrew noch einmal auf den Punkt gebracht. Sie sehen gut aus, sie sind gut drauf, und sie können sich gut bewegen. Ihr Arbeitsstil ist unbürokratisch, und sie sprechen spanisch. Manchmal ist die Vorfreude wie eine Rakete, die Stufe um Stufe zündet. Jetzt zündet die Erkenntnis, daß ich in Mexiko nicht nur mit jedem reden kann, sondern auch mit jedem reden will. Español ist toll, und die Akzente Lateinamerikas sind weniger phonetische als rhythmische Phänomene, die Worte tanzen in meinen Ohren. Mi amor, mi vida, da bist du wieder, und auch «amigo» hört sich besser an als «friend». Kein hartes r, kein lasches e, sondern drei Silben, die man jubeln kann: A-MI-GO. Der Amigo rechts von mir ist entweder Revolutionär, Künstler, Priester oder ein Millionenerbe ohne Ambitionen. Sein schwarzer Vollbart wärmt ihm die Brust, seine Haare fallen in schwarzen Locken weit über die Schultern. Jesus in der Flugdecke? Der Compañero zu meiner Linken dagegen erinnert mich an einen Schauspieler, der nur Mafiosi spielt, und neben ihm sitzt das Model mit goldenem Kruzifix. Ihre Hand ruht ganz oben auf seinem rechten Oberschenkel, und falls er Rechtsträger ist, würde ich sagen, sie ruht auf seinem Pingo, wie man im Spanischen den einäugigen Mönch nennt.

«Jetzt fängt die Reise an,
jetzt fängt die Reise an.»

Wir fliegen zehn Stunden, überqueren die Datumsgrenze, sehen vier Filme und essen dreimal. Dann sind wir in Mexiko und, was für mich wichtig ist, direkt an der Grenze zu den USA. Mit dem Zwischenstopp in Tijuana habe ich Jules Vernes Route immerhin noch gekratzt. Ich kann ohne schlechtes Gewissen von einem kalifornischen Licht sprechen, das nach der Landung durch die Fenster fällt und mein Gemüt nach dem Regen Asiens wieder auf Sonne umstellt, und mich auf eine Zigarette in der Transithalle freuen. Die Halle erweist sich als ein Gewirr häßlicher Flure, von deren Wänden die Farbe blättert, und die Beamten, die unsere Pässe abstempeln, gefallen mir auch auf Anhieb. Das sind keine überausgebildeten, dobermannscharfen Paranoiker, wie drüben, auf der anderen Seite, sondern fette, faule Schnauzbartträger in schlechtsitzenden Uniformen, in deren Weltbild das Wort Korruption strikt positiv besetzt ist, weil es «Leben und leben lassen» bedeutet und sonst nichts. Das stimmt mich froh und den Mafioso und seine Braut ebenso. Die steht jetzt direkt neben mir und läßt ihr Kruzifix vor dem Gesicht des Zöllners baumeln, was mich zu einem tiefen Gedanken inspiriert: Wenn Jesus wirklich durch die Augen all seiner kleinen Stellvertreter blicken kann, die seit zweitausend Jahren in solchen Dekolletés rumhängen, dann hat sich die Sache mit dem Kreuz für ihn gelohnt. Viva México!

17. Kapitel Mexico City

Vom Finden und Verlieren

Eine hohe Straßenkriminalität bedeutet: keine Japaner. Kein Nichtraucherschutz bedeutet: wenige Amerikaner. Kein Strand bedeutet: kaum Deutsche und Engländer. Keine Marken-Geschäftspassagen bedeutet: Abwesenheit von Italienern. Keine Küche außer der mexikanischen bedeutet: ohne Franzosen. Keine Wucherpreise bedeutet: uninteressant für Russen. Keine Moscheen bedeutet: keine Schleier. Keiner macht sauber bedeutet: Es gibt keine Schweizer. Und so geht es weiter, oder könnte es weitergehen, bis keine Nationalität mehr übrigbleibt, außer der, die hier wohnt, und den Anrainern.

Ich habe das große Glück, einen Ort gefunden zu haben, der vom Tourismus wie von der Globalisierung gemieden wird und trotzdem alles hat, was das Herz eines Großstadtboliden begehrt. Urban, aber unberührt. Besser geht's nicht für mich. Oder hat es andere Gründe, daß ich mich so fühle wie Olga von der Wolga im goldenen Whirlpool? So entspannt wie schon lange nicht. Drehen sich beim doppelten Jetlag die negativen Eigenschaften des einfachen ins Positive um? Wird aus Erschöpfung Frieden, wenn man doppelt müde, doppelt kaputt, doppelt aus der Zeit geraten ist? Ich weiß es nicht, aber noch nie zuvor auf meinen Reisen ähnelte die Wirkung eines Jetlags der von Opium.

Ich bin am Samstag um 14 Uhr 55 Uhr aus Tokio abgeflogen und Samstag um 17 Uhr 20 in Mexiko gelandet. Die restlichen Stunden hat der Pazifik geschluckt. Ich habe einen Tag gewonnen. Vor kurzem noch hätte ich gesagt, na ja, einen Tag mehr für diese Reise zu haben ist nicht unbedingt das, was mich vor Freude Purzelbäume schlagen läßt, aber jetzt ticke ich anders. Jetzt kann ich jede Stunde gebrauchen. Und wenn ich nicht aufpasse, beginne ich mich doch noch zu ärgern: Warum bin ich so lange in Bangkok geblieben? Warum habe ich Shanghai und Tokio nicht wie Hongkong in einem Tag oder einer Nacht durchgezogen? Dann hätte ich jetzt noch vierzig Tage, vielleicht sogar sechzig. Wie es sich anfühlt, könnte ich auch sechzig Monate vertragen. Ich bin endlich angekommen.

Ich sitze auf einem Balkon, der jederzeit abbrechen kann, und warte auf den Morgen. Weil ich gleich nach meiner Ankunft im Hotel aufs Bett gefallen und eingeschlafen bin, wache ich mitten in der Nacht wieder auf. Aber es macht mir nichts aus, daß alles geschlossen ist und ich nichts zu essen habe. Der Bauch ist hungrig, die Seele satt. Das ist viel besser als umgekehrt. Was genau sättigt meine Seele? Schwer zu sagen, ich sehe nicht das Detail, ich sehe das Ganze, und das ist eine Straße, die auf mich wie ein Gemälde wirkt: ein unvollendetes Werk, gewiß, weil jeden Tag weiter daran gearbeitet wird. Seit, ich schätze mal, über zweihundert Jahren.

Oder seit über dreihundert oder vierhundert. Das ließe sich recherchieren. Die Leute, die diese Häuser gebaut haben, waren die ersten; sie schafften die Grundlage, den Rahmen und die Leinwand für ein Werk, an dem Generationen von Lebenskünstlern und auch Generationen von Tieren weitergemalt haben.

Nun könnte man der Meinung sein, daß ein Hund, der die Wand anpinkelt, kein großer Künstler ist. Das stimmt. Aber es stimmt nur bedingt. Fokussiert man seinen Blick auf die Verfärbungen, die Hundeurin, Katzenurin, Mäuseurin und auch Menschenurin an Stein und Holz hinterlassen, ist das natürlich Dreck. Doch in der Gesamtkomposition eines kolonialen Straßenbildes schafft es Tönungen, Akzente, Mischfarben, die anders nicht hinzukriegen sind. Dasselbe gilt für jeden Nagel, den Menschen hier eingeschlagen haben, für jede Flasche, die sie fallen ließen, im Grunde sogar für jeden Schritt, den sie gemacht haben, und leider auch für das Blut, das hier geflossen ist. Jeder Quadratmeter der Straße, jede Tür, jedes Fenster, jedes Dach erzählt Geschichten vom Leben und Sterben in dieser Stadt. Und, ich vergaß, selbstverständlich malten Sonne, Wind und Regen mit sowie der große Meister Zeit. Das habe ich von den Chinesen gelernt. Es gibt keine Vergänglichkeit. Die Dinge wandeln sich nur gelegentlich. Kurz, ich betrachte ein extrem lebendiges Straßenbild, obwohl noch kein Mensch zu sehen ist. Und ich füge dem Bild etwas hinzu. Mich.

Für ein paar Stunden bin ich Teil des Gemäldes und

gehöre dazu, wie die zerbrochene Fensterscheibe in dem Haus gegenüber oder wie der Efeu an den Mauern des nächsten oder wie die zerknüllte Zeitungsseite unter mir auf dem Bürgersteig. Ein Motor arbeitet sich immer lauter werdend durch die Stille, ein grüner VW rattert vorbei. Ein Käfer, das Auto meiner Kindheit, und meine erste eigene Karre. Irgendwo die Straße runter biegt der Spuk wieder ab und wird zur Erinnerung, wie der Schrecken der Azteken, als ihnen hier zum ersten Mal Spanier entgegenritten. Weil sie keine Pferde kannten, glaubten sie, Tier und Reiter seien ein Wesen. Wenn ich auf die Hochhäuser von Tokio und Shanghai blickte, lockte mich nichts hinter ihre verspiegelten Fassaden. Aber hier will ich ab morgen in jede Mauerritze. Hin und wieder tut es gut, die Hemisphäre zu wechseln. Ein perfekter doppelter Jetlag, fehlerfrei gelandet, auf einem baufälligen Balkon unter dem Sternenhimmel Mexikos. Und langsam zieht die Morgenröte am Himmel auf. Mein Gott, Morgenröte und Kaffeedurst sind ein perfektes Team.

Ich gehe zum Hotelrestaurant runter, aber es hat noch eine Viertelstunde geschlossen. Ich setze mich ins Foyer. Der Nachtportier, der hinter der Rezeption geschlafen hat, erhebt sich, räumt seine Decken weg und lächelt mich an. Sein Gesicht ist rund und von einem genußorientierten Leben etwas verschwammt. Sein Körper auch. In seinen Augen ist Phlegma und Gutmütigkeit. «Buenos días, amigo», sagt er. Ein Wachmann kommt rein und stellt sein Gewehr ab. Der Koch erscheint, dann zwei Frauen, die in dem Restaurant arbeiten, sie alle sind klein und rund und schlecht gekleidet. Die Kellnerin, die mir ein wenig später eine Jumbokanne Kaffee, frischen Orangensaft, Bohnen, Bratkartoffeln und Eier bringt, legt mir ihre Hand auf die Schulter, als wenn sie meine Mutter wäre. Oder meine Schwester. Für einen Moment ist sie das auch. Die Mutter aller Reisenden, die Schwester aller Frühstückenden. Es ist nur eine Kleinigkeit, aber es stellt mir die Haare auf. Danach kann ich schlafen.

Stimmen wecken mich, Rufe, Lachen, Musik, Hupen. Mittagssonne liegt auf dem Bett. Ich rolle mich raus und gehe auf den Balkon. Das Bild von heute nacht ist mehr als lebendig geworden, und es hat an Farbe gewonnen. Jeder trägt hier etwas Buntes, jeder etwas anderes, und das, was sie verkaufen, ist ebenfalls farbenfroh. Das ist kein Straßenbild, das ist ein schwer bewegter Flickenteppich in Indianerfarben. Aber ich habe noch ein lustigeres Bild dafür. Verglichen mit den Ameisenstädten Asiens kommt mir das hier wie eine Maikäfermetropole vor. «Wie geil ist das denn», sage ich laut zu mir selbst und lege mich wieder hin.

Ich schaffe es erst am Nachmittag, auf die Straße zu gehen. Ich komme nicht weit. Ist es der doppelte Jetlag oder die Sogkraft der Eindrücke? So muß sich eine Biene fühlen, die im Honig versinkt. Und Spazierengehen wird zu Spazierenstehen, wenn man nicht aufpaßt, auch schnell zu Spazierensitzen. An einem Fruchtsaftstand, zwanzig Meter vom Hotel, und sie bieten auch Kaffee an. Das Mädchen, das ihn für mich kocht, bräuchte nur den Finger reinzutippen, und der Kaffee wäre süß, ohne dick zu machen. Zum Stand gehört ein Ghettoblaster, der uns mit Latinorock beschallt. Vor einer Woche habe Shakira hier direkt um die Ecke ein Konzert gegeben, erzählt das Mädchen, vor dreihunderttausend Menschen. Wo um die Ecke? Hier um die Ecke. Ich bin im Zentrum des Zentrums von Mexico City, im Kern der historischen Stadt. Gleich links und hundert Meter weiter steht die große Kathedrale, wo vorher der Palast der Aztekenkönige gestanden hat und davor der Kaktus. Huitzilopochtli, was für ein Name, hieß der Gott, der seinen Priestern den Auftrag gab, einen Kaktus zu suchen, auf dem ein Adler sitzt und eine Schlange verspeist. Dort sollte die Hauptstadt des Aztekenreiches errichtet werden. Sie fanden Kaktus, Adler und Schlange um 1325 und, wie gesagt, gleich um die Ecke. Der Name der Stadt geht übrigens auch nicht leicht von der Zunge. Tenochtitlán. Die Spanier haben, man kann es verstehen, die Stadt sofort umbenannt. Und umgebaut. Erst zeigten sie sich von den prächtigen Bauten und nach strengen Mustern angelegten Wohnvierteln der Aztekenhauptstadt überwältigt, dann rissen sie alles bis auf die Grundmauern ab und bauten ihre Kirchen und Häuser drauf. Auch schön, die andalusisch-maurischen Hinterhöfe mit Brunnen und Balustraden; ich stolperte in einen, als ich vom Bankautomaten kam. Die Spanier haben sich gewiß nicht beliebt gemacht auf diesem Kontinent, aber ihre Häuser sind klasse, und auf mexikanisch sieht das aus wie in JEDEM Western, den ich kenne. Präziser, wie in jedem, in dem sympathische US-Verbrecher über die Grenze nach Mexiko fliehen, um in Häusern wie diesen auf die Maria ihres Lebens zu treffen, umgeben von Blumen, Papageien und Banditen. Auch schön, die alten Buchläden und der Staub, der zwischen den Regalen in den Strahlen der Sonne tanzt, als wäre jedes einzelne, jedes noch so kleine Staubpartikel eine Schutzfee für Wörter. Oder eine Fee, die lesen will. In Leder gebunden, in Regalen versenkt, auf Tischen gestapelt, am Boden verstreut, wünschen sich versunkene Welten, daß man sie aufklappt. Auch schön: die Omnipräsenz der Heiligenscheine und daß so viele Schaufensterpuppen Hochzeitskleider tragen und so wenige Mexikaner einsame Augen haben. Auch schön, alles schön, wunderschön, vor allem aber macht mich das Flirren dieses energetisch aufgeladenen Unsichtbaren an, das man Atmosphäre nennt. Oder Spirit. Oder den Geist einer Stadt. Sind es die Indioseelen? Sechzig Prozent der Bevölkerung Mexikos sind Mestizen, halb Indios, halb Spanier. Von wem haben sie die Lässigkeit? Und von wem die kriminelle Energie? Vorsicht vor Taschendieben, Vorsicht beim Taxifahren, Vorsicht am Geldautomaten, Vorsicht in dunklen Straßen. Jugendbanden metzeln Touristen ab, die sich in ihnen verlaufen haben. Von wem haben sie das? Und von wem das andere? Die Musik, die Wärme und diesen unambitionierten Lebensstil, der wie Faulheit aussieht, aber eigentlich Weisheit ist. Von wem haben sie ihre gute Laune? Was war in dem Kaktus, auf dem der Adler saß und die Schlange fraß? Viele Fragen und nur eine Antwort: Ich weiß es nicht. Beide Völker waren extrem grausam seinerzeit. Die Spanier töteten oder versklavten jeden, der kein Spanier war, und nannten das Reisen. Die Azteken schnitten Menschen bei lebendigem Leib mit einem Steinmesser das Herz heraus und nannten das Gottesdienst. Die Leichen warfen sie anschließend von ihren Pyramiden. Ebenfalls aus religiösen Motiven sperrten sie Kinder in Käfige und ließen sie verhungern. Aber sie waren gerechter als die Spanier. Die Adeligen der Azteken wurden für ein Verbrechen härter bestraft als der einfache Mann. Und einen Mörder verurteilten sie entweder zum Tode oder übergaben ihn der Witwe des Opfers als Sklaven. Nein, ich weiß nicht, was Mexico City von wem hat. Ich weiß nur, daß ich diese Straße hier mag und daß es in der 18-Millionen-Stadt noch viele Straßen gibt, die ich lieben werde. Und hinter der Stadt sind die Berge, Haciendas, Räuberbanden und die Strände von Acapulco. Außerdem ist Guatemala gleich um die Ecke, El Salvador und Nicaragua, und wollte ich nicht schon immer mal durch den Dschungel von Panama nach Kolumbien reisen?

Ich sitze an der Fruchtsaftbar unweit des Platzes, wo mal der heilige Kaktus stand, und träume wieder vom Reisen, und das ist das schönste an diesem Tag. Und am nächsten. Und übernächsten. Drei Tage kommt das Paradies auf meine Landkarte zurück, drei Tage ist nicht nur die Welt wieder in Ordnung, sondern auch ich bin wieder da, als wäre nichts gewesen, außer dem Irrtum, daß man zu alt für diesen Quatsch werden kann. Der Geruch, der Sound, das Licht der Stadt versetzen mich in Trance, und ich docke an Erlebniswelten an, die ich längst verloren glaubte. Ich habe die Reise wiedergefunden und damit alles, was einmal meine Antwort auf alles gewesen ist. Das ist mehr als Glück. Das ist ein Geschenk. Ich fühle mich wie neugeboren in einem schönen und wilden Leben, in einem schönen und wilden Land. Mit dem letzten Drittel meiner Spesen und nur noch zwei Wochen bis zum achtzigsten Tag. Aber wer weiß, vielleicht sage ich auch: Scheiß drauf. Bleib doch so lange, wie du willst. Gern auch für immer. Open end, die alte Magie, der alte Geist! Das Piraten-Gen wird munter in Mexico City, und das ist doch schon mal was.

Zum Problem wird Kuba. Ausgerechnet Kuba. Ich habe von 1995 bis 1997 in Havanna gewohnt und seitdem geglaubt, ich müsse mich, egal wo ich bin, nur umdrehen, um den Gipfel meines Lebens zu sehen. Weil ich mich auf Kuba zwei volle Jahre pausenlos so gefühlt habe wie jetzt seit drei Tagen in Mexico City. Seit zehn Jahren bin ich nicht mehr auf der Insel gewesen, darum spielte ich während der vergangenen Wochen des öfteren mit dem Gedanken, Havanna der Route von Jules Verne hinzuzufügen. Und in Tokio wurde Ernst daraus. Ich hatte mir, ich vergaß es zu berichten, nach meiner Nacht mit Nana und Yokama und dem Amerikaner einen Film angesehen, Johnny Depp und seine Piraten. Und die letzte, aber wirklich die letzte Szene in diesem Film zeigt Captain Jacks Hand auf einer Landkarte von Kuba. Da war's geschehen, da vereinigten sich Wünsche und Zeichen. Anschließend habe ich nicht nur das Ticket nach Mexico City gekauft, sondern auch gleich den Weiterflug nach Havanna. Die Stadt, in der ich jetzt so glücklich bin, war nur als Sprungbrett für das Glück geplant. Nur drei Tage habe ich Idiot ihr gegeben. Und die sind vorbei. Umbuchen kann ich nicht, es ist ein blödes Ticket, außerdem stehe ich in regem Mailkontakt mit einem gewissen José Castro, der mir ein Balkonzimmer im «Riviera» reserviert hat, meinem ehemaligen Lieblingshotel in meiner ehemaligen Lieblingsstadt. Der Balkon ist wichtig, weil er den besten Blick auf die wellengepeitschte Ufermauer des Malecón bietet, den man sich wünschen kann, und das habe ich José in jedem meiner Mails klargemacht. «No problema, compañero», hat José zurückgeschrieben, der Balkon wartet auf dich.

Allein das Wort «compañero» hat mein Herz berührt, was dazu führt, daß das Glück der Vergangenheit das Glück der Gegenwart stört. Seit drei Tagen stört es schon, aber ich habe den Wunsch, auf das Ticket und den Balkon am Malecón zu pfeifen, immer wieder verdrängt, weil Entscheidungen zu treffen wie bekannt nicht meine große Stärke ist. Nachdem ich meinen Rucksack gepackt und die Hotelrechnung bezahlt habe, sitze ich nun in dem kleinen Lokal, das inzwischen zu meinem Hang-out geworden ist; mir gefallen die alte Frau, die hinter der großen gußeisernen Zuckerrohrpresse sitzt, und die gerahmten Schwarzweißfotografien an den nikotinvergilbten Wänden. Von meinem Tisch aus kann ich den Eingang des Hotels sehen und das Taxi, das mich zum Flughafen bringen soll. Will ich das? Meine Beine sagen nein, als ich aufstehe und auf den Wagen zugehe. Und warum höre ich nicht auf meine Beine? Weil ich glaube, daß zwei Stunden Flug kein Thema sind und ich jederzeit nach Mexico City zurückkehren kann. Und was ist mit dem Flug von Havanna nach Dublin, den du ebenfalls schon in Tokio gekauft hast? Auch der ist nicht umbuchbar. Ja, es fühlt sich an, als würde ich wieder mal einen großen Fehler machen, trotzdem steige ich in das Taxi.

Wenige Minuten später bin ich aus allen Straßen raus, die ich kenne, aber ich habe es ja gewußt. Mir gefällt jede in dieser Stadt, auch die nicht historischen, auch die häßlichen. Dieses Flimmern ist überall, sogar auf den Parkplätzen vor Supermärkten und Tankstellen. Es scheint aus dem Boden zu dringen oder mit dem Licht vom Himmel zu fallen, überall sehe ich Menschen, deren Körpersprache und Fahrstil verraten, daß sie gerne leben. Ich fühle mich zu Hause und beginne in immer kürzer werdenden Abständen zu schwören, daß ich wiederkommen werde, so schnell es geht, und das hört im Flughafen nicht auf, im Gegenteil. Als ich vor drei Tagen landete, war ich so fertig, daß ich kaum etwas von ihm mitbekam, aber jetzt spüre ich die fast überdrehte Vitalität in seinen Hallen, Fluren, in den Cafés und Restaurants. Ich esse noch eine Kleinigkeit und schaue mir das an.

Ich sitze nicht gern in Flughafenrestaurants, doch in diesem könnte ich stundenlang sitzen, weil der Kellner auf Speedy Gonzales macht und man rauchen kann. Eine Amerikanerin schlägt sich fast selbst, so panisch reißt sie ihren Arm hoch, um Mund und Nase zu bedecken, dann bringt sie ihre Kinder in Sicherheit. Ein Einzelschicksal, Hysteriker sind hier die Ausnahme, denn Mexico City ist das Miami, nein, das New York der Latinos geworden, und die Passagiere aus allen Ländern Mittel- und Südamerikas streben zu den Ausgängen, als wären sie auf dem Weg zu einer Party. Die ich gerade verlasse. Ein Trost bleibt mir. Ich freue mich auf die vielen Kubaner am Gate. In meiner Erinnerung sind sie die schönsten, romantischsten und musikalischsten Menschen der Welt. Sie werden mir den Abschied erleichtern. Aber dann erreiche ich das Gate für den Flug nach Havanna und kann es nicht fassen. Da sitzen kaum Kubaner, kaum Mexikaner, keine Kolumbianer, keine Brasilianer oder sonstwie fröhlichen Südamerikaner, sondern da sitzen eigentlich nur: Japaner.

18. Kapitel **Kuba**

Salsa ist verboten!

Sein Händedruck war so schlaff wie ein Stück Toilettenpapier und seine Haut so durchsichtig wie Pergament. Nur die Legion von Leberflecken steuerte gegen die altersbedingte Transparenz. Das war 1990, vor siebzehn Jahren, und schon damals machte Fidel Castro den Eindruck einer Legende, die nur noch von der Uniform zusammengehalten wird, aber als er zu reden begann, war «el chefe» wieder präsent, und ich hing an seinen Lippen wie ein Kind. Das Interview war durch eine Mischung aus Zufällen, Beziehungen und dem unbeugsamen Willen des damaligen Chefredakteurs der «Bunten» zustande gekommen und wurde innerhalb unseres Berufsstandes als Sensation gehandelt. Aber noch sensationeller war, daß der Mann es dann nicht druckte, weil ihm Castro bei mir zu sympathisch rüberkam. Trotzdem hat sich die Sache gelohnt, denn ich behielt die Einladungskarte zu dem Interview und holte sie, als man mir fünf Jahre später in Kuba den Besitz von Marihuana nachweisen konnte, wieder raus. Das erledigte alle Probleme mit einem Schlag. Niemand wollte mich dann noch einsperren oder ausweisen, ja, nicht mal Geld wollten die Polizisten von mir, und das Gras konnte ich auch behalten. Ein Freund der Revolution darf kiffen. Das Foto, das sie damals während des Verhörs von mir machten, sehe ich nach der Landung auf dem Flughafen José Martí im Computer der kubanischen Paßkontrolle wieder. «Da habe ich besser ausgesehen», sage ich zu der hübschen Frau in Uniform und frage sie, ob ich einen Ausdruck davon haben kann. «No, señor», sagt sie überrascht, bevor sie zu lachen beginnt, weil sie meine Frage ernst genommen hat.

Vor dem Flughafen empfängt mich das Klima der Karibik wie ein leichtes Mädchen. Immer ein bißchen übertrieben, ein bißchen zu viele Küsse und Streicheleinheiten für Haut, Haare und Seele. Und immer will man auf der Stelle was trinken. Soll ich José fragen, ob es das «Café Cantante» noch gibt oder das «1830» oder den «Palacio de la Salsa»? Lieber nicht. José ist alt, José ist müde, und er ist auch nicht gerne um diese Zeit zum Flughafen rausgekommen, um mich zu begrüßen und mir die Hotelcoupons für mein Balkonzimmer im «Riviera» zu geben. Wir rauchen eine Zigarette zusammen, und er fragt mich mehr aus Höflichkeit als aus Interesse, ob ich schon mal auf Kuba gewesen sei. «Ja, José, ich habe zwei Jahre hier gelebt, aber das war vor zehn Jahren», antworte ich, und er sagt daraufhin, was ich vermutet habe, aber nicht hören will:

«Wie vor zehn Jahren ist es leider nicht mehr.»

Tags darauf. Der Malecón ist eine etwa acht Kilometer lange, weitgeschwungene Uferpromenade in der Bucht von Havanna. Eine durchgehende Mauer, einen Meter hoch und so breit, daß man auf ihr gehen, sitzen oder zu zweit liegen kann, grenzt ihn vom Meer ab. Am einen Ende der Bucht liegt das Villenviertel Miramar, am anderen die alte Festung del Morro, dazwischen wellt sich karibisches Blau bis zum Horizont. Die Landseite des Malecón verläuft zu einem Viertel entlang der kolonialen Häuser der historischen Altstadt, dann kommt die Architektur der zwanziger und fünfziger Jahre, dazwischen immer wieder große, freie Plätze, auch ein Stadion.

Dazu nehme man tropisches Inselwetter zur besten Jahreszeit, eine goldene Sonne, leichten Wind, betörende Düfte und stelle sich vor, der Malecón läge in Mexico City. Wie sähe dann das Leben auf dieser Prachtpromenade aus? Wahrscheinlich ähnlich wie auf der Copacabana in Rio oder auf der Avenida do Contorno in Salvador da Bahia. Alle paar Meter ein Kiosk, eine Fruchtsaftbar, ein Caipirinhastand, alle paar Meter würden Sonnenbrillen, T-Shirts und Flip-Flops verkauft, alle paar Meter wären Straßenhändler, Wahrsager, Schuhputzer und Kleinkünstler am Werk, und auf der Häuserseite hätten wir alle paar Meter die großen Restaurants, Cafés und Bars mit ihren Blumenbalkonen und Dachterrassen, und die ganze Stadt wäre da, an einem Nachmittag wie diesem, um leicht bekleidet und flirtaktiv im Fluß des Lebens und Überlebens mitzuschwimmen, und überall, ich schwöre, überall hörte man Musik.

Auf der Uferpromenade der Zweimillionenstadt Havanna aber tat sich nichts. Gar nichts. Sie war praktisch leer. Ich bin vom Hotel «Riviera» losgegangen, das am westlichen Ende der Bucht liegt, und auf den fünf, sechs Kilometern, die ich zurücklegte, bis ich den Rand der Altstadt erreichte, begegnete ich nicht mehr als zwanzig dünnen Menschen in schmutzigen T-Shirts, und wirklich jeder von ihnen, bis auf die beiden Angler, die mich zu spät sahen, bettelte mich an. Vor den Fassaden der Altstadt waren dann mehr Leute zu sehen, aber ich sah sie nicht auf dem Malecón flanieren, bummeln und Kaltgetränke genießen, sondern sie standen einfach nur da rum. Sie wohnen in den Häusern und haben nur zwei Möglichkeiten: Entweder sie stehen dahinter oder davor. Auch sie machten einen unterernährten Eindruck, trauten sich aber nicht, mich anzubetteln, denn alle paar Meter lauerte ein Polizeiwagen wie ein gefährliches Tier. Und was die Blumenbalkone angeht: Die meisten waren abgebrochen. Fast alle Türen fehlten, vor den meisten Fenstern hingen Tücher oder gar nichts, das Glas war längst kaputt. Und nirgendwo hörte ich Musik.

Das mächtige und reiche Spanien hat Ende des 15. Jahrhunderts Havanna mit dem Ehrgeiz gebaut, seine Hauptstadt in der Karibik in nichts den Städten des Mutterlandes nachstehen zu lassen, im Gegenteil: Sie wollten Havanna noch prächtiger machen, und viele sagen, sie haben es geschafft. Die barocken Wohnpaläste, die Kirchen, die Parks und Boulevards, das Netz der schattigen Gassen, die versteckten Brunnen, die kleinen Plätze, all das ist so schön, so alt, so wertvoll, daß es die Unesco 1982 zum Weltkulturerbe ernannte. Seitdem wird renoviert. Mit dem Geld aus Europa, Kanada und Südamerika und dem Elan kubanischer Arbeitskräfte hat man bisher den Parque Central in der Mitte der Altstadt wieder frisch gemacht, plus ein paar Häuser hier und da in den benachbarten Straßen. Und das war's. Alles andere ist weiterhin grenzruinös. Das stört mich nicht grundsätzlich. Verfall kann höchst romantisch sein. Man sieht es an Venedig. Und auch Armut ist, so zynisch es klingt, oft fröhlich, man weiß das von Bangladesh. Im ärmsten Land der Welt leben die glücklichsten Menschen und in den Slums von Rio die lebenslustigsten Karnevalisten, die Mexikaner sind auch nicht alle reich, dasselbe gilt für die Inder und die Marokkaner. Nein, die Armut ist es nicht, was mich so wütend auf Castro macht, auch nicht die kaputten Häuser. Es ist das kaputte Leben, das er hinterläßt. Die große Straße, die vom Ende des Malecón nach rechts und schnurgerade bis zum Parque Central führt, ist ein gutes Beispiel dafür. Kennen Sie die Ramblas in Barcelona? Der Prado in Havanna ist genauso gebaut. In seiner Mitte und von den Fahrbahnen etwas erhöht ist die breite Fußgängerpromenade, auf der in Barcelona jeden Tag und jeden Abend Gitarristen, Geiger, Sänger, Tänzer, Clowns, Pantomimen und Taschendiebe gutes Geld verdienen, weil Heerscharen von Touristen und Einheimischen dort flanieren. Auf dem Prado von Havanna aber sitzt nur hin und wieder jemand auf einer Bank und schnorrt mich um Zigaretten an, wenn ich vorübergehe. Erst am Parque Central empfängt mich Leben. Hier sind die großen blankgeputzten Kolonialhotels, wie das legendäre «Inglaterra», die Hemingway-Bars, die Taxis, Einheimische und Touristen. Aber es macht keinen Spaß, im Straßencafé des «Inglaterra» zu sitzen und sich das anzusehen, weil alle so spaßlos unterwegs sind oder so spaßlos rumstehen oder wie kranke Katzen unter den Parkbäumen hocken, statt Purzelbäume zu schlagen vor Glück darüber, daß sie ein Fahrrad haben und keine Miete bezahlen müssen. Sie müssen auch den Arzt nicht bezahlen. Sogar am Herzen werden sie umsonst operiert. Trotzdem stimmt hier was nicht. Ganz und gar nicht. Der Eindruck verstärkt sich in den Straßen, die vom Parque Central abgehen und tief in die Altstadt führen, denn sie sind schmal; und Enge verdichtet. Außerdem sind sie noch unrenoviert. Und schmutzig. Und stinken hier und da betont kräftig. Die Menschen, fast alle schwarz und in zweifelhafter Garderobe, stehen oder sitzen vor ihren Hauseingängen und verbreiten eine Stimmung, in der sich Langeweile und Wut mischen, und wenn sie mich sehen, kommt bei einigen noch etwas Gier und bei anderen etwas Verzweiflung hinzu, weil mein Anblick sie mit einer Welt konfrontiert, aus der sie ausgeschlossen sind. Ausgeschlossen ist eigentlich ein zu zarter Ausdruck dafür, weil er immerhin noch das Nebeneinander von zwei Welten möglich scheinen läßt, aber was ich hier sehe, ist kein paralleles Universum, sondern ein verlorenes. Die letzten Kommunisten sitzen wie der Abfall der Geschichte vor ihren Haustüren und haben nichts zu tun. Oder wollen nichts tun, weil sie nichts dafür bekommen, oder sie dürfen nicht tun, was sie tun wollen, oder sie tun nur so, als ob sie was tun, weil nicht sie, sondern andere wollen, daß sie es tun. Natürlich kennen dasselbe auch viele Unterprivilegierte in der freien Welt, aber die haben immerhin noch ihre Träume. Ihre Chance, ihren Kampf. Der Kampf ums Überleben ist oft beschwerlich, aber er ist auch eine der größten Triebkräfte des Lebens, wenn nicht die größte. Operiert man sie weg, bleibt ein geisterhaftes Wesen ohne Kämpferherz zurück – und Straßen ohne den Esprit der Kreativität.

Wie sah die Altstadt von Mexico City aus? Und wo ist hier der Rausch der Farben, das laute Lachen, das Glitzern in der Atmosphäre, und – vor allem – wo ist hier die Musik? Ich höre nichts. Ich spüre sie auch nicht. Kein Rhythmus, kein Beat. Was ich spüre, das dafür im Übermaß, flächendeckend und aus allen Ritzen dringend, ist die Angst dieser Menschen. Und die, vor denen sie Angst haben, stehen an jeder, aber wirklich an jeder Ecke. Mucha policía, wie die Leute hier sagen. Die Scheißpolizisten sind die einzigen, die hier gut aussehen. Gut uniformiert, gut bewaffnet und gut trainiert. An jeder Ecke passen sie auf, daß hier bloß keiner Spaß am Leben hat. Ich habe auch bald keinen Spaß mehr dran. Ich gehe ins Touristencafé «Monserate», und auf dem WC stelle ich fest, daß die Toiletten verstopft sind und der Urin bis zur Kante steht. Trotzdem will der Toilettenmann Trinkgeld von mir. Mein Havanna Club kommt in einem schmutzigen Glas, weil es kein Spülwasser gibt. Trotzdem verlangen sie umgerechnet neun Euro dafür. Normalerweise würde ich jetzt sagen, das ist okay. Denn erstens kann es passieren, daß es kein Wasser gibt. Und wenn zweitens die überhöhten Touristenpreise irgendwann dem Volke zugute kommen, ist das für mich normalerweise auch kein Problem. Aber ich habe niemanden auf den Straßen gesehen, dem irgend etwas zugute zu kommen scheint. Bis auf die Polizisten. Und die Armee. Das nimmt mir den Genuß an meinem Getränk, weil ich denke, daß sich jeder kubanische Rum, den ich trinke, irgendwann in einen Schlagstock verwandeln wird. Jede kubanische Zigarre, die ich rauche, wird zu einem Gitterstab. Jedes Hotelbett, auf dem ich schlafe, finanziert letztendlich Gefängnisse. Und das doppelt Frustrierende an dieser Situation ist, daß wir wissen, was wir vermissen, die Kubaner und ich, weil wir es erlebt haben. Und es ist auch noch nicht so lange her. Vor zehn Jahren wurde ich Zeitzeuge des kubanischen Frühlings, der von internationalen Beobachtern nur deshalb nicht als ein ernstzunehmender Aufstand erkannt worden ist, weil er zu lustvoll rüberkam. Die Kubaner haben ein hübsches Wort dafür. Die Salsa-Revolution.

Richtiger wäre natürlich, die Salsa-Konterrevolution, obwohl es Fidel Castro selber gewesen ist, der die Weichen dafür gestellt hat. Versehentlich und weil er an das Gute im Touristen glaubte, und das war übrigens auch das Thema des Interviews, das er mir 1990 für die «Bunte» gab.

Weil der große Bruder UdSSR den Löffel abgegeben hatte, stand der kubanische Kommunismus plötzlich ohne Mäzen da. Der Tourismus sollte ihn ersetzen. Castro sagte, sie hätten so schöne Strände, unverbaut und unverschmutzt, da müßte doch was zu machen sein. Umweltbewußte Qualitätsreisende fänden auf Kuba ihr Paradies. Deshalb machte er vor allem spanischen, aber auch anderen europäischen und kanadischen Hotelketten ein Joint-venture-Angebot. Ihr baut die Hotels mit allem, was dazugehört, wir stellen das Personal, den Reibach teilen wir uns. Und so wurde es dann auch gemacht. Parallel zu dem sich schnell entwickelnden Massentourismus auf der Insel führte man ein paar Reformen durch. Der Verantwortliche dafür war Fidel Castros Bruder Raúl, Pragmatiker der Familie und zweiter Mann im Staat. Er setzte durch, daß Kubaner Dollars besitzen durften und ihnen privatgeschäftliche Tätigkeiten in kleinem Rahmen erlaubt wurden. Seine Motivation dafür ist ungewiß. Vielleicht wollte er mal testweise ein bißchen freie Marktwirtschaft probieren, vielleicht wollte er sich beliebt machen, vielleicht sah er darin ein Ventil und wollte nur etwas Dampf aus Volkes Seele ablassen. Wie dem auch sei: Er reichte ihnen den kleinen Finger, und die Kubaner nahmen sofort die ganze Hand. Allerdings untertreibt dieses Bild die Dynamik, mit der das geschah. Jeder, der ein Auto besaß, machte ein privates Taxi daraus, jeder, der freie Zimmer hatte, eröffnete eine private Pension, jeder, der zu kochen imstande war, nannte sein Wohnzimmer ein privates Restaurant, jeder, der was zu verkaufen hatte, verkaufte es, ganz egal, was es war. Denn der Dollar war das Ziel, und das Ziel heiligt die Mittel. Für Dollars bekamen sie alles, was sie für kubanische Pesos nicht bekamen, hochwertige Lebensmittel, gute Kleidung, moderne Elektrogeräte, Kokain et cetera. Der Dollar ermöglichte ihnen den Zugang zur Warenwelt der Gegenwart, zu all den Dingen, die sie sahen, wenn sie im Fernsehen US-Sender einschalteten oder wenn ihre Brüder und Schwestern aus Miami zu Besuch kamen, und natürlich sahen sie es auch, wenn sie einen Blick auf die Touristen warfen. Auf deren Parfüms, Shampoos und Schuhe. Das gab es alles auch auf Kuba zu kaufen, in den Touristenboutiquen und Touristensupermärkten, aber nur für Dollars. Außerdem verschaffte ihnen der Dollar Zugang zu den neuen Touristendiskotheken und allen anderen Einrichtungen touristischer Infrastruktur, wie Cafés, Bars, Restaurants und Hotelpools, das heißt, sie hatten nicht mehr länger nur Zugriff auf die Waren unserer Welt, sondern sie hatten auch Zugriff auf uns. Es kam zum Lifestylekontakt, Hoffnungen keimten auf. Hoffnungen darauf, daß der Wind der Veränderung konstant weiterblasen wird, Hoffnung auf mehr kleine Freiheiten, auch Hoffnung auf große, und bis zum Eintreffen der großen Freiheit kosteten sie die kleinen aus und arbeiteten fleißig weiter an der Verschiebung der Grenzen. Alle machten mit. Alle wollten Dollars. Und weil das auch für die Funktionäre und Polizisten stimmte, sah es ruck, zuck auf dem Malecón aus wie auf jedem Latino-Prachtboulevard von Rio bis Panama und noch ein bißchen besser, wegen der Fünfziger-Jahre-Cabrios und -Limousinen der Marken

Chevrolet, Buick und Ford Mustang, die auf Kuba die Zeiten überlebt hatten wie überall sonst auf der Welt ausgestorbene Tierarten. Und in den Strandlokalitäten sah es ebenfalls ruck, zuck so aus wie in jedem Bacardi-Werbespot, nur noch ein bißchen besser, wegen der kubanischen Tänzerinnen und Tänzer, denn sie sind die besten der Welt. Besser als die Brasilianer, besser als die Kolumbianer, besser als die Puertoricaner. Das sind alles großartige Tanznationen, aber die Kubaner sind die Weltmeister. Und Salsa ist ihre Musik. Man kann auch sagen, der Salsa überkam sie und übernahm sie – ihre Hoffnungen, ihre Euphorien – und tanzte sie aus und verstärkte sie wieder. Salsa gab dem Frühling der Kubaner Rhythmus und Lieder, und das waren andere Lieder als die vom Buena Vista Social Club, das waren keine romantischen Zuckerrohrplantagen-Tänzchen mehr, das war keine Revolutionsfolklore, was die besten Salsagruppen Havannas in den Jahren 1995 bis 1997 zu Gehör brachten. Die machten Druck, die gaben Gas, die jagten ihre Hits durch alle Straßen, in jeden Hauseingang, in jedes Fenster, und jeder, der sie hörte, begann aus dem Stand zu tanzen und sang mit. Die besten Bands hießen La Charanga, Bamboleo und Los Van Van, aber die Nummer eins war El Médico de la Salsa, ein ehemaliger Arzt, der die Musik als Allheilmittel entdeckt hatte und bei seinen Auftritten in der Tat schamanische Kräfte bewies und frei werden ließ. El Médico war mehr als der beste Salsasänger der Stadt, er war ein Salsaprophet und seine Slogans tanzbare Gebete. Sein größter Hit hieß «La Bola», und der Refrain, «a la Bola, a la Bola, a la Bola», ließ sich leicht mitsingen. Ich fragte damals die verschiedensten Leute, was El Médico damit meinte. Ein Kokaindealer antwortete, er singe da über das Blubbern in der Crackpfeife, «a la Bola, a la Bola, a la Bola», andere versicherten, daß es in diesem Vers ausschließlich um Sex ginge, und zwar um die Stellung, in der die Frau auf dem Mann reite, «a la Bola, a la Bola, a la Bola», und noch mal andere hörten darin «a la Dollar, a la Dollar, a la Dollar», aber kein einziger übersetzte El Médicos Worte mit Solidarität, Antiimperialismus und «Es lebe die Revolution», denn Kommunismus ist untanzbar. Mit Salsa tanzten sie das Untanzbare weg, schüttelten es ab, ertränkten es in Ekstase. Darum waren die besten Salsakonzerte in Havanna noch mal ein bißchen besser als die besten in Miami, New York, L.A. und Puerto Rico. In Kuba war der Befreiungsdruck höher. In Kuba war mehr Dampf im Topf. In Kuba habe ich Menschen tanzen sehen und dachte, das müssen Halluzinationen sein, das geht normalerweise nicht so schnell und gleichzeitig so auf den Punkt, so hemmungslos und gleichzeitig so elegant, so schön und gleichzeitig so dreckig, daß man sich nicht wundern würde, wenn Schwangerschaften dadurch entstünden. Salsa-Vollkontakt, Dirty Dancing im Geschwindigkeitsrausch, der Stil heißt Urbano, eine Spezialität von Havanna, er funktioniert auch auf den Theken, auf den Stühlen und zwischen den Tischen auf kleinstem Raum. Und in allen Kombinationen: allein, zu zweit, auch zu dritt, ein Tänzer führt zwei Tänzerinnen, und die Barmänner, Kellner, Securities und Garderobieren tanzen mit; sie tanzen vor der Bühne, auf der Bühne. Selbst in den Falten der Bühnenvorhänge habe ich sie seinerzeit tanzen sehen ... und jetzt?

Tote Hose. Tote Augen. Tote Straßen. Der Dollar ist wieder verboten und der Salsa anscheinend auch, denn ich höre ihn nicht, sehe ihn nicht, weder draußen noch drinnen, nicht in den Körpern, nicht in den Bewegungen, nicht in den Stimmen, nicht in der Atmosphäre, nirgendwo. Es glitzert nicht mehr, Havanna hat den Rhythmus verloren, die Lebensfreude ist weg. Hemingway, der mit Castro lange Jahre ein freundschaftliches Verhältnis pflegte, hat gesagt, daß der Mann nicht verlieren könne. Egal, ob beim Armdrücken oder beim Wettangeln, er konnte es nicht ertragen zu verlieren, und er wird auch nie akzeptieren, daß der Kommunismus verloren hat und Vergangenheit ist, ein Geist des letzten Jahrhunderts wie er selbst. Er wird es ums Verrecken nicht akzeptieren und bis zu seinem letzten Atemzug an jeder Ecke seine Polizei plazieren, damit sie die Angst wie ein Nervengift verbreitet.

Und darum hoffe ich, während ich im «Café Monserate» aus einem schmutzigen Glas einen Cuba libre trinke, daß seine Darmkrebsoperation doch nicht so erfolgreich verlaufen ist, wie berichtet wird, und das sind recht neue Gedanken für mich.

War Fidel Castro nicht immer ein Held für mich, mehr noch, eine Märchenfigur? Wie der Räuber Hotzenplotz. Wie Rübezahl. Wie Robin Hood. Habe ich nicht immer und überall jedem die Stirn geboten, der dem CIA Erfolg dabei wünschte, Castro zu ermorden? Ich bin kein Kommunist. Aber ich bin romantisch. Und was Fidel und Che sich da geleistet haben, war die romantischste Revolution, von der je berichtet worden ist. Sie sahen so gut aus, sie waren so sexy, sie liebten Zigarren, Rum und Frauen. Latino-Lover in Waffen sehen einfach anders aus als Mao Tse-tung oder ein Honecker mit Hütchen, und ich fand auch sympathisch, daß Castro fast alle ausländischen Journalistinnen, die ihn im Laufe der Jahrzehnte interviewen wollten, flachgelegt haben soll. Ich war kein Fidelist. Ich war ein Fidel-Fan.

Und jetzt macht der Fanclub zu, denn bei aller Liebe zu Räuber Hotzenplotz und seinen Gesellen, so geht es nicht. Das kann man mit einem Volk nicht machen, auch wenn man es liebt. Castro muß sterben, damit Kuba leben kann, noch besser wär's, er wäre schon tot, was durchaus möglich ist. Seit Wochen hat man nichts mehr von ihm gesehen, seit Wochen führt sein Bruder Raúl die Regierungsgeschäfte, seit Wochen stehen die Exilkubaner in den Startlöchern, seit Wochen fragt sich die Welt, was in Havanna los ist, seit Wochen werden ausländische Journalisten nicht mehr nach Kuba hineingelassen oder ausgewiesen; seit Wochen oder schon seit Monaten, ich weiß es nicht mehr, ich weiß nur, daß mich die Nachricht von seiner schweren Erkrankung erreichte, bevor ich auf die Reise ging, und das ist wirklich lange her, genaugenommen siebzig Tage.

Außerdem weiß ich jetzt definitiv, daß ich in Mexico

City einen Fehler gemacht habe. Wie gut hatte mir die Stadt gefallen? Wie weit standen dort alle Türen offen? Und wie verschlossen sind sie hier? Auch die Tür in mir, die in Mexico City plötzlich wieder sperrangelweit fürs Reisen aufgegangen ist, schlägt wieder zu, als ob jemand dagegengetreten hätte. Was soll ich machen? Zurückfliegen, wie ich es mir geschworen habe? Oder ganz schnell weiter, nach vorn? Nach Dublin, zu den Iren. Aber Kuba zu verlassen, ohne eine Salsaparty mitgemacht zu haben, ist auch kein Ruhmesblatt, und dann erfahre ich vom Barmann des «Monserate», daß es morgen ein Konzert geben wird, in der Festung del Morro. Er verrät es mir fast hinter vorgehaltener Hand, wie einen Dissidententermin.

«Y el grupo?» frage ich.

«Los Van Van», sagt er.

«Gracias a Dios!»

«Sí, señor».

Wir kennen uns vom kubanischen Frühling her. Wir wissen beide, wie es damals hier war, auch in seiner Bar. Als sie von den Hockern und Stühlen sprangen, sobald aus dem Radio Los Van Van über uns kam. Die Gruppe mischte ihren Salsa mit Rock 'n' Roll, Jazz und Rap zu einem Rhythmus ab, der keine Widerrede duldete, man mußte tanzen, sonst wäre man geplatzt, ihr größter Hit hieß «Ay Dios, Ampárame», also: «Hey Gott, beschütze mich», und die ganze Stadt sang mit, egal, wo die ganze Stadt im einzelnen gerade war, im Auto, am Herd, in Werkstätten, beim Friseur, neben einem Ghettoblaster am Malecón oder in der Bar «Monserate», ganz egal, sie sangen mit, und alle machten es, wie es die Band bei ihren Auftritten tat. Bei «Ay Dios» streckten sie die Arme weit nach oben, bei «Ampárame» verbeugten sie sich tief, und dann gaben sie wieder Gas mit den Hüften.

Los Van Van hatte es in den Jahren nach der Salsa-Revolution nicht leicht, die Partei mischte sich in ihre Texte ein, ein paar Lieder wurden verboten, ein paar Bandmitglieder gingen ins Gefängnis, aber morgen stehen sie wieder von den Toten auf – und das nicht irgendwo, sondern in der alten Festung del Morro, ay Dios, das hört sich gut an.

Am nächsten Abend bin ich überpünktlich zur Stelle, um nicht zu sagen, zu früh. Ich stehe vor einem der Festungstore und wundere mich, wie viele Polizisten es blockieren. Ich zähle sie nicht, ich schätze, es sind dreißig. Mindestens. Ich frage einen von ihnen, wann der Einlaß beginnt, und als Antwort packt er mich an den Schultern und stößt mich zurück. Die Aggression erschreckt mich. Ich setze mich auf eine Mauer am Wassergraben und sehe eine Stunde in die Sterne. Am Anfang fast alleine, was ich nicht glauben kann, denn hinter dem Burgtor spielt doch gleich Los Van Van, aber langsam wird es enger auf der Mauer, langsam kommen Leute, und jetzt wundert es mich, wie sie kommen. Damals kamen sie lachend und lärmend zu den Konzerten, jetzt nicht. Sie kommen still und verhalten, ihre Körpersprache erzählt von der Angst vor den Polizisten, die in dem Festungstor auf sie warten. Und uns irgendwann endlich reinlassen. Bei den Kubanern kontrollieren sie nicht nur die Eintrittskarten, sondern auch die Ausweispapiere. Mich sehen sie nur unfreundlich an. Hinter dem Tor geht es nach rechts weiter, an ein paar Gebäuden vorbei, alle an die fünfhundert Jahre alt und wuchtig wie Fels, dann erreichen wir das nächste Tor, und wieder steht ein Haufen Polizisten davor, die fragen ein zweites Mal die Kubaner nach ihren Papieren. Insgesamt dreimal werden sie kontrolliert, bis wir den großen Hof der Burg erreichen, in dem gleich die Post abgehen wird. Auf der Bühne ist noch nichts zu sehen, auch der Platz ist weitgehend leer, bis auf die Kubaner, die an den Getränkeständen arbeiten, und den einhundertfünfzig bis zweihundert Polizisten. Um auf den Platz zu kommen, müssen wir an ihren Mannschaftswagen und an den Bussen vorbei, mit denen sie Gefangene abtransportieren. Dabei hätten sie es nicht weit. Das größte Gefängnis von Havanna ist hier, irgendwo hier in der weitläufigen Festung oder, besser, unter ihr, in den historischen Verliesen der Burg. Ein unheimliches Bild, wie diese alten Polizeifahrzeuge aus sowjetischer und tschechischer Produktion zwischen den Gemäuern der Festung del Morro im gelben Zwielicht der Hoflampen auf ihren Einsatz warten. Die Polizisten schlendern in Gruppen über den Platz oder sitzen auf den Bänken, einige von ihnen sitzen auch auf den schönen alten Kanonen, die zum Meer ausgerichtet sind. Ich besorge mir einen Cuba libre, dann noch einen, und inzwischen sind endlich mehr Konzertbesucher auf dem Platz als Polizisten. Die Band spielt noch nicht, aber es laufen Pop-CDs, und man könnte sich langsam mal aufwärmen, was aber keiner tut. Sie tanzen sich nicht ein, sie trinken sich nicht ein, sie rufen und lachen nicht, man hört sie kaum. Alle haben Schiß, und die Polizisten sorgen dafür, daß das so bleibt. Sie sitzen jetzt nicht mehr auf den Kanonen oder Bänken, sondern haben sich unter die Menge gemischt, viele von ihnen lassen den Schlagstock nicht im Gürtel stecken, sondern haben ihn in der Hand und wedeln damit herum, und noch immer hoffe ich, daß sich das ändern wird, wenn Los Van Van zu spielen beginnt, aber als die Gruppe endlich auf der Bühne ist und die Show beginnt, tanzen sie noch immer nicht, sondern wippen nur ein bißchen mit den Köpfen, wie man es von schlechten Blueskonzerten kennt. Bei Salsakonzerten ist die Kommunikation zwischen Publikum und Musikern alles. Je besser das Publikum tanzt, desto besser spielen sie. Aber hier hat keiner eine Chance. Nicht auf der Bühne, nicht davor. Und wenn doch mal einer tänzerisch so auszuflippen droht, wie es mir aus dem kubanischen Frühling in Erinnerung ist, steht tatsächlich sofort ein Polizist bei ihm. Er macht nichts. Er schaut ihn nur an.

Ich setze mich auf eine Kanone, sehe aufs karibische Meer, und die Piraten fallen mir ein. Captain Jack Sparrow, alias Johnny Depp, hatte seine Hand auf die Seekarte von Kuba gelegt und mir damit den Weg gezeigt. Ich bin jetzt da, aber die Piraten sind weg. Ziemlich lange schon. Der historische Captain Jack hieß übrigens Jacques de Sores und war ein Franzose, ein Bretone, ledig und evangelisch, und er gilt unter Historikern als der erste Pirat, der in der Karibik von sich reden machte, ein paar Jahrzehnte vor Francis Drake und dann Captain Henry Morgan. Havanna war gerade gebaut, als Jacques de Sores hier nach dem Rechten sah. Warum, ist klar. Die Spanier nutzten die Stadt und deren idealen Naturhafen als Zwischenstation für ihre Silber- und Goldflotten aus Südamerika. Und auch, wer sich hier niederließ, ging nicht in Sack und Asche. Man baute Paläste und stattete sie wie Paläste aus. Für den Gegenwert eines Kronleuchters aus Havanna konnte ein Pirat lange auf Jamaika abfeiern. Das war ihre Philosophie. Hohes Risiko, reiche Beute und dann Party. Die Karibik mit ihren vielen kleinen Inseln und versteckten Buchten erwies sich für die Piraterie als ideal.

Jacques de Sores war übrigens nicht sonderlich brutal, im Gegenteil, er galt in Piratenkreisen als Humanist, weil er die Mannschaften der gekaperten Schiffe oder seine Opfer an Land nicht grundsätzlich foltern und töten ließ. Wer ihm sympathisch war, konnte gehen oder sich ihm anschließen. Wirklich ausgeflippt ist er immer nur, wenn ihm katholische Geistliche in die Finger kamen. Da muß in seiner bretonisch-evangelischen Kindheit mal was vorgefallen sein. Bei Missionaren drehte er durch. Neununddreißig Jesuitenbrüder unter der Führung von Pater Acevedo bekamen das auf ihrem Weg von Portugal nach Brasilien zu spüren. Jacques ließ sie, nachdem er das Schiff gekapert hatte, erst foltern, dann befahl er seinen Leuten, den Mönchen Füße und Hände abzuhacken, sie aber leben zu lassen. Die Besatzung jedoch rührte er nicht an. Er ließ sie weitersegeln, damit sie ihre verstümmelten und vor Schmerzen wahnsinnig gewordenen Passagiere in Havanna abliefern konnten. Also, Jacques konnte auch anders, aber generell war er ein Softie und bei seinen Leuten sehr beliebt. Gute Arbeitsbedingungen, faire Verträge. Vor jeder Kaperfahrt wurde schriftlich festgelegt, welche Prozente an der Beute jedem zustehen, der Kapitän und der Quartiermeister bekamen zwei Teile der Beute, der Hauptkanonier und der Bootsmann eineinhalb Teile, die anderen Offiziere eineinviertel Teile und der einfache Pirat jeweils ein Teil. Außerdem gab es so etwas wie eine Versicherung für Arbeitsunfälle bei Jacques, Sonderzahlungen, wenn Körperteile verlustig gingen. In Dollar umgerechnet: hundert für ein Auge; hundert für einen Finger; sechshundert für den rechten Arm; fünfhundert für den linken Arm; fünfhundert für das rechte Bein; vierhundert für das linke Bein.

Im Jahre 1555 überfiel Jacques de Sores Havanna zum ersten Mal. Mit den drei spanischen Kriegsschiffen, die damals die Stadt verteidigten, hatte der geniale Pirat leichtes Spiel. Sie waren mit vielen schweren Kanonen bestückt und hatten deshalb mehr Tiefgang als der Segler des Piraten, denn Jacques hatte nur das Nötigste mitgenommen. Als er in Sichtweite der Spanier kam, tat er so, als ob er mit ihnen nicht gerechnet hätte, und täuschte eine Flucht vor. Die Spanier folgten ihm. Jacques kannte in der Nähe eine Bucht, von der er wußte, daß sie zu flach für seine Verfolger war, aber nicht zu flach für ihn. Er segelte hinein, die Spanier, die glaubten, daß der Pirat jetzt in der Falle säße, segelten hinterher. Nachdem sie auf Grund gelaufen waren, schoß Jacques in aller Ruhe zwei von ihren Schiffen zusammen, das dritte kaperte er und annektierte es für seine Flotte. Mit zwei Schiffen segelten sie nun in den Hafen von Havanna ein, und sie blieben volle dreißig Tage. Einen Monat lang wurde Havanna von Piraten regiert, einen Monat lang hat es Mitte des 16. Jahrhunderts in dieser Stadt so ausgesehen wie zu meiner Zeit, vor zehn Jahren. Erst als sich Jacques zu langweilen begann, segelte er wieder ab. Weil sich seine Besuche wiederholten, bauten die Spanier die Festung del Morro, in der heute nacht weder Los Van Van noch das Publikum Spaß am Salsa haben, und die Kanone, auf der ich sitze, wurde, wie alle anderen Kanonen rechts und links von mir, für Jacques de Sores aufgestellt. Seine Reaktion darauf verrät Sinn für Humor: Immer wieder erinnerten ihn seine Leute daran, daß in Havanna eine Festung hochgezogen werde und man unbedingt die Stadt noch mal überfallen müsse, bevor die Kanonen stehen. Nee, sagte Jacques, der Bretone, wieso denn? Sie sollen das Ding fertigbauen; wenn die Kanonen ausgerichtet sind, fahren wir hin. Als es soweit war, segelte der Pirat nicht nach Havanna, sondern ankerte in einer nahe gelegenen Bucht. Die Kanonen zeigten zum Meer, er griff die Stadt vom Land aus an, und das war's dann.

Castro mag übrigens Jacques de Sores. Ich sprach ihn damals in meinem Interview auf ihn an. Er sagte, der Pirat sei so 'ne Art Ur-Kommunist gewesen, wegen der sozialen Leistungen an Bord und weil er dasselbe wie alle aß, außerdem müsse man ihn einen Ur-Antiimperialisten nennen und seine Piraterie einen Guerillakrieg gegen Spanien. Und was de Sores' Grausamkeiten gegenüber Missionaren angehe, nun ja, Religion sei Opium fürs Volk, und Missionare seien Drogendealer.

Aber wenn Sie mich fragen, Castro kann sagen, was er will, die beiden hätten sich mit Sicherheit nicht verstanden. Ein Pirat ist ein Pirat. Und ein Diktator ist ein Diktator. Und das ist durchaus ein Unterschied. Beide sind kein Segen für die Menschen, aber die Piraten lassen sie wenigstens tanzen.

19. Kapitel **Dublin**

No Smoking im Heiligen Gral

Das Wetter: Beschissen wäre geprahlt. Die Preise: ballaballa. Der Nichtraucherschutz: total durchgeknallt. Man wird bei der Ankunft in Dublin sofort darauf eingestimmt. Eine monotone Frauenstimme weist in Endlosschleife aus allen Lautsprechern darauf hin, daß zweitausend Euro Strafe fällig sind, falls im Flughafen außerhalb der Raucherzonen Zigaretten glühen, und wenn man dann die Raucherzonen sucht, findet man sie draußen, vor der Tür, im Dauerregen. Kein überhängendes Dach, kein gnädiges Häuschen bietet Schutz vor dem, was hier als Frühlingswetter gilt, dem Wind und dem eiskalten Wasser, das vom Himmel fällt. Das ist doch Terror. Die wissen genau, wie es Rauchern nach einem langen Flug geht. Aber wir sind rechtlose Wesen, uns kann jeder bespucken und den bösen Blick anhängen, und ich wette, sie könnten uns auch Ohrfeigen geben ohne Unrechtsbewußtsein und irgendwelche strafrechtlichen Folgen. Dabei soll es jede Menge nicht rauchende Kinderschänder geben, nicht rauchende Vergewaltiger, nicht rauchende Vollidioten, nicht rauchende Heuschreckenkapitalisten, nicht rauchende Klimakiller, nicht rauchende Kriegstreiber, nicht rauchende Tierquäler, nicht rauchende Lügner und Betrüger sowie nicht rauchende Faschisten und nicht rauchende Fernsehsüchtige, aber die alle sind nicht so schlimm wie ein sich selbst und seiner Umgebung erheblichen Schaden zufügender RAUCHER.

Ich habe mal ein Foto von einem Boxer gesehen. Sein Gesicht war grün und blau geschlagen, die Nase gebrochen, die Augen waren geschwollen, und er rauchte seine erste Zigarette nach dem Kampf. Ich habe mir dieses Foto sofort riesengroß auf einer Plakatwand vorgestellt, darunter der Spruch: «Rauchen läßt Ihre Haut altern.» Und dann sah ich vor meinem inneren Auge die ganze Kampagne: ein Unfallopfer auf der Autobahn, ein Typ, der rauchend neben seinem völlig zerknüllten Auto steht: «Rauchen kann tödlich sein.» Das Leben endet nun einmal mit dem Tod. Da geht es übrigens den Nichtrauchern ähnlich. Noch schneller klappt es, wenn man in Klamotten, mit denen man in der Karibik richtig angezogen ist, in Dublin im Regen steht. Bringt uns doch um. Und nehmt uns vorher richtig aus. Wissen Sie, was eine Packung Marlboro in Irland kostet? Acht (!) Euro. Was mich außerdem wütend macht, sind die Iren, die hier mit mir vor dem Flughafen stehen und sich das gefallen lassen. Ich dachte immer, die sind die freiheitsliebenden Europäer schlechthin, ich glaubte immer, die sind unsere Künstler, Eigenbrötler und Anarchisten. Van Morrison ist Ire, Rory Gallagher war Ire, Colin Farrell ist Ire, Oscar Wilde war Ire, James Joyce, Samuel Beckett, die IRA, alles Iren, alles Leute, die sich nicht unterkriegen lassen, aber irren ist irisch.

Und in den Hotels geht das weiter. Das erste, in dem ich nach einem Raucherzimmer frage, kostet 320 Euro die Nacht, und jeder Raum ist strikt *no smoking*. Und wenn ich mir am offenen Fenster eine Zigarette gönne?

«Wenn wir es riechen, zahlen Sie Strafe.»

«Hören Sie mal, Sie wollen von mir für einen Tag mehr als die Hälfte meiner Monatsmiete zu Hause, und ich darf nicht mal am Fenster rauchen?»

«So ist es.»

«Dann werden Sie heute 320 Euro weniger einnehmen. Und ich wünsche noch einen gesunden Tag.»

Das zweite Hotel kostet nur fünfzig Euro und wird jede Nacht vollgekotzt, weil nur jugendliche Sauftouristen aus aller Herren Länder in ihm logieren. Das ist in Ordnung für die Iren. Leberschäden, Gehirnzellen-Massensterben, blödes Gegröle, Schlägereien, alles kein Problem. Aber *no smoking*. Das dritte Hotel ist dann für achtzig Euro zu haben, und ich frage schon gar nicht mehr. Ich hole mir ein Wasserglas aus dem Bad und asche darin ab, egal, wie eklig das aussieht. Danach gehe ich einen trinken.

Temple Bar. Das hört sich nach einer gastronomischen Einrichtung an, ist aber ein Stadtviertel im Herzen von Dublin und die einzige Gegend, die noch durchgehend mittelalterliche Straßenzüge hat. Sehr schön, aber nicht sehr groß, man ist in zehn Minuten durch, wenn man normal spazierengeht. Macht hier aber keiner. Man geht von Haus zu Haus, und jedes ist eine Kneipe. Nee, ein

Pub, drinnen wird Englisch mit spanischem, französischem, italienischem, deutschem und schwedischem Akzent gelallt. Mir drängt sich die Frage auf, warum sich all diese jungen Menschen nicht in ihrer Heimat besaufen, das käme billiger, weil man sich Flug- und Hotelkosten sparte. Die Antwort ist: Was woanders als Komatrinken geächtet wird, ist in Irland Brauchtum. Die Pflege der Tradition beginnt mit ein paar Litern dunklem Guinness, tieferen Einblick in Kultur und Geschichte ermöglicht dann der sittenstrenge irische Whiskey. Hier ist man Säufer, hier darf man's sein, hier hängt jeder seine Fahne raus, und wenn sich alle Fahnen mischen, riecht es nach den Gärungsprozessen des Heiligen Grals.

Das Lokal ist groß, hat mehrere Theken, und in der Mitte hat man das Dach abgerissen und einen Rauchergarten mit Heizpilzen angelegt. Dort sind die meisten Gäste. Es regnet volle Kanne, über uns fliegen Wolken im Sturm, aber das kann einen Tempelritter nicht erschüttern, im Gegenteil, das macht uns an. Wenige Meter entfernt und im Trockenen spielen zwei Gitarristen, einer von ihnen singt. Ich vergaß, das zu erwähnen: In jeder Bar dieses Viertels gibt es Livemusik, ob man will oder nicht, es gehört dazu. Und man will ja. Das sind irische Lieder, dafür ist man gekommen, man will in Guinness und Seele ertrinken, man will sentimental, religiös und trotzig zugleich sein, man will sein Schicksal lieben. Das mit einem guten Sänger hinzukriegen ist leicht und deshalb das Gesellenstück; erst ein schlechter Sänger macht den Meister in der Kunst des Genießens. Der Sänger hier ist grottenschlecht. Ein junger Ire mit halblangen Haaren, aber ausgewachsenen Ambitionen und langweiliger Stimme erzählt singend die Geschichte eines Mannes, dessen Geliebte starb. Er setzt sich an ihr Grab und bittet sie zwölf Monate und einen Tag lang, ins Leben zurückzukehren, damit er sie noch einmal küssen kann. Nach zwölf Monaten und einem Tag öffnet sich tatsächlich die Erde, und sie steigt heraus, aber sie sieht nicht mehr ganz so gut aus wie vorher. «Meine Lippen sind so kalt wie Lehm», sagt seine Freundin, «und mein Atem riecht nach Erde, und wenn du diese kalten Lippen küßt, wirst du ganz schnell neben mir liegen. Auch mit Mundgeruch.» Also küßt er sie nicht. Das hört sich auf Englisch natürlich irischer an.

Cold blows the wind to my true love
And gently drops the rain,
I never had but one true love,
And in greenwood she lies slain.

I'll do as much for my sweetheart
As any young man may;
I'll sit and mourn all on her grave
For a twelvemonth and a day.

When the twelvemonth and one day was past,
The ghost began to speak:
Why sittest thou here all day on my grave,
And will not let me sleep?

My breast it is cold as clay,
My breath smells earthly strong;
And if you kiss my cold clay lips,
Your days they won't be long.

Ich meine, das sind doch mal Texte, und die Melodie ist auch ein Hammer, keltische Harmonien auf River-Dance-Rhythmen, aber hätte dieser lausige Sänger hier an ihrem Grab gesessen, wäre sie garantiert schon nach zehn Minuten rausgekommen, um ihn zu Tode zu erschrecken. Aushalten ist meine neue Devise. Das hat mich diese Reise gelehrt. Es gibt immer zwei Möglichkeiten. Den Laden wechseln oder den Laden aushalten. Das eine bringt Veränderungen, das andere aber auch. Wechsel will Neues, Aushalten will Tiefe, außerdem macht Aushalten frei. Mein Abend in der Bar der Zencoholics trägt Früchte, ich danke Japan und den Samurai. If you make it there, you'll make it anywhere. Und Dank auch Indien und dem Ex-Bankier, der akzeptierte, daß er nicht akzeptieren konnte, und wenn er das nicht schaffte, akzeptierte er das auch noch. Ich will plötzlich so vielen danken, den Piloten von Venedig, dem Jesus von Kreta, dem Schopenhauer in der Stadt der Engel und natürlich auch den Engeln selbst. China verdanke ich das Ende der Angst vor dem Ende, Mexiko danke ich für seine pure Existenz und die Mahnung, in Zukunft auf meine Beine zu hören. Sogar Kuba, das arme, traurige Kuba, hat mir viel geschenkt. Als ich da auf der Kanone saß und mich fragte, ob ich zurück nach Mexiko fliegen soll, sagte meine Erfahrung jener Tage in Havanna, daß zurück nicht geht. Weder in das Glück vor zehn Jahren noch in das Glück vor drei Tagen. Das Leben wandelt sich, aus welchen Gründen auch immer, nur nach vorne, nie ins Yesterday. Solche Gedanken kommen mir, weil der schlechte irische Sänger dieses Lied jetzt singt. Inzwischen reagieren die Gäste in der Bar auf ihn, sie lachen ihn aus. Draußen regnet es, drinnen leiden die Troubadoure, und ich könnte mir eigentlich auch ein besseres Ende für meine letzte Reise vorstellen, den großen Bang auf der letzten Station. Aber ich bin auch in Hongkong gewesen und habe da meine Ohren aufgesperrt. Selbst Buddha wird hin und wieder naß, hat Hongkong gesagt, und eine gute Geschichte braucht kein Happy-End.

Noch etwas: Daß dies hier meine letzte Reise gewesen ist, liegt auf der Hand. Bei mir wandelt sich Wesentliches, und das haben andere vor mir auch durchgemacht. Jacques de Sores verließ nach dreißig Jahren fröhlicher Kaperfahrt die Karibik und hängte die Piraterie an den Nagel, um in der Bretagne einen Gutshof fürs Alter zu erstehen, und genauso will ich es auch machen, obschon es natürlich Unterschiede zwischen mir und dem Piraten gibt.

Einer von uns hat das Gold der Spanier mit nach Haus gebracht. Und ich bin das nicht.

20. Kapitel Berlin

Souvenirs, Souvenirs

Jubel in Berlin. Ich habe die Wette gewonnen. Ich habe es tatsächlich geschafft, nicht früher zurückzukommen. Nur knapp allerdings, weil Irland so furchtbar war. Da hatte ich eigentlich die letzten drei Tage verbringen wollen, und nach der ersten Nacht hielt ich es schon nicht mehr aus. Glücklicherweise ist man kreativ. Mir fiel ein, daß ich auf dem Weg nach Haus noch mal in Amsterdam Station machen kann. In einem «Reggae Coffeeshop» an der Prinsengracht saß ich nicht nur locker den Rest der Reise, sondern auch den Kater von Dublin aus. Das nennt man zwei Fliegen mit einer Klappe schlagen. Und weil ich ein Hotel gegenüber vom Hauptbahnhof bezogen hatte, verpaßte ich auch nicht den letzten Zug. Also Jubel in der Bar «Reza» am Berliner Nollendorfplatz, als ich pünktlich am achtzigsten Tag der Weltreise meinen Rucksack vor die Theke werfe und Champagner für alle ordere. Nicht für alle Anwesenden, nur für alle Mitarbeiter der multikulturellen Gastronomie. Reza ist Perser, sein Barmann Afghane, seine Barfrau Serbin, eine andere kommt aus der Mongolei, eine dritte aus Polen. Alle sprechen deutsch, alle sind gut drauf, und die Sonne scheint. Es ist tatsächlich Frühling in Berlin.

Ich packe ein paar Geschenke aus. Reza bekommt die Teekanne aus Shanghai, die mir Li-Za geschenkt hatte. Ich bitte ihn, sie gleich mit heißem Wasser zu füllen, damit der Zauber zur Geltung kommt. Sobald die Kanne sich erhitzt, erscheint Shangri-La auf ihr. Der Mongolin schenke ich das kleine rote Glücksband, ebenfalls aus Shanghai. Es hing von China bis eben an meinem Rucksack und hat die halbe Welt gestreift. Für das Model aus Belgrad habe ich ein Bild der Hundemalerin von Pattaya mitgebracht, weil sie Tiere so mag, die Polin kann sich über einen Originalaschenbecher aus dem «Taj Mahal»-Hotel in Bombay freuen, und was schenke ich dem jungen Afghanen? Ganz klar. Der kriegt das gelbe Merkblatt aus dem Amsterdamer Coffeeshop. Elf Tips für den Konsum von Haschisch und Marihuana:

1. Rauche Haschisch und Marihuana, um eine gute Zeit zu haben. Aber greife niemals zu einem Joint, um ein Problem zu lösen.
2. Wenn du Haschisch und Marihuana jeden Tag rauchst, versuche hin und wieder ein paar Tage auszusetzen.
3. Der Konsum von Haschisch und Marihuana beinflußt deine Konzentrationsfähigkeit, also rauche nicht in der Schule, während der Arbeit und beim Autofahren.
4. Einige Sorten von Haschisch und Marihuana sind stärker als andere. Sie haben ein höheres Level an

THC. Ein erfahrener Raucher hat ein Gefühl dafür, wann er genug hat und aufhören muß. Dem Anfänger fehlt das noch. Deshalb ist es wichtig, daß du weißt, was du kaufst. Informiere dich gut.

5. Wenn du unerfahren bist, ist es keine gute Idee, Haschisch und Marihuana mit Alkohol zu kombinieren.
6. Bei Haschisch-Cakes ist das Problem, daß du nicht weißt, wieviel Cannabis du ißt. Und bevor du es weißt, ist es zuviel. Fang deshalb mit einem kleinen Stück an. Es kann zwischen fünfundvierzig Minuten und eineinhalb Stunden dauern, bevor du etwas spürst. Warte auf den Effekt, und nimm erst dann ein zweites Stück, damit du nicht überdosierst.
7. Manchmal tut dir das Rauchen von Haschisch und Marihuana nicht gut. Es macht dich nervös oder ängstlich. Dann suche dir einen ruhigen Platz, an dem du entspannen kannst. Iß oder trinke etwas Süßes. Und keine Panik: Nach einer Stunde ist das Schlimmste vorbei.
8. Wenn du Medikamente nimmst, konsultiere einen Arzt, bevor du Haschisch und Marihuana rauchst. Und rauche niemals während der Schwangerschaft.
9. Wenn du Cannabis mit Tabak mischst, rauchst du Tabak. Vergiß das nicht. Nikotin ist ein Suchtmittel.
10. Kaufe kein Haschisch oder Marihuana auf der Straße. Suche einen guten Coffeeshop.
11. Nimm niemals Haschisch oder Marihuana mit über Grenzen.

Über Punkt 8 muß der Afghane sehr lachen. Sein Vater ist Arzt. Über Punkt 9 muß er auch lachen. Bei allen anderen bleibt er ernst. Was Punkt 11 angeht, hofft er, daß ich mich nicht daran gehalten habe, und Punkt 10 macht ihn traurig. Es gibt keine Coffeeshops in Berlin. Aber das ist auch der einzige Makel an dieser Stadt. Ansonsten ist sie im Umgang mit illegalen Rauschgiften so tolerant wie Amsterdam. Wer diskret ist, kann machen, was er will. Niemand geht hier für ein paar Gramm in die Hölle thailändischer oder gar indischer Gefängnisse. Da hängen sie ihre Gefangenen an den Füßen auf und schlagen mit Bambusstöcken auf jede Stelle des Körpers ein. Der Bambus ist an dem Ende, mit dem er trifft, abgebrochen worden und reißt das Fleisch auf wie ein abgebrochener Flaschenhals. Das machen sie zur Begrüßung, bei der Ankunft im Gefängnis. Später brechen sie auch Arme, wenn sich einer wehrt. Ich will hier Drogen keinesfalls idealisieren, das habe ich früher getan und tue es heute nicht mehr. Hätte ich die Möglichkeit, noch mal siebzehn zu sein, würde ich nicht wieder damit anfangen. Ich will sie aber auch nicht dämonisieren, nur weil sie, im Gegensatz zu Alkohol, Psychopharmaka und Zigaretten, verboten sind. Ich will nichts davon, ich freue mich einfach nur, daß Berlin vernünftiger mit Rauschmitteln umgeht als fast der gesamte Rest der Welt.

Außerdem freue ich mich über den Sinn für Gerechtigkeit in dieser Stadt. Neben der Bar des Persers sind zwei Italiener, die Gelateria «Dolce» und ein Pizzastand, dann kommen ein Koreaner, ein Türke, mehrere

Inder und zwei Thai-Restaurants, und niemand verbietet ihnen das. Ausländer dürfen in Berlin Lokale haben und Geschäfte machen. Bei denen zu Hause dürfen Ausländer das nicht. In Indien und Thailand müssen sie dafür einheimische Frauen heiraten und sich mit deren Liebhabern duellieren, wie der gute alte Doc Henn. Die Rechtssicherheit in Berlin sorgt dafür, daß ausländische Gastronomen entspannte Töchter haben, und der Frühling sorgt für den Rest am Nollendorfplatz. Wie es im finstersten Neukölln aussieht, weiß ich nicht. Da war ich noch nie.

Ohne Schleier und mit offenem Haar flanieren vor Rezas Bar der Vordere, Mittlere und Hintere Orient neben Panasien und den Balkanmädchen. Ich rede nicht von den Huren der Kurfürstenstraße, sondern von den ganz normalen Migranten in zweiter oder dritter Generation. Die sind toll. In ihnen mischt sich das Beste aus beiden Welten: die Schönheit ihrer Vorfahren mit dem Drive Berlins, orientalische Verträumtheit mit Berliner Abgeklärtheit, Temperament mit Disziplin. Und modisch ist das Straßenbild auch auf der Höhe. Jeder an den Tischen vor Rezas Bar ist Jurymitglied der «Miss-Bürgersteig am Nachmittag», wenn Berliner Fräuleins mit Tausendundeine-Nacht-Background vorbeiflanieren. Und den vielen Schwulen, die hier leben und lieben, verdankt der Nollendorfplatz seine entspannte Atmosphäre. Lustige Leute. Hohe Diven-Dichte. Freier Sex für freie Bürger im freien Berlin. Auf dem geliebten Kuba, aber auch bei den geliebten Rastafaris auf Jamaika und erst recht in China sind Schwule gar nicht gern gesehen. Da kriegen sie richtig Streß. In Indien und Mexiko lacht man nur über sie.

Themenwechsel. Die Qualität der Armut in Berlin. Ich rede mit einem alten Bekannten in der Bar. Wir haben uns lange nicht gesehen. Aus irgendeinem Grund kommen wir auf Hartz IV. Ich sage, ich will kein Hartz IV. Niemals. Lieber setze ich mich auf den Himalaya und esse nichts mehr oder erfriere. Er sagt, Moment mal. Hast du was dagegen, wenn der Staat dir deine Wohnung bezahlt? Nein, natürlich nicht. Aber was ist das für 'ne Wohnung?! Er sagt, er hat fünfzig Quadratmeter mit Parkett. Erst jetzt kriege ich mit, daß er Hartz-IV-Empfänger ist. Und ob ich etwas dagegen habe, wenn der Staat mir die Krankenversicherung bezahlt. Den Arzt, die Brille und, er zeigt auf mein Ohr, das Hörgerät? Ich kann's nicht leugnen, das wäre schön. Und dazu gibt es zwölf Euro pro Tag. Eine Jumbopackung Müsli kostet 2,50 Euro, damit ich mal 'ne Vorstellung habe. Nee, er kommt klar, und sogar ein Kaffee pro Tag bei Reza ist drin, manchmal auch zwei. Dazu studiert er die Zeitungen des Lokals. Die «Süddeutsche», die «Zeit», den «Tagesspiegel», den «Stern» und die BZ, und wenn er kulturell einen draufsetzen will, geht er ins Theater, ins Museum, ins Konzert. Alles umsonst für Hartz IV, oder fast. Im Sommer gibt's viel Open air, im Winter kriegt man die Heizung bezahlt, alles in allem investiere der Staat monatlich 1800 Euro in ihn, sagt mein Bekannter, und das sei gut angelegtes Geld. Und natürlich gebe ich ihm recht. Oder wollen wir eine bürgerkriegsähnliche Kriminalität wie in Rio? Mit Hartz IV bleiben die Armen nett. Denn sie haben ein Bett, einen Fernseher, ein Fahrrad und Internet.

Habe ich eben Arme gesagt? Verglichen mit den Slums der Dritten Welt gibt es keine Armut in Berlin. Wenn mein Bekannter jedes Jahr drei Monate in Ghana überwintert, was er tut, fühlt er sich dort dank des Wechselkurses mit seinen zwölf Euro pro Tag zwar nicht reich, aber wieder der Mittelklasse zugehörig, aus der er kommt, und im sommerlichen Berlin fühlt er sich wie im Goa der frühen Hippies, und erneut muß ich ihm zustimmen, denn in Berlin ist die Goa-Party nicht verboten, Salsa auch nicht. Das einzige Problem, sagt mein Bekannter, läge im Mentalen. Man darf sich von den Leuten nicht kirre machen lassen. Man ist weder ein Schmarotzer, wie die Rechten sagen, noch ein Opfer, wie die Linken meinen, man ist nicht mal ein Verlierer, sondern ein selbstbewußtes Rädchen der Evolution, die das Alte Testament auszuhebeln beginnt. Das täglich Brot im Schweiße des Angesichts zu verdienen ist ein Konzept, das in der Globalisierung nicht mehr funktioniert. Die neuen Konzepte heißen: Privatphilosoph, Hausmusikant, Wohnzimmerguru.

Die Angebote, sich spirituell weiterzubilden, sind exorbitant. Berlin ist das Königreich der Esoterik geworden. Man muß die Stadtgrenzen nicht verlassen, um Buddhist, Hinduist, Sufi oder Schamane zu werden.

Von den irischen Druidenriten bis zu den Trancetänzen Schwarzafrikas ist jede Fakultät der magischen Wissenschaften in Berlin präsent, an jeder Ecke werden Tarotkarten gelegt, in historischer Blüte steht die Astrologie. Ich informiere meinen Bekannten über das, was mir der indische Geschäftsmann im Restaurant «Leopold» in Bombay zu dem spirituellen Boom im Westen gesagt hat: «Oh, sie bereiten sich darauf vor, arm zu sein.» Erleuchtetes Windowshopping statt Shopping empfiehlt auch der Dalai-Lama, denn ihn erfüllt Freude, wenn er sieht, was er nicht braucht. Spricht etwas dagegen? Glückliche Arme ermöglichen glückliche Reiche, also Reiche ohne schlechtes Gewissen. Dann feiern die besser, lachen entspannter, jeder in seiner Welt. Die einen machen auf «Borchardt», die anderen auf Goa.

Und, nicht zu vergessen, Berlin ist auch die Hauptstadt Osteuropas. An beiden Ufern des großen Flusses Wodka haben sich Russendiskos, Russenkasinos, Russenclubs angesiedelt. Ja, es gibt Kakerlakenrennen in Berlin. Auch Kamelrennen. Auch Red-Carpet-Rennen. Man muß nicht mehr nach St. Petersburg, Dubai oder Hollywood, um das zu sehen. Der Karneval der Kulturen feiert in Berlin die besten Partys der Welt. Scheiß aufs Geld. In Berlin brauche ich nicht das Gold der Spanier, und das finde ich extrem angenehm. Nach der hyperhypnotischen Fixierung auf Mammon & Co in den Metropolen Asiens genieße ich in, vor und neben Rezas Bar das gute Gespräch mit deutschen Hartz-IV-Aussteigern, sizilianischen Ex-Priestern, mexikanischen Politikprofessorinnen und den Mathematikgenies aus Ex-Jugoslawien. Und natürlich genieße ich auch den Pudding im türkischen Restaurant «Hasir», der genauso schmeckt wie die Puddings, die ich 1970 in Istanbul gegessen habe, als ich zum ersten Mal auf dem Weg nach Indien war. Aber anders als in Istanbul kann ich in Berlin heute noch immer nach der «Kiffer-Süßspeise» fragen, ohne daß der Türke sein Gesicht verliert. Und ich glaube, so langsam komme ich auf den Punkt.

Vor knapp vierzig Jahren flüchtete ich aus einem Deutschland, das nicht zu ertragen war. Wer auf Hippies rumhackt, weiß nicht, wie es hier in den sechziger Jahren ausgesehen hat. Auf den Straßen, in den Köpfen, in den Tassen. Schon ein Cappuccino galt als Gift für die deutsche Lebensart. Damals war Deutschland das langweiligste und intoleranteste Land überhaupt, heute ist es das glatte Gegenteil. Selbstverständlich wird sich die Euphorie in den nächsten Tagen ein bißchen legen. Aber noch sehe ich Berlin wie ein Reisender, der gerade angekommen ist und die Stadt einfach nur mit den anderen Städten vergleicht, in denen er in den letzten achtzig Tagen gewesen ist. Welche waren die besten? Immer wieder wird mir diese Frage gestellt, und immer wieder sage ich: «Mexico City und Berlin.» Weil das Beste aus aller Welt sowieso hier ist, nur auf toleranterem Fundament. Außerdem regnet's nicht. Und so laufe ich im Berliner Frühling, der durch den Klimawechsel bereits ein römischer ist, durch swinging Schöneberg und easy going Charlottenburg an den Basaren und Menschen aller Kontinente vorbei, und jedesmal, wenn ich vor einem Reisebüro stehe, könnte ich mich kaputtlachen. Ich kann die U-Bahn nehmen, um die Welt zu sehen. Und das nächste Mal reise ich in achtzig Lokalen drum herum. Oder in achtzig Freundinnen. Okay, das war ein Scherz. Ernsthaft rede ich mit dem Model aus Belgrad darüber. Sie will wissen, wie die achtzig Nächte ohne sie gewesen sind. Nachdem ich es ihr erzählt habe, läßt sie mich an dem tiefen Wissen ihrer Heimat teilhaben. In Serbien sagt man:

«Wenn Gott einen Menschen bestrafen will, erhört er seine Gebete.»

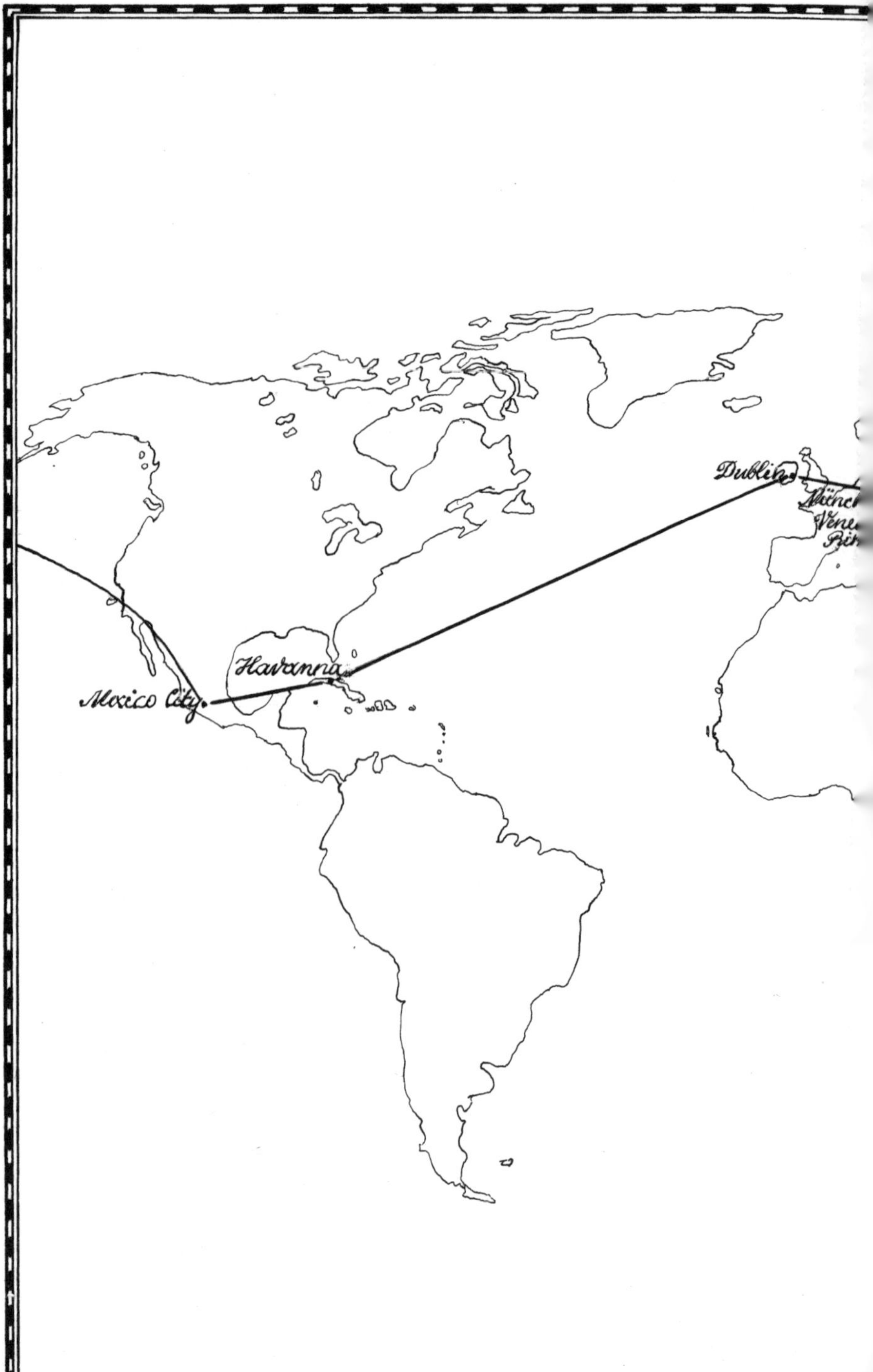
Dublin
Havanna
Mexico City